Startklar 9/10

fit in Wort und Schrift

Schroedel

Startklar 9/10
fit in Wort und Schrift

Erarbeitet von:
Harald Bouillon, Berit Hische,
Helga Reis, Kirsten Rohr, Harald Stöveken, Carmen Weiß

Illustrationen:
Manfred Bofinger

Lay-out:
Jesse Konzept und Text GmbH, Hannover

Umschlaggestaltung:
Helke Brandt & Partner, Hannover

Dieses Werk folgt der reformierten Rechtschreibung und Zeichensetzung. Ausnahmen bilden Texte, bei denen künstlerische, philologische oder lizenzrechtliche Gründe einer Änderung entgegenstehen.

ISBN 3-507-41666-2

© 1998 Schroedel Verlag GmbH, Hannover
Alle Rechte vorbehalten. Dieses Werk sowie einzelne Teile desselben sind urheberrechtlich geschützt. Jede Verwertung in anderen als den gesetzlich zugelassenen Fällen ist ohne vorherige schriftliche Zustimmung des Verlages nicht zulässig.

Druck A 6 5 4   / Jahr 2003 2002 2001 2000

Alle Drucke der Serie A sind im Unterricht parallel verwendbar, da bis auf die Behebung von Druckfehlern untereinander unverändert.
Die letzte Zahl bezeichnet das Jahr dieses Druckes.

Satz und Repro: Satz-Zentrum West GmbH & Co., Dortmund
Druck: Oeding Druck u. Verlag GmbH, Braunschweig

CHLORFREI Gedruckt auf Papier, das nicht mit Chlor gebleicht wurde. Bei der Produktion entstehen keine chlorkohlenwasserstoffhaltigen Abwässer.

Inhaltsverzeichnis

Einführung

Ritualisiertes Sprechen
- „Du Esel!" – „Sie Esel!" – Wie ist es richtig? ... 6
- Wie sich das Duzen, „Irzen" und Siezen entwickelt hat ... 8
- Respekt – Zuneigung ... 9
- „Schuldige Achtung" ... 10
- Eltern und Kinder – auf Du und Du? ... 11

Sprechen und Schreiben

Argumentieren/Diskutieren
- Eine Idee setzt sich durch: Schüler organisieren eine Diskussionsrunde zum Thema „Novel Food" ... 12
- Informationstexte nach Standpunkten und Argumenten untersuchen ... 15
- Stichwortsammlung zur Vorbereitung einer Argumentation ... 17
- Überzeugend argumentieren ... 18
- Im Rollenspiel eine Diskussion durchführen ... 21
- Ein Protokoll erstellen ... 23
- Eine Diskussion einleiten ... 24
- Gesprächspartner in einer Diskussion ... 25
- Ideenbörse: Diskussionswürdig?! ... 27

Lyrik
- Die Jahreszeiten ... 28
- Metrum und Rhythmus ... 33
- Gedichte im Vergleich ... 35
- Frühling – einmal anders ... 36
- Sich zu einem Gedicht anregen lassen ... 37
- Ideenbörse: Der Text ist ein „Gedicht" ... 38

Am Anfang ist der Text
- Was man mit einem Text alles machen kann ... 40
- Ein Video vorbereiten und drehen ... 44
- Sich selbst einen Text erarbeiten ... 46

Schreib-Werkstatt 1
- Sciencefiction ... 48
- Die Gesellschaft der Zukunft ... 48
- Mit anderen Augen ... 49
- „Sie tun doch nichts, oder?" ... 50
- Fantastische Reisen und die Rückkehr zur Erde ... 51
- Gegenwart und Zukunft ... 52
- Der Science-Fiction-Horror-Film-Taschen-Computer ... 54

Schreib-Werkstatt 2
- Schreibimpulse ... 55

Texte zusammenfassen – Inhaltsangabe

Erwachsenwerden	60
Mittagspause (Wolf Wondratschek)	61
Schülertexte	63
Knapp und genau	65
Sich einen Text erarbeiten	68
Vertauschte Bilder (Gunter Preuß)	71

Personen charakterisieren

Drum prüfe, wer sich ewig bindet	74
Wie im richtigen Leben? Ein Märchen	75
Wie im richtigen Leben? Aus einem Liebesroman	76
Gefühle, Einstellungen zu sich selber und Charakterzüge in einem Popsong	77
Charakteristiken in literarischen Texten	79
Einen literarischen Text durch eine Charakteristik interpretieren	83
Ideenbörse: Charaktere – so geht's auch	85

Texte analysieren und interpretieren

Fremd sein	86
Ein Winter in Hakkari (Ferit Edgü)	88
Schriftliches Interpretieren	92
Den Text sprechen lassen – richtig zitieren	97
Wir Wundertiere (Hans-Georg Noack)	99

Informationen sammeln und darstellen

Mädchen, Jungen – Männer, Frauen	100
Vorlaufphase	102
Thematische Landkarte	104
Arbeitsplanung	105
Erfolgreich nach Informationen suchen	106
Lesetechnik: Orientierendes Lesen	109
Lesetechnik: Detail-Lesen	110
Arbeitstechnik: Grafiken lesen	116
Referat planen, aufschreiben, halten	117
Ideenbörse: Themen und Methoden	125

Erörtern

Internet – vernetzte Welt – Freiheit ohne Grenzen?	126
Leserbrief – Kommentar	128
Sich informieren – eine Materialsammlung anlegen	133
Eine Gliederung erarbeiten	137
Die Argumentationskette	139
Einleiten und Schließen einer Erörterung	140
Schüler erörtern aktuelle Fragen	142
Ideenbörse: Noch mehr kontroverse Themen	147

Projekt: Sich bewerben

Fragen über Fragen	148
Interview mit dem Ausbildungsleiter einer Sparkasse	149
Interview mit einer Berufsberaterin	151
Die Bewerbungsmappe	153
Was gehört in ein Bewerbungsschreiben?	154
Häufige Fehler in Bewerbungsschreiben	156

Tipps für ein erfolgreiches Bewerbungsschreiben	157
Der tabellarische Lebenslauf	158
Der ausführliche Lebenslauf	159
Online: Die E-mail-Bewerbung	160
Sich über Einstellungstests informieren	161
Das Vorstellungsgespräch	168
Sich auf Fragen einstellen	169
Eine Bewerbungssituation durchspielen	170
Alles Gute! Allgemeine Tipps	171

Glossar zu Grammatik/Reflexion über Sprache – Zeichensetzung

Rechtschreiben – Nachschlagen

Wiederholung: Wortarten auf einen Blick	172
Das Verb	173
Welche Zeitform passt?	174
Aktiv – Passiv – Konjunktiv I und II	175
Direkte und indirekte Rede auf einen Blick	178
Wortarten für alle Fälle: Nomen, Pronomen, Artikel, Präposition	180
Wiederholung: Satzglieder auf einen Blick	182
Wiederholung: Gliedsätze auf einen Blick	185
Wiederholung: Zeichensetzung auf einen Blick	187
Computer überall	187
Wiederholung: Rechtschreiben und Nachschlagen	
Groß- und Kleinschreibung	196
Getrennt- und Zusammenschreibung	199
Fremde Wörter – Fremdwörter	201
Alternative Diktatformen	204
Nachschlagen: Medien	208

Anhang

Die Originaltexte	213
Sachregister	214
Quellenverzeichnis	219

Der Stern um eine Aufgabenziffer weist auf erhöhte Leistungsanforderung hin.

Ritualisiertes Sprechen

„Du Esel!" – „Sie Esel!" – Wie ist es richtig?

Im Winter 1975/76 amüsierte man sich in Deutschland über folgenden Fall: In Nürnberg hatte eine ca. 50 Jahre alte Marktfrau einen jungen Polizisten, der sie wegen eines Vergehens angesprochen hatte, hartnäckig geduzt. Damit fuhr sie auch fort, nachdem er sich das verbeten hatte. Daraufhin verklagte er sie vor Gericht und bekam Recht. Die Marktfrau wurde zu einer Strafe von 2250 DM verurteilt. Das war damals viel Geld.

Marlies, 18 Jahre alt, schreibt an eine Illustrierte:
„Ich dachte immer, wenn man ausgelernt hat, dann wird man automatisch zu den Erwachsenen gezählt. Aber in unserem Betrieb ist davon nichts zu merken. Jetzt habe ich seit fast einem Jahr meine Lehre abgeschlossen, und noch immer werde ich von meiner Chefin und den Kolleginnen mit Du angeredet. Muss ich mir das gefallen lassen? Ich bin doch kein Lehrling mehr, den man halt duzt."

❶ Sprecht über die beiden Fälle. Was stört jeweils die Geduzten?

❷ Wovon hängt es also ab, wie man jemanden anredet?

Damit sich niemand mit der richtigen Anrede irrt, wurden **1963** in einem Benimmbuch (Karlheinz Graudenz und Erica Pappritz: Das Buch der Etikette) folgende Regeln abgedruckt:

Immer wird der Ältere dem Jüngeren, der Ranghöhere dem Rangniederen das „Du" anbieten. Eine Dame schlägt dem Herrn niemals das „Du" vor, es sei denn, sie wäre älter und würdig und legte Wert darauf, künftig mit „Tante Hermine" angeredet zu werden. Das „Du" zwischen den Geschlechtern kann nur vom Herrn ausgehen, der es in höflicher Form vorsichtig erbitten muss – nach Möglichkeit jedoch erst dann, wenn er gewiss sein darf, keiner Ablehnung zu begegnen.

Ritualisiertes Sprechen: Sprachgeschichtliches

Nur angehende Liebende sind derartiger Formalitäten entbunden. Sie einigen sich zumeist jenseits aller gesellschaftlichen Vorschriften, schweigend und doch – mündlich.

3 Sprecht darüber, was euch an diesem Text merkwürdig erscheint. Was hat sich heute geändert?

Ihr seht also, dass sich schon in den vergangenen 35 Jahren etwas geändert hat. Noch deutlicher werden die Veränderungen im Gebrauch von Du und Sie, wenn man Beispiele aus vergangenen Jahrhunderten betrachtet.

Das sollen euch die folgenden Textauszüge zeigen:

Viel Spaß beim Schnüffeln in der Geschichte der deutschen Sprache!

Die beiden folgenden Beispiele stammen aus dem 9. Jhdt. und sind in Althochdeutsch verfasst. Keine Angst, eine Übersetzung wird mitgeliefert:

1 Ludwigslied (881/882):

Gode thancodun The sin
beidodun
Quadun al. „fromin, So lango
beidon uuir thin."

(Da dankten Gott, die ihn
erwartet hatten.
Alle sprachen: „Herr, wir warten
schon so lange auf dich!")

2 Kasseler Gesprächsbüchlein:

Sage mir uueo namum habêt
desêr man. uuanna pist du?
uuer pist du? uuanna quirris?
fon uuelîheru lantskeffi
sindôs?

Meister Heinrich vrouwenlob

(Sage mir, welchen Namen hat dieser Mann. Woher bist du? Wer bist du? Woher kommst du? In welchen Landbezirk reist du?)

Aus den beiden Texten könnt ihr erkennen, dass man damals sowohl Fremde als auch den eigenen König mit Du anredete.

Ritualisiertes Sprechen: Sprachgeschichtliches

Wie sich das Duzen, „Irzen" und Siezen entwickelt hat

Sicher kennt ihr die Märchen der Brüder Grimm, aber einer der beiden Brüder, nämlich Jacob, beschäftigte sich auch eingehend mit der deutschen Sprache. In diesem Zusammenhang stellte er folgendes Verhalten für das *Mittelalter* fest.

Wilhelm (1786–1859) und Jacob Grimm (1785–1863)

1. Gegenseitiges „Du" gilt unter Seitenverwandten. (Seitenverwandte sind auf der gleichen Ebene miteinander verwandt, also Geschwister, Cousins und Cousinen, Schwager und Schwägerin.)
2. Eltern duzen die Kinder, der Sohn ihrzt die Eltern, die Tochter sagt „du" zur Mutter.
3. Eheleute ihrzen sich.
4. Minnende (Liebende) ihrzen sich, gehen aber leicht in das vertraute „du" über.
5. Geringere ihrzen die Höheren, erhalten aber von diesen „du" (Papst „ir" <–> „du" Kaiser).
6. Zwischen Freunden herrscht das „Du", manche Ritter ihrzen sich jedoch trotzdem untereinander.
7. Frauen, Geistliche, Fremde erhalten „ir".
8. …
9. „Das gemeine Volk hat noch gar kein irzen angenommen, sondern bleibt beim duzen stehn."
10. Im Affekt geraten „du" und „ir" durcheinander.

❶ Sprecht über diese Regeln in der Klasse.
Welche dieser Regeln gelten heute noch, fast 700 Jahre später?
Könnt ihr euch die Regel 2 erklären?
Was wird aus den Regeln 9 und 10 deutlich?

Ritualisiertes Sprechen: Sprachgeschichtliches

Respekt – Zuneigung

Auch in dem ersten deutschen Lustspiel „Minna von Barnhelm", das G. E. Lessing 1763 schrieb, kann man noch deutlich die Regeln aus dem Mittelalter wieder erkennen:

Dort heißt es im V. Aufzug, Szene 13, bei der Begegnung zwischen Minna von Barnhelm und ihrem Vater, dem Grafen, sowie dem Major von Tellheim, der Minnas Ehemann werden wird:

DER GRAF: Mein Herr, wir haben uns nie gesehen; aber bei dem ersten Augenblick glaubte ich, Sie zu erkennen. Ich wünschte, dass Sie es sein möchten. – Umarmen Sie mich, – Sie haben meine völlige Hochachtung. Ich bitte um Ihre Freundschaft. – Meine Nichte, meine Tochter liebt Sie. –
DAS FRÄULEIN: Das wissen Sie, mein Vater! – Und ist sie blind, meine Liebe?
DER GRAF: Nein, Minna, deine Liebe ist nicht blind; aber dein Liebhaber – ist stumm.
TELLHEIM: (sich ihm in die Arme werfend). Lassen Sie mich zu mir selbst kommen, mein Vater! –
DER GRAF: So recht, mein Sohn. Ich höre es; wenn dein Mund nicht plaudern kann, so kann dein Herz doch reden. Ich bin sonst den Offizieren von dieser Farbe (*auf Tellheims Uniform zeigend*) eben nicht gut. Doch Sie sind ein ehrlicher Mann, Tellheim, ...
DAS FRÄULEIN: O, wenn Sie alle wüssten! –

Gotthold Ephraim Lessing (1729–1781)

❶ Stellt fest, wer hier wen in welcher Weise anspricht und welche Regeln dabei eingehalten werden.

❷ Versucht den Wechsel in der Anrede, der sich in der letzten Äußerung des Grafen findet, zu erklären.

Ihr erkennt, dass man aus der jeweiligen Anredeform sehr gut das Verhältnis zwischen Menschen feststellen kann. Dieses Wissen kann euch beim Interpretieren von Texten vielleicht sehr nützlich sein.

„Schuldige Achtung"

Mit dem Problem Duzen oder Siezen beschäftigte man sich auch noch im vorigen Jahrhundert.
So gab z. B. der österreichische König einen Erlass heraus, der den Schülern untereinander verbot, sich zu duzen:

„Damit die Schüler gegeneinander die schuldige Achtung nicht verlieren, wird das Du heissen gänzlich verboten, indem solches mehr nach einer pöbelhaften Gemeinmachung schmeckt, als ein schickliches Mittel sein kann, Freundschaft und Eintracht zu befestigen."

1 Welche Anreden oder Bezeichnungen verwendet ihr heute untereinander?

2 Was könnte der König mit dem Begriff „schuldige Achtung" gemeint haben und wie sieht es heute damit aus?

Heute wünschen sich manchmal Schülerinnen und Schüler, dass sie ihre Lehrerinnen und Lehrer duzen dürfen. Dazu möchten wir euch zwei kleine Geschichten erzählen:

1. Ein Lehrer erklärte sich nach längerer Diskussion damit einverstanden, dass ihn seine Schülerinnen und Schüler duzten. Fügte dann aber den Satz hinzu: „Aber bildet euch nicht ein, dass sich dadurch etwas ändert. Die Zensuren gebe nämlich noch immer ich."

2. Am Ende der gemeinsamen Schulzeit bot eine Lehrerin während der Abschlussfahrt ihren Schülerinnen und Schülern an, dass sie sie in Zukunft duzen dürften. Ihr schien dies sinnvoll, da einige Schüler immer wieder, wenn sie ihr aus dem Privatleben etwas erzählten, ins Du verfielen. Ein Schüler allerdings entgegnete: „Das geht nicht!" Auf die erstaunte Frage der Lehrerin: „Wieso nicht?", entgegnete er: „Dazu habe ich zu viel Respekt vor Ihnen!"

3 Sprecht über das Verhalten der Beteiligten.

Ritualisiertes Sprechen: Sprachgeschichtliches

Eltern und Kinder – auf Du und Du?

Außerdem gab es um 1800 einen großen Streit darüber, ob Kindern erlaubt sein sollte, ihre Eltern zu duzen. Jemand beklagte, dass das „Du und Du zwischen den Eltern und Kindern die natürliche Rangordnung erschüttert habe". Jemand anderes schrieb einen Artikel mit dem Titel: „Über die Sünde des Du und Du zwischen Eltern und Kindern".

An Katharina Elisabeth Goethe

Die Hoffnung Sie, geliebte Mutter, und meine werthen Franckfurter Freunde bald wiederzusehen ist mir nunmehr verschwunden da mich die Umstände nötigten von Düsseldorf über Paderborn und Kassel nach Weimar zurückzukehren.

5   Wieviel Sorge habe ich bisher um Sie gehabt! (…)
Ihr Brief, den ich mitten im Getümmel des Kriegs erhielt, heiterte mir traurige Stunden auf die ich zu durchleben hatte und ich konnte nach den Umständen die Hoffnung fassen in weniger Zeit meine geliebte Vaterstadt wiederzusehen. (…)

10   Dancken Sie also, ich bitte, auf das lebhafteste den würdigen Männern die so freundschaftliche Gesinnungen gegen mich zeigen, versichern Sie solche meiner aufrichtigsten Erkänntlichkeit und suchen Sie mir ihr Zutrauen für die Zukunft zu erhalten.

Sobald es die Umstände einigermassen erlauben werde ich den Emp-
15   findungen meines Herzens Genüge thun und mündlich und umständlich desjenige vorlegen was in diesem Briefe nur oberflächlich geschehen konnte. Möge alles was meinen werthen Landsleuten gegenwärtig Sorge macht weit entfernt bleiben und uns allen der wünschenswerthe Friede wieder erscheinen. Leben Sie wohl.
20   Weimar d. 24. Dec. 1792.   Goethe

Als Goethe diesen Brief an seine Mutter schrieb, war er bereits 43 Jahre alt und Minister in Weimar.

❶ Schreibt einen kurzen Brief an eure Eltern über ein Ereignis in der Schule, verwendet dabei einmal die Anrede „du" und einmal die Anrede „Sie".

❷ Überprüft, wie sich dadurch der Brief ändert.

Heute dagegen ist es so, dass viele Kinder ihre Eltern nicht nur duzen, sondern sie mit den Vornamen anreden.

❸ Überlegt, welche Absicht sich dahinter verbirgt? Was wollen Eltern und Kinder damit verdeutlichen?

❹ Vergleicht diese Einstellung mit der Haltung um 1800.

Argumentieren/Diskutieren

**Eine Idee setzt sich durch:
Schüler organisieren eine Diskussionsrunde zum
Thema „Novel food"**

Gentechnik: Protest auf dem Acker und Kontrolle im Laden

Gentechnik auf dem deutschen Markt

Im Sommer 1997 wurden in deutschen Supermärkten erstmals Lebensmittel mit gentechnisch veränderten Bestandteilen entdeckt. Laboranalysen im Auftrag der Zeitschrift „Ökotest" und des ZDF wiesen in vier Nuss-Nugat-Cremes Gentech-Soja nach.
Keines dieser Produkte war als gentechnisch verändert gekennzeichnet, die Verbraucher wurden völlig im Unklaren gelassen.
Nach Greenpeace-Aktionen nahmen zwei der betroffenen Unternehmen die Gentech-Schokocremes aus dem Handel. Zukünftig wollen diese Firmen bei ihren Zulieferern auf gentechfreien Rohstoffen bestehen.

Verzicht ist fast unmöglich: Soja wird in über 30.000 Lebensmitteln verwendet. Die Mischung von Gensoja und konventioneller Soja nimmt den Verbrauchern und Verbraucherinnen die Wahlmöglichkeit.

Argumentieren/Diskutieren: Informationen beschaffen

Gentechnisch verändert – was ist das überhaupt?

Ich bin Allergiker. Ich weiß ja gar nicht mehr, in welchen Lebensmitteln mein Allergen überall eingebaut ist!

Ist doch das pure Gift in unserer Nahrung …

Was ist das denn: „Allergen"?

Ja, da brauchen wir nur noch alle zwei Wochen Einkaufsdienst zu machen.

Ich hab' gehört, dass gentechnisch veränderte Tomaten nicht mehr matschig werden – ist doch super!!

Ist doch toll, wenn das Essen dann besser schmeckt.

Die Schülerinitiative „Frühstücksbude" der Realschule Falkenried ist ratlos. Nun betrachten die Schülerinnen und Schüler die von ihnen angebotenen Nahrungsmittel mit Skepsis. Genaues wissen sie aber nicht. Also beschließen sie, sich zunächst zu informieren, was es mit gentechnisch veränderten Lebensmitteln auf sich hat.

1 Überlegt gemeinsam, wo und wie man sich informieren könnte. Stellt eine Adressenliste zusammen (siehe auch Kapitel: Informieren / Erörtern, S. 100 ff.).

Angenommen, die Schüler und Schülerinnen bekämen von verschiedenen Seiten Informationsmaterial zugeschickt. Sicher werden sie viele Texte auch nur aus Broschüren und Büchern kopieren. In jedem Fall müssen sie auf den Kopien die Herkunft der Texte (Quellenangabe[1]) vermerken.

2 Warum ist die Quellenangabe auf den Kopien wohl so wichtig?

---
[1] Quelle: Wer ist Autor oder Herausgeber der Schrift? Wann und wo wurde der Text veröffentlicht? Vgl. hier Quellenverzeichnis, S. 219.

Argumentieren/Diskutieren: Informationen beschaffen

Lena hat zunächst in ihrem Computer-Lexikon nachgeforscht. Folgendes kam dabei heraus:

> **Gentechnologie**
> Teilgebiet der Genetik, das sich mit der gezielten Veränderung von Erbgut befasst, um z. B. widerstandsfähigere Getreidearten zu züchten. Gene können heute von einer Art auf die andere übertragen werden, um so Eigenschaften verschiedener Organismengruppen zu verbinden, allerdings können keine neuen Gene erzeugt werden, sondern lediglich schon vorhandene neu kombiniert.
> Bedingt durch die große Komplexität des Themas ist es Laien nur schwer möglich, Einblick zu nehmen.

3 Sprecht über die Informationen dieses Artikels. Vergleicht auch mit anderen Lexikonartikeln.

Was ist Gentechnik?

Anfang der siebziger Jahre gelang es Forschern erstmals, die Grundsubstanz allen Lebens DNS (Desoxyribonucleinsäure) an bestimmten Stellen zu schneiden, ein-
5 zelne Gene im Labor zu kopieren und in fremde Zellen zu übertragen. (…)
Die einzelnen Abschnitte der DNS enthalten die gesamte Erbinformation eines Lebewesens. (…)
10 Die Gentechnik macht es sich zunutze, dass die Zellen eines Lebewesens die in einem Fremdgen enthaltene Information „verstehen". So wird es möglich, Artenschranken zu überschreiten: Gentechni-
15 ker pflanzen ein Frostschutzgen von einem Karpfen in eine Erdbeere oder ein menschliches Wachstumsgen in einen Lachs. Was schon bald im Angebot sein könnte: Turbo-Kühe, die mehr Milch geben; verlängerte Schweine, die mehr 20 Fleisch liefern; Schafe, deren Wolle per Hand abgenommen werden kann wie ein Pullover. Tiere, die als „Bio-Reaktoren" Medikamente produzieren oder als Organ-Ersatzteillager für den Menschen 25 dienen. (…)
Ob am Ende dieses Projekts der „Mensch nach Maß" stehen wird, kann niemand vorhersagen. Sicher ist, dass die Biotechniker Grenzen überschreiten, die bislang 30 als unüberwindbar galten – und dass die dadurch auftretenden ethischen[1] Probleme ungelöst, vielleicht sogar unlösbar sind.

aus: Greenpeace

4 Dieser Text enthält informierende, sachliche Passagen. Er enthält aber auch wertende Aussagen zur Gentechnik. Untersucht ihn daraufhin.

5 Welche Fragen habt ihr an das Thema „gentechnisch veränderte Nahrungsmittel"? Sammelt sie auf einem Plakat; so könnt ihr euch die Arbeit besser einteilen.

---

[1] ethisch: von der Verantwortung anderen gegenüber bestimmte Lebenshaltung

Argumentieren/Diskutieren: Informationen auswerten

Informationstexte nach Standpunkten und Argumenten untersuchen

Mithilfe ihres Deutschlehrers Herrn Seiters möchten die Schülerinnen und Schüler den Schülerrat bitten, eine Podiumsdiskussion zum Thema **„Wollen wir Novel food?"** durchzuführen. Dazu soll der Schülerrat alle Lernenden, Lehrenden und interessierte Eltern einladen. Experten sollen dann auf der Bühne über das Thema diskutieren.
Zunächst möchten sich die Mitglieder der Frühstücksinitiative aber selbst mit den Standpunkten, Meinungen und Argumenten für oder gegen veränderte Nahrungsmittel vertraut machen.

Den folgenden Text haben Insa, Kathrin und Jörn aus einer Broschüre des Bundesministers für Bildung, Wissenschaft, Forschung und Technologie entnommen.
Sie haben ihn auf seinen Standpunkt und die gegebenen Argumente hin untersucht und aufbereitet. Hier ist ihr Arbeitstext:

Gentechnisch veränderte Tomaten

Worterklärungen		
	Bei der so genannten (Flavr Savr® Tomate) handelt es sich um eine Variante, bei der ein in der Tomate ohnehin vorhandenes (Gen) durch gentechnische Verfahren nochmals in ihr (Genom) eingebaut worden ist, diesmal allerdings „verkehrt herum". Das verkehrt herum eingebaute Gen sorgt dafür, dass die Funktion des normalen Gens ausfällt, da dessen genetische Information gar nicht erst in ein (Protein) umgesetzt wird. Vom betreffenden Gen wird normalerweise das Enzym Polygalaktu- ronidase gebildet. Dieses greift die Wände der Pflanzenzellen an und ist mit dafür verantwortlich, dass die Tomaten weich werden. Wenn das Gen ausgeschaltet ist, halten sich die Tomaten nach der Ernte länger und können über weitere Strecken bis zum Verbraucher transportiert werden. Dies ist dann von Bedeutung, wenn die Tomaten nicht unmittelbar am Entstehungsort verzehrt werden, sondern für die Versorgung weit entfernt liegender Regionen gedacht sind.	s.u. Erklärung: Was sind gentechnisch veränderte Tomaten? Wie funktioniert das Ganze? → für Hersteller (Bauer) wirtschaftlicher Vorteil: länger transportfähig

Gen: Erbgut

Genom: Chromosomen-Satz einer Zelle

Protein: Eiweiß

(Zeilen 5, 10, 15)

Als Vorteil der neuen Variante wird gesehen, dass die Tomaten am Stock reifen können und erst dann geerntet und verschickt werden. Beim gängigen Verfahren werden die Tomaten dagegen noch grün gepflückt, und die Reifung wird dann erst kurz vor der Vermarktung durch eine Begasung mit dem Pflanzenhormon Ethylen beschleunigt. Die Hoffnung ist, dass sich der Geschmack der Tomate bei der gentechnisch veränderten (Varietät) besser entfalten kann. Eine entsprechende Sorte ist seit 1994 in den USA auf dem Markt und hat unter

Varietät: Abart

→ für Verbraucher:
Vorteil: Begasung mit Ethylen entfällt
→ Hoffnung: besserer Geschmack, wenn Tomate am Stock reift

Argumentieren/Diskutieren: Informationen auswerten

dem Namen (Flavr Savr®), was so viel heißen soll wie
30 (Geschmacksretter), eine gewisse Berühmtheit erlangt.
Kaum weniger spektakulär war die Einführung eines
Produkts, das aus einer anderen gentechnisch hergestellten Tomate gewonnen wird. Die Sorte dient allerdings
von vornherein nur zur Herstellung von Ketschup und
35 wird in Kalifornien angebaut.
Dadurch können auch die Erträge gesteigert werden. Für → Vorteil: Ertragssteigerung
den Kunden schlägt sich das in einem vorteilhaften Preis → Vorteil: billiger
nieder. Außerdem hat die Sorte wegen der festeren Zellwände im Verarbeitungsprozess Vorteile gegenüber den
40 herkömmlichen Sorten. Das soll zu einer verbesserten → Vorteil: bessere Qualität
Qualität des Produkts beitragen.

Das fertige Produkt wurde allerdings zunächst in den
englischen Markt eingeführt. Auf etwas andere Art als
bei der Flavr Savr® Tomate wird auch bei der für die Her-
45 stellung von Ketschup verwendeten Tomate die Wirkung
des Enzyms Polygalakturonidase ausgeschaltet. Die To-
maten können also im reifen Zustand länger am Strauch → Vorteil Hersteller: längere Erntezeit =
bleiben. Das ist für die Farmer ein großer Vorteil, da sie   weniger Arbeiter
für die (saisonal) eng begrenzte Ernte nun mehr Zeit   keine Verzögerung durch Wetter
50 haben und Perioden schlechten Wetters besser (tolerieren)
können.

Saison:
Jahreszeit

tolerieren
erdulden,
geschehen lassen

❶ Beschreibt die Vorgehensweise der Schülerinnen.

❷ Welche Einstellung haben die Autoren des Textes gentechnisch veränderten
Tomaten gegenüber? Beachte auch die Quellenangabe.

> *Genmanipulierte Tomaten in*
> *Ketschup entdeckt!*
>
> In einem Lebensmittelgeschäft in Köln
> haben ...

❸ Vergleiche die Position zum Thema Gentechnik auch mit dem Zeitungsausriss.
An welchem Begriff lässt sich die Einstellung des Autors deutlich erkennen?

Argumentieren/Diskutieren: Informationen beschaffen

Stichwortsammlung zur Vorbereitung einer Argumentation

Die Arbeitsgruppen sollen nun die Klasse über die Aussagen und Positionen der Texte informieren.
Insa und Kathrin haben sich einen Stichwortzettel zu dem bearbeiteten Text angefertigt.

> **Autor:** Bundesminister für Bildung, Wissenschaft, Forschung und Technologie
>
> **Standpunkt:** pro gentechnisch veränderte Lebensmittel, hier: Tomaten, Tomatenketschup
>
> **Argumentationsschwerpunkt:** wirtschaftliche Vorteile
>
> **Vorteile: für den Hersteller/Bauern:**
> – Erntezeit variabel –   Folge: weniger Arbeitskräfte
> – witterungsunabhängig –   Folge: leichtere Arbeit
> – Ertragssteigerung –   Folge: hoher Gewinn
>
> **Vorteile für den Verbraucher:**
> – Begasung entfällt: weniger Gesundheitsrisiko
> – evtl. besserer Geschmack
> – geringerer Preis, da Herstellung billiger
> – höhere Qualität: weniger Matsch, feste Zellwände

Jörn hat die Aufgabe des Vortragenden übernommen. Er versucht die Argumente des Stichwortzettels in einem mündlichen Vortrag darzulegen.

„Also naja, in der Broschüre vom Bundesforschungsminister steht ja auch, welche Vorteile man durch gentechnisch veränderte Lebensmittel so hat. Es sind jede Menge wirtschaftlicher Vorteile. Also die Bauern brauchen weniger Arbeitskräfte, weil die Tomaten länger am Stock bleiben können. Die Erntezeit ist nämlich jetzt länger als bei unveränderten Tomaten. Naja, und dann ist man auch nicht mehr vom Wetter abhängig und höhere Gewinne erzielt der Bauer auch noch, weil der Ertrag steigt, also mehr Tomaten geerntet werden – und bessere!"

1 Jörns Vortrag ist nicht sehr überzeugend. Woran liegt das?

TIPP
Will man jemanden von seinem Standpunkt überzeugen, sollten Argumente gezielt und in einer sinnvollen Reihenfolge vorgebracht werden. Der obige Stichwortzettel lässt schon eine sinnvolle Abfolge erkennen.

Argumentieren/Diskutieren: Texte untersuchen

Überzeugend argumentieren

Überzeugend argumentieren bedeutet, dass man Argumente und Beispiele miteinander verknüpft und von einem Argument zum nächsten geschickt überleitet. Dazu braucht man aber erst einmal genügend Informationen, aus denen sich Argumente ableiten lassen.

Hier findet ihr nun mehrere Informationstexte, die sich von verschiedenen Standpunkten aus mit dem Thema gentechnisch veränderter Lebensmittel beschäftigen. In zwei Texten geht es um verändertes Sojamehl – übrigens ein Basisrohstoff, der in vielen unserer Lebensmittel vorkommt.

1 Bearbeitet die Texte so, wie es Insa, Kathrin und Jörn vorgemacht haben. Dazu müsst ihr eine Folie über sie legen oder euch eine Kopie machen.

Text 1

Gentech-Nahrung

Riskante Ernährung, z. B. Allergie auslösende Sojabohne: Die gesundheitlichen Risiken durch Gentech-Nahrung sind ungeklärt. Es gibt aber verschiedenste Hinweise, die negative Auswirkungen befürchten lassen. Durch die Genmanipulation belasten wir unsere Lebensmittel mit einem
5 neuartigen Risiko. So besteht die konkrete Gefahr, dass sich Lebensmittelallergien verbreiten. Es wird aber auch darüber diskutiert, ob durch Genmanipulation giftige Stoffwechselprodukte in der Nahrung entstehen können. Auch der Nährwert kann sich ungünstig verändern, z. B. dann, wenn durch Gentechnik die Lebensmittel monatelang haltbar ge-
10 macht werden.
Eine US-Firma hatte beispielsweise ein Gen der Paranuss in Sojabohnen eingeschleust. Das Gen enthielt die Bauanleitung für die Aminosäure Methionin. Diese Aminosäure wird vom Menschen selber nicht gebildet und kommt nur in geringen Mengen, vorwiegend in tierischen Nah-
15 rungsmitteln, vor. Die genmanipulierte Sojabohne hätte nach Vorstellungen der Firma als wichtiger Lieferant dieser Aminosäure dienen sollen. Doch neueste Forschungsergebnisse weisen darauf hin, dass diese Sojabohne beim Menschen Allergien auslösen kann, denn bei Laborversuchen fand man heraus, dass die neue Sojabohne bei Paranuss-emp-
20 findlichen Menschen Allergien auslösen würde. Menschen, die auf Paranüsse allergisch reagieren (etwa 5% der Weltbevölkerung), können sich damit behelfen, dass sie keine Paranüsse mehr essen. Wenn jedoch genmanipulierte Sojabohnen, die Paranussgene enthalten, auf den Markt kommen, und z. B. als Sojasprossen, in Tofu oder als Saucen
25 verwertet werden, können sich Paranuss-AllergikerInnen nicht mehr schützen.

aus: Hiltrud Beyer MdEP: Materialien zur Gentechnologie morgen. S. 36

Argumentieren/Diskutieren: Texte untersuchen

Text 2

Risiken und Nebenwirkungen

Nach Auffassung von Greenpeace stellt die Freisetzung genmanipulierter Organismen ein zu großes und völlig unnötiges Risiko für Mensch und Umwelt dar:

Eine Kontrolle über die Gentech-Pflanzen ist unmöglich. Immer wieder haben Forscher das manipulierte Genmaterial der neuesten Pflanzenkreationen, die in die Natur freigesetzt wurden, in weiter entfernt wachsenden, verwandten Wildpflanzen gefunden. Die Folgen eines Gentransfers sind nicht kalkulierbar.

Freisetzungen in die Natur sind ein Experiment mit ungewissem Ausgang. Einmal in die Umwelt gelangt, sind genmanipulierte Organismen nicht mehr rückholbar. Die Menschen greifen in natürliche Prozesse ein, ohne Kontrolle über die von ihnen in Gang gesetzten Prozesse zu haben. Die Arten- und Sortenvielfalt ist in Gefahr. Die Übertragung der fremden Gene – zum Beispiel der Resistenz gegen Pflanzengifte – auf verwandte Pflanzen und Tiere in freier Wildbahn kann zu unabsehbaren Veränderungen führen; so ist denkbar, dass giftresistente Pflanzen andere Arten verdrängen.

Manipulierte Gene können Artgrenzen überschreiten. Wissenschaftliche Untersuchungen deuten darauf hin, dass die fremden Gene auch auf grundverschiedene Organismen übergehen können, etwa von Pflanzen auf Schimmelpilze. Theoretisch ist denkbar, dass sich die Resistenz gegen ein Antibiotikum, wie man sie beispielsweise dem Raps eingebaut hat, eines Tages auf einen Krankheitserreger überträgt – mit nachteiligen Konsequenzen für die Behandlung von Krankheiten.

aus: Greenpeace Broschüre

Text 3

Sojaöl aus neuer Quelle

Für die Ölmühlen in Europa gab es im Herbst vergangenen Jahres eine Überraschung: Sämtliche Sojalieferungen aus den USA waren nur noch als „Gemisch" zu haben – Bohnen aus herkömmlicher Zucht und solche von gentechnisch veränderten Pflanzen waren in der gleichen Lieferung. Eine Alternative gab es nicht.

„Technisch ändert sich für die Ölmühle nichts", sagt Arndt von Wissel von der Ölmühle Hamburg. „Aber wir haben sofort alle Abnehmer informiert, dass unsere Sojaprodukte, das Öl und das Schrot, seit November von gentechnisch veränderten Pflanzen stammen."

Sojaschrot ist im Gegensatz zum Öl eiweißhaltig. Es kann daher – neben vielen anderen Eiweißstoffen – auch das Produkt des Herbizid[1]-Verträglichkeitsgens, ein Enzymprotein, enthalten. Auf dem Lieferschein für Schrotsendungen steht deshalb die entsprechende Information. „Im Schrot ist ein neuer Stoff enthalten. Daher ist es für uns selbstverständlich, das Schrot aus gentechnisch veränderten Sojabohnen beziehungs-

[1] Herbizid: Unkrautvernichtungsmittel

weise aus dem Bohnengemisch zu kennzeichnen", sagt von Wissel. Das Öl ist dagegen eiweißfrei und enthält daher das zusätzliche Protein nicht. Manche Lebensmittelhersteller lehnen mit Rücksicht auf die Vorbehalte ihrer Kunden die Verwendung von Öl und Schrot aus gentechnisch verändertem Soja inzwischen ab. Einige Ölmühlen sind deshalb auf Raps und Sonnenblumen umgestiegen. Doch schon bald werden auch von Raps und Sonnenblume gentechnisch veränderte Saaten in die Ölmühlen kommen. In Kanada zum Beispiel werden Rapssamen, die aus herbizid-verträglichen Zuchten stammen, schon jetzt in riesigen Mengen zu Öl verarbeitet. Ein solcher von AgrEvo entwickelter Raps wird vermutlich schon bald auch die Zulassung für den europäischen Markt erhalten.

aus: Future I/98, hrsg. von den Hoechst Werken. S. 26 f.

Text 4

Kulturgut Reis: eine Frage der Menge...
In Asien steigt die Bevölkerungszahl steil an. Es geht darum, immer mehr Menschen mit Nahrung zu versorgen. Das Problem ist nicht neu. Bereits 1959 wurde mit Unterstützung der Rockefeller Foundation und der Ford Foundation auf den Philippinen das Internationale Reisforschungsinstitut IRRI gegründet. Ihm ist es zu verdanken, dass mit den Methoden der konventionellen Züchtung Reissorten geschaffen und angebaut wurden, die besonders hohe Erträge hervorbringen und so in wenigen Jahren die Ernährungslage in Asien verbessert haben.
Mehr als die Hälfte der heute üblichen ertragreichen Reissorten wurden am IRRI entwickelt. Die Gentechnik bietet hier eine neue Perspektive, denn auch in Zukunft müssen die Erträge weiter gesteigert werden.

aus: Future I/98, hrsg. von den Hoechst-Werken. S. 27.

② Lest alle Texte überfliegend.

❸ Erstellt gruppenweise für jeden Text einen Stichwortzettel (Kontrollgruppen bilden oder selbst gefundene Texte dazu nehmen).

❹ Überlege, wie du den Wahrheitsgehalt der jeweiligen Aussagen überprüfen könntest.

❺ Veröffentlicht die Stichwortzettel der Gruppen auf Folien, als Wandplakate, als Fotokopien oder im Gruppenaustausch, sodass jeder alle Informationen aus den Texten bekommt.

❻ Welchen Standpunkt hast du zu dem Thema „gentechnisch veränderte Lebensmittel"? Schreibe deine Meinung auf (vgl. dazu das Kapitel „Erörtern", S. 126 ff.).

Argumentieren/Diskutieren: Rollenspiel

Im Rollenspiel eine Diskussion durchführen

Lehrer Seiters plant, ein Rollenspiel mit der Klasse durchzuführen. Dabei sollen Personen auftreten, die einen bestimmten Standpunkt vertreten. Sie sollen argumentieren und die anderen zu überzeugen versuchen.

Hier sind drei Rollenkarten vorgegeben.

1 Erstellt weitere Rollenkarten. Es können Fachleute sein oder Unentschlossene/ Passanten (Vater mit Kleinkind, Rentner/in, Schüler, Mitarbeiter eines Gärtnereibetriebes, Politiker, ...).

Elsa Harms, 56 Jahre alt,
verheiratet,
Bäuerin und Marktfrau,
jeden Dienstag und Samstag
auf dem Wochenmarkt,
ihr Betrieb: Getreide- und
Gemüseanbau

Dr. Petra Fischer, 39 Jahre alt,
verheiratet,
Diplombiologin,
beschäftigt bei Firma Hoch –
Pflanzenveredelung und
Pflanzenschutzmittel-
herstellungs AG

Jörg Wachter, 15 Jahre alt,
Schüler,
Mitglied im Greenteam der
Realschule Falkenried

?

Argumentieren/Diskutieren: Rollenspiel

2 Überlegt für jede Rolle, welcher Standpunkt wohl vertreten wird.

3 Sammelt für jede Rolle Argumente und Beispiele, die den Standpunkt stützen (s. dieses Kapitel, Seite 20, oder Kapitel „Erörtern", Seite 139 ff.).

> **TIPP**
>
> **Achtung:** Jedes Rollenspiel lebt davon, dass die Spieler sich ganz mit ihrer Rolle identifizieren. Nehmt euch also genügend Zeit, euch mit den entsprechenden Standpunkten, Haltungen und Argumenten vertraut zu machen.

4 Bevor das Rollenspiel startet, sollten sich die Zuschauer Beobachtungsaufgaben überlegen.

Das Rollenspiel

Eine Schülerin/ein Schüler führt in das Rollenspiel ein, indem sie/er die Situation schildert:

Einige Leute treffen sich auf dem Wochenmarkt vor dem Stand von Frau Harms. Frau Dr. Fischer betrachtet nachdenklich die schönen roten Tomaten und murmelt halblaut vor sich hin: „Na, da lobe ich mir die neuen Technologien. Machen aus jeder Tomate ein Schmuckstück ..." Darauf mischen sich andere in das Gespräch ein ...

Die Spieler argumentieren ihrer Rolle entsprechend. Die Zuschauer beobachten genau.

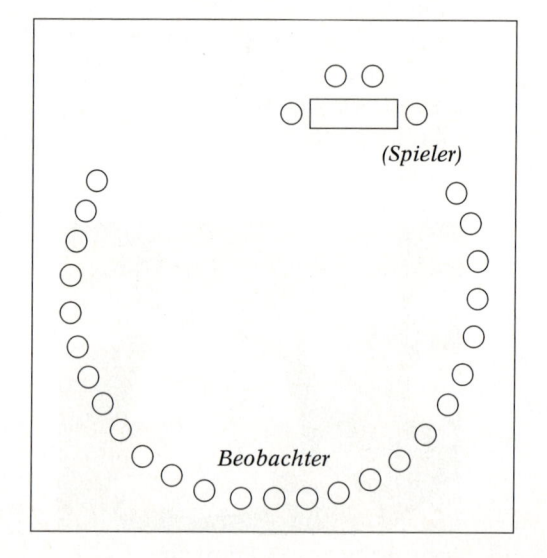

(Spieler)

Beobachter

5 Wertet das Rollenspiel aus.

Argumentieren/Diskutieren: Protokoll

Ein Protokoll erstellen

Der Schülerrat der Realschule Falkenried beschäftigte sich mit dem Antrag der Initiative Frühstücksbude. Man war sich schnell einig, dass eine Podiumsdiskussion zum Thema „Novel food" für die Schülerschaft, Eltern und Lehrer sehr interessant sein könnte.

**Protokoll
der Schülerratssitzung der Realschule Falkenried vom 2. 5. 1998**

Zeit: 12.45 – 13.30 Uhr, Ort: Frühstücksstübchen
Anwesende: s. Anwesenheitsliste

TOP 1: Das Protokoll der Sitzung vom 12. 3. 1998 wurde einstimmig angenommen

TOP 2: Der Vorschlag der Initiativgruppe Frühstücksbude für eine Podiumsdiskussion zum Thema genmanipulierter Lebensmittel wurde kontrovers diskutiert. Gero stellte den Antrag, das Projekt auf der Gesamtkonferenz vorzubringen:
Abstimmungsergebnis: 7 dafür – 1 dagegen – 1 enthalten

Die Schülersprecher wurden beauftragt, das Projekt auf der nächsten Gesamtkonferenz vorzustellen und einen Antrag einzubringen.

Verantwortlich für das Protokoll: *Sina Ratke*

---

❶ Sprecht über den Aufbau des Protokolls.

❷ Handelt es sich hier um ein Ergebnis- oder um ein Verlaufsprotokoll? Begründet (siehe Merkkasten).

❸ Erstellt ein Formblatt für ein Protokoll. Wenn möglich, benutzt dazu die Schreibmaschine oder ein Textverarbeitungsprogramm am PC.

ZUM MERKEN

Ein Protokoll ist ein Bericht über mündliche Informationen. Inhalt, evtl. Verlauf und Ergebnis müssen enthalten sein.
Man unterscheidet zwischen **Verlaufsprotokoll**:
– nach Gesprächsabschnitten gliedern,
– Beiträge zusammenfassen und Wichtiges hervorheben,
– entscheidende Beiträge wörtlich zitieren,
und **Ergebnisprotokoll**:
– vom Ende der Diskussion ausgehen,
– Ergebnisse (Abstimmungen, Mitgliedsnamen für Ausschüsse usw.) festhalten.

Argumentieren/Diskutieren: Diskussion einleiten

Eine Diskussion einleiten

Die beiden Schülersprecher sollen nun ihren Antrag auf der Gesamtkonferenz der Schule vor Eltern und Lehrern selber stellen. Die Rektorin gibt ihnen vorher einen Tipp: Um den Antrag möglichst erfolgreich durchzubringen, sollen die Schüler das Thema möglichst geschickt einleiten.

Nun überlegen die Schüler, wie sie in die Diskussion einführen wollen, wenn ihr Tagesordnungspunkt an die Reihe kommt.

Hier sind ihre Ideen:

Sehr verehrte Damen und Herren, sicher haben Sie auch schon gehört, dass es neuerdings Pflanzen gibt, deren Erbmaterial verändert wurde, um sie wirtschaftlicher zu machen. Die Forschung ist enorm weit. Auch bei uns in den Supermärkten finden wir bereits Lebensmittel, die Rohstoffe enthalten, deren Genmaterial verändert wurde. Möchten Sie mehr erfahren? Wir auch! Daher dachten wir vom Schülerrat uns, warum nicht eine Podiumsdiskussion...

Genmanipuliertes Sojamehl als Streckmittel in Nutella? Rapspflanzen zur Honigausbeute, die gegen schwersten Gifteinsatz resistent sind? Tomaten, die auch nach zwei Wochen noch pflückfrisch sind? Utopia? Schöne neue Welt? Nein, es ist die Realität. Wir vom Schülerrat möchten, dass Sie mehr wissen ...

❶ Ordnet die Einstiegsmodelle den folgenden Begriffen zu:

| informierender Einstieg | provozierender Einstieg |

❷ Diskutiert die verschiedenen Modelle. Sprecht über Vor- und Nachteile. Bedenkt auch, dass der Einstieg auf die Gruppe abgestimmt werden sollte (Adressatenbezug).

❸ Formuliert einen eigenen Einstieg in das Thema. Übt auch den mündlichen Vortrag.

Argumentieren/Diskutieren: Gesprächspartner in einer Diskussion

„Bleiben Sie sachlich, Herr Schulz!"

Hier folgt ein Auszug aus der Diskussion während der Gesamtkonferenz:

Herr Mielke: „Naja, eine Podiumsdiskussion ist ja vielleicht gut für das Image unserer Schule; ich denke da an die Stadtteilzeitung oder so ... Aber muss es denn ein so umstrittenes Thema sein? Ich finde, wir sollten lieber über die Neugestaltung unseres Außengeländes mit Experten diskutieren. Davon hätten wir dann einen ganz konkreten Nutzen."

Schülersprecherin Kathrin: „Also, Herr Mielke, ich glaube schon, dass gerade unser Thema sehr viel mit unserem Schulalltag zu tun hat. Ernährung ist doch schließlich ein Thema, das alle angeht: Lehrer, Schüler und Eltern – und zwar jeden Tag. Außerdem hat sich unsere Frühstücksbude nun mal gesunde Ernährung auf die Fahnen geschrieben. Wir verkaufen da etwas an Jugendliche – unsere Mitschüler – und wissen gar nicht, was alles so drin ist in unserem Essen! Wir vom Schülerrat finden jedenfalls die geplante Veranstaltung enorm wichtig."

Frau Siebert: „Ich finde, das Thema Gentechnik ist eine Überforderung für unsere Schülerschaft. Nein, da mache ich nicht mit!"

Herr Meyer: „Also meine ganz persönliche Meinung dazu ist folgende: Überfordert sind unsere Schüler ganz bestimmt mit diesem Thema!!"

Herr Schulz: „Kathrin, das ist doch dummes Zeug, was du da sagst. Von gesunder Ernährung musst gerade du reden. Erst gestern sah ich dich am Imbiss in der Voßstraße ... Pommes frites rot-weiß, das sagt doch alles."

Elternrat Frau Marks: „Bleiben Sie doch sachlich, Herr Schulz. Das bringt uns ja wohl nicht weiter."

Herr Kütemeyer: „Ich muss Ihnen da widersprechen, liebe Frau Siebert. Ich bin der Meinung, wir sollten die Aktion des Schülerrates unterstützen. Sie sehen ja selbst, die Schüler haben die ganze Aktion ins Leben gerufen und bisher wohl auch sehr gut vorbereitet ..."

Herr Seiters (dazwischenrufend): „Genau, wir haben bereits drei Wochen Arbeit in dieses Projekt investiert und die Schüler sind begeistert dabei. Es wäre fatal, wenn das alles umsonst gewesen sein sollte!"

Schülersprecher Jelko: „Ich möchte Herrn Seiters unterstützen. Wir haben das Thema wirklich gut vorbereitet und viel Zeit und Arbeit investiert."

Schülersprecherin Kathrin: „Wir vom Schülerrat – mithilfe von Herrn Seiters und Frau Kleinfeld natürlich – würden auch die gesamte Organisation übernehmen. Angefangen von den Einladungen, der Gesprächsleitung während der Veranstaltung bis zum Aufräumen der Aula. Sie sehen also, es entsteht keine Mehrarbeit für Sie."

(Gemurmel bei einigen Lehrern und den Elternvertretern)

Frau Helms: „Das finde ich sehr anständig, dass auch an uns Lehrer gedacht wird. Ich erinnere an die Arbeitszeiterhöhung im letzten Jahr. Schließlich würde die Veranstaltung doch wohl am Abend stattfinden, außerhalb der regulären Unterrichtszeit. Ich bin trotzdem dafür. Von

Argumentieren/Diskutieren: Rollenspiel

großer Bedeutung ist für mich, dass die Schüler ein Thema gefunden haben, das jahrgangsübergreifend Anklang findet. Ich denke, wir sollten
45 die Schüler in ihrem Anliegen – das ja für alle interessant ist – nach Kräften unterstützen."

Rektorin Kahle: „Meine Damen und Herren, liebe Schüler und Schülerinnen, ich danke Ihnen für diesen kontrovers geführten Meinungsaustausch. Nun kann sich jeder wohl selbst ein Bild von unserer erfreulich
50 aktiven Schülerschaft machen. Deutlich wurde meines Erachtens, wie wichtig den Schülern gerade **dieses** Thema und **diese** Veranstaltung ist. Das Alternativthema „Gestaltung des Außengeländes" ist sicher ebenfalls drängend, wir werden es im Auge behalten. Ich bitte nun die Schülervertretung, ihren Antrag auf Genehmigung der Veranstaltung
55 vorzubringen, damit wir abstimmen können."

1 Lest die Diskussion mit verteilten Rollen.

2 Findet die Pro- und Kontraargumente bezüglich der geplanten Veranstaltung. Listet sie auf.

3 Sucht die Gesprächssequenzen, in denen die Gesprächspartner positiv aufeinander eingegangen sind. Auf welche Art wird der Vorredner bestärkt?

4 An einer Stelle wird ein Gesprächspartner nicht ernst genommen bzw. in seiner Persönlichkeit verletzt. Findet sie.

5 Wie könnte man mit verletzenden Äußerungen umgehen? Erprobt einige Möglichkeiten im Spiel.

6 Sprecht über Herrn Meyers Gesprächsbeitrag.

7 Wie beurteilt ihr Rektorin Kahles Beitrag? Findet ihr Alternativen zu dieser Art der Zusammenfassung (Resümee)?

ZUM MERKEN

Bei längeren Diskussionsphasen mit reger Beteiligung sollte die Diskussionsleitung eine **Rednerliste** führen, um die Reihenfolge der Redner einzuhalten.
Gesprächspartner in Diskussionen sollten **aufeinander eingehen**, indem sie genannte Argumente aufgreifen, weiterführen oder widerlegen.
Persönlichkeitsverletzende Äußerungen sollten vermieden werden. Bloßes **Wiederholen** von schon Gesagtem (Paraphrasieren) behindert eine Diskussion.
Am Ende einer Diskussion sollte die Diskussionsleitung ein **Resümee** ziehen (Zusammenfassung der Positionen). Erst dann sollte man (je nach Thema) einen Beschluss fassen.

Argumentieren/Diskutieren: Projektideen

Ideenbörse: Diskussionswürdig?!

Interessante Themen für Klassendiskussionen

- Computer-Führerschein für alle Schulabgänger verpflichtend
- ein Schüleraustausch ins Ausland für alle Schüler verpflichtend
- Abschlussfahrt ins Ausland
- Schulparty unter ein Motto stellen
- Inline-Skater weg vom Fußweg!
- Anreiz zum Verzicht aufs Auto: Öffis umsonst
- Freigabe von Alkohol im Jugendzentrum
- Tierversuche – generelles Verbot

Diskussionen beobachten und auswerten

- Fernsehdiskussionen aufzeichnen und untersuchen
- Diskussionsrunden bei Wahlveranstaltungen besuchen und auswerten
- öffentliche Sitzungen im Rathaus besuchen und sich einmischen

DISKUSSIONSFORMEN AUSPROBIEREN

Podiumsdiskussion:

Experten diskutieren untereinander unter zeitweiliger Einbeziehung des Publikums.

Diskussion mit Wechselpartnern:

Fällt einem Teilnehmer nicht mehr viel zum Thema ein, tauscht er mit einem Beobachter aus dem äußeren Kreis den Platz.

STRASSENTHEATER

Sprecht euch untereinander ab, wer welche Rolle spielt bzw. welche Position vertritt. Brecht auf öffentlichen Plätzen, in Straßenbahnen, auf dem Schulhof eine kontroverse Diskussion vom Zaun. Einige von euch beobachten: Wer mischt sich ein, welche Meinungen werden vertreten? Nach und nach ziehen sich die „Schauspieler" aus dem Geschehen heraus.

Lyrik

Die Jahreszeiten

Caspar David Friedrich (1774 – 1840): Der Morgen

Ein Gedicht rekonstruieren

sommerbeginn das rattern eines traktormotors in der ferne stimmen der nachbarn im garten teetassen aus porzellan flirrende im wind tanzende blätter hinter dem fenster vögel in allen tonarten das lachen der kinder die kopfüber ins wasser springen melonenkerne die auf der mit steinen gepflasterten terrasse glänzen glasmurmeln in meiner hand

1. Verwandele dieses ‚Wortmaterial' in ein Gedicht.
2. Vergleicht eure Ergebnisse.
3. Wie sehen eure Gedichte aus?
4. Wie klingen sie?
5. Haben sie die gleiche Aussage?

> Typische Merkmale moderner Gedichtformen sind sicher auch in euren Gedichten enthalten:
> – Sie müssen sich am Ende nicht reimen,
> – sie können unvollständige Sätze enthalten,
> – sie können ohne Satzzeichen sein,
> – der Sinn eines Satzes kann über mehrere Zeilen gehen (Enjambement),
> – eine Zeile kann aus einem einzelnen Wort bestehen.

Lyrik: Verwürfeltes Gedicht ordnen

6 Suche dir einen Text (kurze Nachricht aus der Zeitung, aus dem Fernsehprogramm, einen Werbetext ...) und verwandle ihn in ein Gedicht.

TIPP
Wenn du dazu das Schreibprogramm des Computers verwendest, hast du viele Vorteile:
- flexible Umstellung des Textes durch:
  Veränderung der Verszeilen und Anordnung in Strophen,
  Rechts- oder Linksbündigkeit,
  Abstände oder Einrückungen im Text,
- Einfügen von Bildern / Grafiken / Zeichnungen in das Gedicht,
- Ausdruck in verschiedenen Schriftarten und Formen.

7 In diesem Gedicht sind die Verse, mit Ausnahme des 5. und 6. Verses, durcheinander geraten. Ordne sie so, dass die vier ersten Verse im Reimschema Kreuzreim, der 6. bis 9. Vers als Paarreim stehen (vgl. S. 30).

Wenn des Sommers Höhe überschritten   Hermann Hesse
(1877 – 1962)

Wenn des Sommers Höhe überschritten,

6 Wird aus Müdigkeit und Todeswille

Über allem eine tiefe Stille,

Mit gebräunten Sternen müde stehen,

5 Letzte Sensen in die Felder gehen,

Schwer bestaubt am Weg die Margueriten

Will Natur nach so gedrängtem Leben

Weiße Fäden in den Hecken wehen,

Nichts mehr tun als ruhn und sich ergeben.

8 Forme das Gedicht um, indem du die Reimschemata nicht einhältst. Wie verändert sich dadurch die Wirkung des Textes?

Lyrik: Eigene Ideen zu Gedichten entwickeln

ZUR ERINNERUNG

Reimschemata:
Paarreim   aabb
Kreuzreim   abab
umarmender Reim abba
Haufenreim   aaabbb

Reimarten:
reiner Reim: genauer Gleichklang in Vokal und Schlusskonsonant,
Beispiel: *Laub – Staub*
unreiner Reim: ungenauer oder unvollständiger Gleichklang,
Beispiel: *Gemüt – Lied.*

Der sommer geht weg

Die distel schmeichelt mit weichem fell

Die mohnblume wirft ihr kleid ab
wie eine schwangere

Die kamille franst aus
an den knöpfen

Die wegwarte schließt sich
und ergraut

Reiner Kunze

9 Malt oder sucht Bilder zu diesem Gedicht.

10 Ihr könnt auch eine Collage gestalten.

11 Wer findet zu diesem Gedicht passende Musik?

12 In diesem Gedicht ‚spielt' der Dichter mit Stilmitteln der Sprache. Dabei werden die Pflanzen durch Vergleiche und Metaphern in einen anderen Bereich übertragen.
Welcher ist das?

13 Versuche, ein ähnliches Gedicht mit anderen Pflanzen zu erstellen. Dies ist auch für eine andere Jahreszeit möglich.

Lyrik: Gedichte überarbeiten

Der Antrag des Winters
(Schülertext / 1. Entwurf)

Rauschende Blätter an den Bäumen,
das Wasser fließt ruhig daher,
der Rasen ist feucht mit Schäumen,?
der Himmel ist traurig-trüb wie Teer.

Rauschende Blätter in der Luft,
das Laub verströmt modrigen Duft,
Es ist ein kühler Herbsttag, ←
der Winter stellt schon seinen Antrag.

1. Überarbeitung

Rauschende Blätter an den Bäumen,
das Wasser fließt noch ruhig daher,
die Wiesen liegen in kalten Träumen,
der Himmel ist traurig-trüb wie Teer.

Das Rauschen der Blätter in der Luft,
das Laub verströmt modrigen Duft,
Dies ist ein bereits kühler Herbsttag,
nun stellt der Winter seinen Antrag.

14 Lest das Gedicht vor. An einigen Stellen müsste noch gearbeitet werden.

15 Überarbeitet das Gedicht.

16 In dem Text werden euch bereits bekannte Formelemente verwendet. Welche sprachlichen Mittel erkennt ihr? Sucht sie heraus und erklärt deren Bedeutung und Wirkung.

Im Winter   *nach Georg Trakl*

Der Acker leuchtet ▬▬▬▬ ▬▬▬ ▬▬▬▬.
Der Himmel ist ▬▬▬▬ ▬▬▬ ▬▬▬▬.
Dohlen kreisen über dem Weiher
und Jäger steigen nieder vom Wald.

Ein Schweigen in ▬▬▬▬ Wipfeln wohnt.
Ein Feuerschein huscht aus den Hütten.
Bisweilen schellt sehr ▬▬▬▬ ein Schlitten
und ▬▬▬▬ steigt der ▬▬▬▬ Mond.

Ein Wild verblutet ▬▬▬▬ am Rain
und Raben plätschern in ▬▬▬▬ Gossen.
Das Rohr bebt ▬▬▬▬ ▬▬▬▬.
Frost, Rauch, ein Schritt im ▬▬▬▬ Hain.

17 Folgende Adjektive müssen in grammatisch richtiger Form in dieses Gedicht eingesetzt werden (dreimal als Kombination mit *und*):
fern, langsam, sanft, kalt, schwarz, einsam, aufgeschossen, grau, leer, gelb, blutig, ungeheuer, weiß.

18 Vergleicht eure Ergebnisse.

Mählich durchbrechende Sonne
Arno Holz

Schönes,
grünes, weiches
Gras.

Drin
5   liege ich.

Inmitten goldgelber
Butterblumen!

Über mir ... warm ... der Himmel:

Ein
10   weites, schütteres,
lichtwühlig, lichtlebendig, lichtwogig
zitterndes
Weiß,

das mir die
15   Augen
langsam ... ganz ... langsam
schließt.

Wehende ... Luft ... kaum merklich
ein Duft, ein
20   zartes ... Summen.

Nun
bin ich fern
von jeder Welt,
ein sanftes Rot erfüllt mich ganz,
25   und
deutlich ... spüre ich ... wie die
Sonne
mir durchs Blut
rinnt.

30   Minutenlang.

Versunken
alles ... Nur noch
ich.

Selig!

Die Wirkung eines Gedichtes unterstreichen

– Versucht durch Musikinstrumente den Rhythmus des Gedichtes zu unterstreichen.

– Sucht Bilder, die zu dem Gedicht passen.

– Malt eigene Bilder, die die Stimmung des Gedichtes wiedergeben.

– Malt die im Gedicht genannten Farben.

– Verwandelt das Gedicht in eine Materialcollage, zum Anfassen, Riechen ... (Gegenstände, die im Gedicht eine Rolle spielen, auf eine Unterlage kleben, stellen, nähen, modellieren, schnitzen ...).

– Sammelt oder malt Bilder, die im Gegensatz zum Inhalt des Gedichts stehen (Kontrastieren des Gedichts).

– ...

Lyrik: Metrum

Metrum und Rhythmus

In diesem Unterkapitel wird es etwas komplizierter, denn es geht um die regelmäßige Abfolge von betonten und unbetonten Silben (Metrum / Versmaß) und deren Umsetzung beim Vortragen (Rhythmus). Dadurch entsteht – wie in der Musik – ein Takt. Betonte Silben heißen **Hebungen**; sie werden mit einem Strich über der Silbe / gekennzeichnet. Unbetonte Silben heißen **Senkungen**.

O Täler weit, o Höhen,
du schöner grüner Wald …

1 Kennzeichne die betonten Silben.

2 In der ersten Strophe des folgenden Gedichtes haben wir das Metrum vorgegeben. Bearbeite selbst die zweite Strophe.

Sommernacht *Gottfried Keller*

Es wállt das Kórn weit ín die Rúnde,
und wíe ein Méer dehnt es sich áus;
doch líegt auf séinem stíllen Grúnde
nicht Séegewúrm noch ándrer Gráus;
5   da träumen Blúmen núr von Kränzen
und trínken der Gestírne Schéin,
o góldnes Méer, dein fríedlich Glänzen
saugt méine Séele gíerig éin!

In meiner Heimat grünen Talen,
10 da herrscht ein alter, schöner Brauch:
Wann hell die Sommersterne strahlen,
der Glühwurm schimmert durch den Strauch,
dann geht ein Flüstern und ein Winken,
das sich dem Ährenfelde naht,
15 da geht ein nächtlich Silberblinken
von Sicheln durch die goldne Saat.

ZUM MERKEN

Verschiedene Formen von Metren:
xx́ = Jambus
x́x = Trochäus
x́xx = Daktylus
xxx́ = Anapäst

Lyrik: Rhythmus

Kennst du das Land, wo die Zitronen blühn?

3 Welches Metrum enthält diese Zeile?

Wenn man diese Zeile sinnbetont vorträgt, ergibt sich folgender Rhythmus:

Kénnst du das Lánd, wo die Zitrónen blühn?

Bei diesem Vers werden beim Vortragen nur drei Silben hervorgehoben, während das Metrum fünf betonte Silben hat. Dabei fällt sogar eine Betonung (am Anfang des Verses) auf eine eigentlich unbetonte Silbe. Durch diese Abweichung gegenüber dem Metrum entsteht der Rhythmus.

4 Sammle aus anderen Bereichen Verse, bei denen es auf den Rhythmus ankommt (z. B. Werbung, Fangesänge).

5 Überprüfe auch bei denen Metrum und Rhythmus.

6 Lege im folgenden Gedicht das Metrum fest (Folie oder kopieren).

7 Kennzeichne dann die Silben, die bei einem Vortragen des Gedichtes betont werden sollen.

8 Stelle die Unterschiede fest.

9 Lies / Trage das Gedicht nun vor.

Abseits

Es ist so still, die Heide liegt
im warmen Mittagssonnenstrahle,
ein rosenroter Schimmer fliegt
um ihre alten Gräbermale;
5 die Kräuter blühn, der Heideduft
steigt in die blaue Sommerluft.

Laufkäfer hasten durchs Gesträuch
in ihren goldnen Panzerröckchen,
die Bienen hängen Zweig um Zweig
10 sich an der Edelheide Glöckchen;
die Vögel schwirren aus dem Kraut –
die Luft ist voller Lerchenlaut.

Ein halb verfallen niedrig Haus
steht einsam hier und sonnbeschienen;
der Kätner lehnt zur Tür hinaus, 15
behaglich blinzelnd nach den Bienen;
sein Junge auf dem Stein davor
schnitzt Pfeifen sich aus Kälberrohr.

Kaum zittert durch die Mittagsruh'
ein Schlag der Dorfuhr, der entfernten; 20
dem Alten fällt die Wimper zu,
er träumt von seinen Honigernten. –
Kein Klang der aufgeregten Zeit
drang noch in diese Einsamkeit.

Theodor Storm

Gedichte im Vergleich

Manchmal kann das Vergleichen von Gedichten zum selben Thema es erleichtern, diese Texte zu verstehen.

1 Stellt die inhaltlichen Schwerpunkte fest.

2 Vergleicht die Gestaltung (Reim, Metrum, Rhythmus, Wortwahl, Metaphern, ...) der beiden Gedichte miteinander.

3 Könnt ihr einen Zusammenhang von Form und Inhalt für die jeweiligen Gedichte feststellen?

4 Welche unterschiedlichen Absichten könnten die Autoren gehabt haben?

5 Informiert euch über die beiden Autoren.

Herbstliche Koppel

Der Herdengalopp
paukt mir scharf in den Ohren,
ich fühle den Herbst
mit schmerzenden Poren.

5 Am Zaun der Wacholder
wächst dunkel zusammen,
wann wird ihn ein neuer
Sommer entflammen?

Oktoberpferde –
10 bestürzende Schar!
Wie Reif hängt der Schweiß
schon im Mähnenhaar.

Noch seh ich am Bachholz
wie wild sich vereinen,
15 bald werden sie nächstens
im Traum mir erscheinen.

Gespenstisch im Auge
den Schimmer des Quarzes:
ein weißes, ein rotes,
20 ein fahles, ein schwarzes!
*Heinz Piontek (*1925)*

Flugzeit

Laub fällt, und sichtbar werden
leere Vogelnester im Geäst.
Es regnet, regnet weiter
bis zum Schnee –
5 Kommt noch ein Tag, auf Nebelhörnern
kühl November blasend,
stehn wir in Wolle eingewickelt
bis zum Kinn und prüfen unser Dach.
Die offnen Stellen füllen wir mit Sorge.
10 Zeit wär's zu fliegen.
*Rainer Brambach (*1917 – 1983)*

Frühling – einmal anders

Frühling 1938 (I) *Bertolt Brecht (1898 – 1956)*

Heute, Ostersonntag früh
Ging ein plötzlicher Schneesturm über die Insel.
Zwischen den grünenden Hecken lag Schnee. Mein junger Sohn
Holte mich zu einem Aprikosenbäumchen an der Hausmauer
5 Von einem Vers weg, in dem ich auf diejenigen mit dem Finger deutete
Die einen Krieg vorbereiteten, der
Den Kontinent, diese Insel, mein Volk, meine Familie und mich
Vertilgen mag. Schweigend
Legten wir einen Sack
10 Über den frierenden Baum.

(1938)

Frühling *Joachim Ringelnatz (1883 – 1934)*

Die Bäume im Ofen lodern.
Die Vögel locken am Grill.
Die Sonnenschirme vermodern.
Im Übrigen ist es still.

5 Es stecken die Spargel aus Dosen
Die zarten Köpfchen hervor.
Bunt ranken sich künstliche Rosen
In Faschingsgirlanden empor.

Ein Etwas, wie Glockenklingen,
den Oberkellner bewegt,   10
Mir tausend Eier zu bringen,
Von Osterstören[1] gelegt.

Ein süßer Duft von Havanna[2]
Verweht in ringelnder Spur,
Ich fühle an meiner Susanna   15
Erwachende neue Natur.

Es lohnt sich manchmal, zu lieben,
Was kommt, nicht ist oder war.
Ein Frühlingsgedicht, geschrieben
20 Im kältesten Februar.

❶ Stellt einen Zusammenhang her zwischen der Überschrift auf dieser Seite und den beiden Gedichten.

❷ Informiert euch über die beiden Autoren, ihr Leben und ihre politischen Einstellungen.

---

[1] Stör: Fisch, dessen Rogen als besondere Delikatesse gilt
[2] Havanna: Zigarrensorte

Lyrik: Angeleitetes Schreiben zum Thema Frühling

Sich zu einem Gedicht anregen lassen

Pablo Picasso:
Der Frühling (Le printemps)
20. März 1956

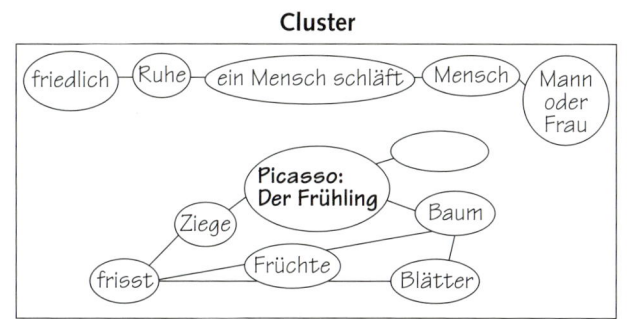

Stichwortkatalog

– Baum
– Wiese
– …
– …

Cluster

friedlich – Ruhe – ein Mensch schläft – Mensch – Mann oder Frau

Picasso: Der Frühling

Ziege – frisst – Früchte – Baum – Blätter

Automatisches Schreiben
Versuche alle Gedanken, die dir zum Thema einfallen, aufzuschreiben. Dabei darf der Schreibprozess in der vorgegebenen Zeit nicht unterbrochen werden: Alle Gedanken, Einfälle musst du fortlaufend niederschreiben:
Der Frühling ist eine schöne Jahreszeit in der die Natur erwacht wake up oh ist das schwer die Blumen blühen wie öde jetzt ne Coke und der Schnee schmilztttttttt

Metaphorisches Schreiben
Überlege, welche Fahrzeuge, Gebäude, Speisen, Filme, Gewässer, Landschaften, Getränke, Schlager, Tiere, Musikinstrumente, … zum Frühling passen.

1 Verarbeitet eure Materialsammlung zu Gedichten.

2 Vergleicht eure Ergebnisse.

Lyrik: Gedichte nach Vorgaben verfassen

Ideenbörse: Der Text ist ein „Gedicht"

Haiku

Die bunten Blätter
Sie fliegen von den Bäumen
Es riecht so herrlich

Das Haiku ist ein japanisches Kurzgedicht, bei dem in drei Zeilen siebzehn Silben so untergebracht werden müssen:
1. Zeile – fünf Silben, 2. Zeile – sieben Silben,
3. Zeile – fünf Silben.
Das Haiku behandelt meist die Natur, darin vorkommende Ereignisse, Vorgänge, Lebewesen, häufig gegensätzlich gegenübergestellt.

Vertikal (Akrostichon)

Fröhlich singt eine Lerche,
Ruft ein Kuckuck,
Ein Falter fliegt vorbei
Und setzt sich auf
Die gelbe Tulpenblüte
Es ist Frühling.

Ein Wort wird von oben nach unten geschrieben. Die Buchstaben des Wortes dienen als Anfangsbuchstaben der Zeilen.

Redewendung

Hilfe für die Hungernden
Hilfe für die Umwelt
Hilfe für die Verirrten
Hilfe für die Einsamen
Hilfe zur rechten Zeit
Aber wer hilft mir?

Jede Zeile fängt mit den gleichen Worten, dem gleichen Wort an (Anapher), dies kann am Schluss des Textes verändert werden.

Limerick

Ein nahender Frühling in Springe,
der schaudernd an all das Gesinge,
Geschmus' und Geschmachte,
das vor ihm lag, dachte:
„Wenn ich nur schon wieder ginge!"

Ein Limerick ist ein fünfzeiliges Gedicht mit dem Reimschema aabba. Der 1. Vers ist dreihebig und enthält eine Ortsangabe, der 2. Vers hat auch drei Hebungen und schildert eine komische Situation. Diese wird in Vers 3 und 4, die nur zwei Hebungen haben, fortgesetzt. Der 5. Vers, dreihebig, nimmt oft eine überraschende, ungewöhnliche, manchmal groteske Wendung.

Lyrik: Ideenbörse

Sich von Bildern zu Gedichten anregen lassen

Paul Klee: Gemischtes Wetter (1929)

① Sucht in Gedichtsammlungen nach Gedichten, die sich auch mit dem Verhältnis von Natur und Mensch befassen.

② Werdet ihr auch bei Texten der Popmusik fündig?

③ Schreibe die Gedichte, die dich besonders berührt haben, zusammen mit deinen eigenen Versuchen in ein Heft.

④ Wenn du eine Mappe anlegst, kannst du die Texte auch mit dem Computer gestalten und so die Interpretation unterstützen.

⑤ So kannst du den Grundstock für eine private Sammlung deiner liebsten Gedichte legen.

Am Anfang ist der Text

Was man mit einem Text alles machen kann

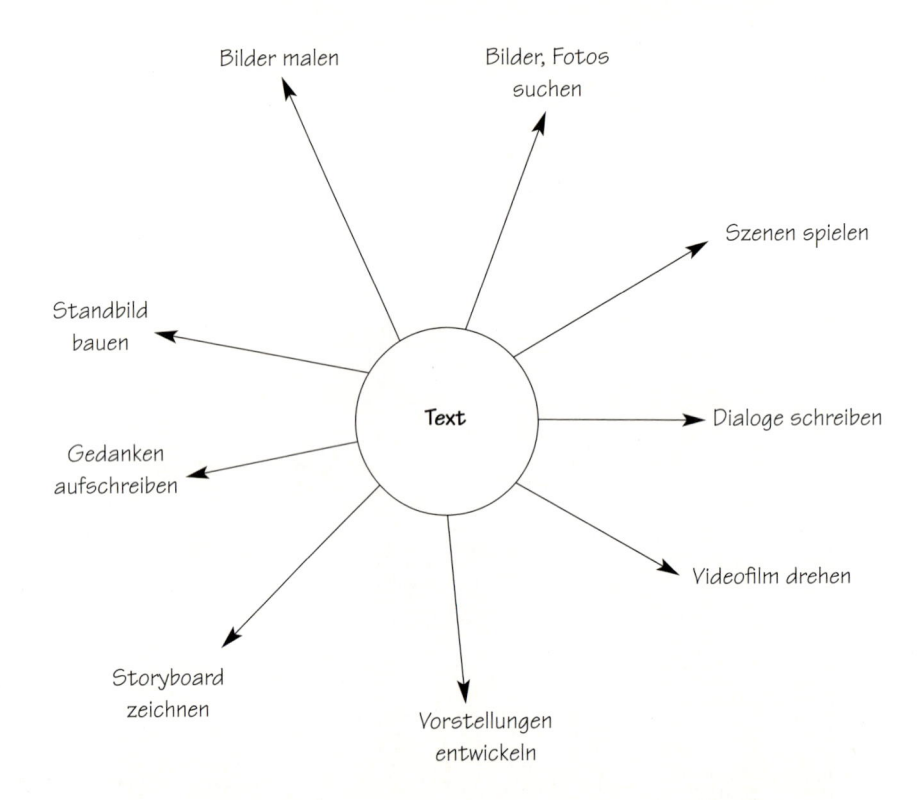

- Bilder malen
- Bilder, Fotos suchen
- Szenen spielen
- Standbild bauen
- Text
- Dialoge schreiben
- Gedanken aufschreiben
- Videofilm drehen
- Storyboard zeichnen
- Vorstellungen entwickeln

Geschichten vom Herrn Keuner *Bertolt Brecht*

Die Rolle der Gefühle
Herr Keuner war mit seinem kleinen Sohn auf dem Land. Eines Vormittags traf er ihn in der Ecke des Gartens und weinend. Er erkundigte sich nach dem Grund des Kummers, erfuhr ihn und ging weiter. Als aber bei
5 seiner Rückkehr der Junge immer noch weinte, rief er ihn her und sagte ihm: „Was hat es für einen Sinn zu weinen bei einem solchen Wind, wo man dich überhaupt nicht hört." Der Junge stutzte, begriff diese Logik und kehrte, ohne weitere Gefühle zu zeigen, zu seinem Sandhaufen zurück.

Brecht erzählt die Geschichte ganz knapp, sodass für Leserin und Leser viel Raum bleibt für zusätzliche Vorstellungen, die zum besseren Verständnis der Geschichte beitragen.

Am Anfang ist der Text

Es gibt verschiedene Möglichkeiten, diesen Text zu ergänzen, einige davon werden jetzt vorgestellt. An einer anderen Keuner-Geschichte kannst du das dann selbst einmal ausprobieren.

1 Dialoge schreiben

Das erste Gespräch zwischen dem Vater und dem Sohn könnte so aussehen:

Vater: „Warum weinst du denn, Martin? Hast du dir wehgetan?"
Sohn: „Nein, ich habe mir nicht wehgetan, aber meine Schaufel ist abgebrochen und nun kann ich die Burg nicht mehr weiterbauen."

2 Gedanken – innere Monologe schreiben

Vater, als er seinen Sohn das erste Mal weinen sieht:

Ach, der arme kleine Kerl, was hat er denn jetzt? Warum weint er, er hat doch bis jetzt ganz friedlich gespielt. Da ist auch niemand, der ihn geärgert haben könnte. Ich mag es nicht, wenn er weint. Kleine Kinder sollten keinen Grund haben zu weinen. Na, ich werde mal hingehen und fragen, warum er weint. Vielleicht kann ich ihm ja helfen. Oder ihn trösten.

Vater, als er seinen Sohn noch immer weinen sieht:

Meine Güte, dieses Kind ist ja eine richtige Heulsuse. Jetzt war ich eine halbe Stunde weg und der heult immer noch.

1 Schreibe den Monolog weiter.

Sohn, als sein Vater das erste Mal weggeht:

Schön, dass Vati gekommen ist. Er mag mich. Aber die Schaufel ist immer noch kaputt. Womit soll ich denn jetzt meine Burg weiterbauen? Mit den Händen? Aber der Sand ist so nass und dreckig. Da mag ich nicht reinfassen.

Sohn, als der Vater das zweite Mal weggeht: ...

2 Schreibe auf, was der kleine Sohn in diesem Augenblick denken könnte.

3 Vorstellungen zu Personen, Charakteren, Orten usw. entwickeln

3 Wählt das Foto aus, das eurer Meinung nach den Knaben aus dem Text darstellen könnte und begründet eure Wahl. Vergleicht die von euch ausgewählten Bilder.
Wenn euch keines der Fotos zu passen scheint, könnt ihr nach anderen Abbildungen suchen.

4 Schreibt auf, wie ihr euch das Aussehen von Herrn Keuner vorstellt.

5 Sucht nun Fotos von Männern, die Herrn Keuner darstellen könnten und stellt selbst eine entsprechende Fotoleiste zusammen.

Sich den Charakter von Herrn Keuner vorstellen

Herr Keuner ist mit sich selber und mit anderen Menschen sehr streng. Daher versucht er immer, sie zu erziehen, ihnen Vorschriften zu machen. So zeigt er auch nur selten Mitleid gegenüber jemandem. Manchmal lacht er die Menschen sogar aus, wenn sie einen Fehler gemacht haben. Aber ansonsten lacht er sehr selten. Eher scheint es, dass er alles sehr ernst nimmt. Deswegen ärgert er sich auch leicht, wenn andere Menschen dumm sind oder uneinsichtig.

6 Schreibt auf, welche weiteren Eigenschaften Herr Keuner haben könnte.

Sich den Garten vorstellen

7 Versuche selbst den Garten zu beschreiben.
Der Text könnte so anfangen:
Der Garten sah etwas verwahrlost aus. Der Rasen …

Am Anfang ist der Text

Man muss bei der Bearbeitung eines Textes nicht immer nur schreiben. Man kann z. B. auch:

4 Ein Standbild darstellen

Bei dieser Methode nimmt jemand die Haltung ein, von der er glaubt, dass sie den Charakter des Menschen, seine Stimmung oder die Situation am besten verdeutlicht. Jemand aus der Klasse kann dann hingehen und Änderungen vornehmen. Dies kann man so lange fortsetzen, bis alle mit der Haltung einverstanden sind.
Man kann aber auch von Anfang an gleich ein oder mehrere „Modelle" und einen „Bildhauer" einsetzen, der die Modelle so hinstellen soll, dass sie seinen Vorstellungen von der Situation entsprechen.

8 Probiert aus, wie die Stellung der beiden Personen zueinander sein müsste. Überlegt, ob es dabei Unterschiede zwischen der ersten und der zweiten Begegnung geben muss.

5 Eine Szene spielen

Bei unserem Beispiel könnte man die Begegnung zwischen Vater und Sohn spielen.

9 Denkt vor eurem Spiel darüber nach, was sich in der zweiten Szene ändern muss. Berücksichtigt dabei eure Überlegungen, die ihr beim Gestalten eines Standbildes angestellt habt.
Spielt die Begegnungen mehrfach und vergleicht die Ergebnisse.

6 Skizzen oder ein Storyboard entwerfen

Was Bilder oder Skizzen sind, weißt du ja. Aber ein *Storyboard* kennst du vielleicht noch nicht. In ihm zeichnet man skizzenhaft auf, welche Bilder eine Kamera für eine Verfilmung zeigen soll. In unserem Beispiel könnte das so aussehen:

Totale — *Halbtotale*

Zoom — *Großaufnahme*

Ein Video vorbereiten und drehen

Vom Storyboard zum **Drehbuch**

Storyboard	Regieabsicht	Einstellung	Ton / Text
Sequenz 1: Blick vom Haus in den Garten	Zuschauer erhalten Überblick über die räumliche Situation	Totale – langsam zur Halbtotale übergehen, um auf Jungen schwenken zu können	leise Musik, die ausgeblendet wird und in laute Windgeräusche übergeht

> **TIPP**
>
> Am sinnvollsten arbeitet ihr in **Gruppen (Filmteam)**.
> Überlegt euch, bevor ihr mit dem Drehen beginnt, alle wesentlichen Punkte: Darsteller, Requisiten, Orte der Handlung, Handlungsabschnitte, Text und Musik, … Zur Ausrüstung sollten neben der Kamera auch ein Stativ, ein separates Mikrofon und tragbare Scheinwerfer gehören.

Bevor ihr das Drehbuch zu dem Text (Herr Keuner und der hilflose Knabe) fortsetzen könnt, müsst ihr euch über bestimmte Begriffe der Filmsprache im Klaren sein:

Einstellungsgrößen: Die Einstellungen geben nur Ausschnitte aus der Wirklichkeit wieder.

Weit

Total

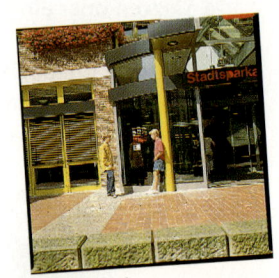

Halbtotal

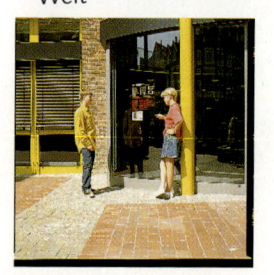

Halbnah

Nah

Detail

Am Anfang ist der Text

Einstellungs-
perspektiven:

| Normale Augenhöhe | Froschperspektive | Vogelperspektive |

Kamerabewegungen: Einen stufenlosen Übergang zwischen zwei Einstellungen kann man mit der Zoomfunktion erreichen.
Achtung: Nicht bei jeder Gelegenheit zoomen, das wird schnell langweilig für den Zuschauer.
Beim **Schwenken** dürft ihr die Kamera nicht zu hektisch bewegen.

TIPP
Bevorzugt **längere Einstellungen**, um harte Schnitte zwischen zwei Einstellungsgrößen zu vermeiden.

① **1. Schritt:** Filmt den Teil (Sequenz 1) des Drehbuchs mehrmals.

② Seht euch die Ergebnisse (Versionen) an und überarbeitet sie, wenn notwendig.

③ **2. Schritt:** Setzt nun eure Arbeit am Drehbuch fort (Sequenz 2).

④ **3. Schritt:** Fertigt einige Probeaufnahmen der Sequenz 2, seht sie euch an, besprecht sie und dreht sie neu, wenn notwendig.

⑤ **4. Schritt:** Erarbeitet das vollständige Drehbuch.

⑥ **5. Schritt:** Dreht danach euren Videofilm.

TIPP
Könnt ihr euren Film mithilfe von zwei Videorecordern oder einem Schneidegerät schneiden, ist es egal, in welcher Reihenfolge ihr die Einstellungen filmt.
Habt ihr diese Möglichkeiten nicht, müsst ihr alle Einstellungen in der endgültigen Reihenfolge aufnehmen (Stopp-Taste drücken, um den direkten Anschluss herzustellen).

Herr Keuner und der hilflose Knabe
Bertolt Brecht

Einen vor sich hin weinenden Jungen fragte Herr Keuner nach dem Grund seines Kummers. Ich hatte zwei Groschen für das Kino beisammen, sagte der Knabe, da kam ein Junge und riß mir einen aus der Hand, und er zeigte auf einen Jungen, der in einiger Entfernung zu sehen war.
5 Hast du denn nicht um Hilfe geschrieen? fragte Herr Keuner. Doch, sagte der Junge und schluchzte ein wenig stärker. Hat dich niemand gehört, fragte ihn Herr Keuner weiter, ihn liebevoll streichelnd. Nein, schluchzte der Junge. Kannst du denn nicht lauter schreien? fragte Herr Keuner. Nein, sagte der Junge und blickte ihn mit neuer Hoffnung an.
10 Denn Herr Keuner lächelte. Dann gib auch den her, sagte er, nahm ihm den letzten Groschen aus der Hand und ging unbekümmert weiter.

Clarina
Gina Ruck-Pauquèt

Vielleicht liegt es an der Melodie, die aus dem Radio klingt: Clarina heult auf einmal los.

„Was ist denn?", fragt ihre Mutter. „Clarina, was hast du?"

Clarina kann nicht antworten. Aber sie kann auch nicht aufhören zu
5 weinen. Lautlos weint sie, sitzt da mit bebenden Schultern am Mittagstisch.

„Na, Mädchen!", das ist der Vater.

Gleich wird er Clarina auf den Rücken klopfen.

Es gibt Wirsing mit Bratwurst. Durch Schleier sieht Clarina, wie ihre
10 Tante Theres ein Stück unzerkautes Etwas durch den Schlund würgt.

„Ist was passiert?", fragt die Mutter.

Clarina schüttelt den Kopf. Wenn sie sie bloß in Ruhe lassen wollten. Die Erwachsenen blicken sich an.

„Hast du Liebeskummer?" Die Mutter reckt sich über den Tisch Cla-
15 rina entgegen.

Clarina weint.

„Das ist keiner wert!", sagt die Mutter. „Hörst du – kein Mann ist das wert, dass du leidest."

„Du bist eine Mengert", sagt der Vater. „Die Mengerts sind an so was
20 nie gescheitert!"

Die Mutter wirft ihm einen Blick zu. Da spießt der Vater eine Kartoffel auf und lässt sie durch die Soße rutschen.

„An Liebeskummer stirbt man nicht", mampft Tante Theres zusammen mit einem Stück Bratwurst zwischen den Zähnen. „Iss was!"

25 Clarina schaut von einem zum anderen: fremde; Wirsing fressende Ungeheuer. Sie steht auf und geht in den Garten hinaus. Die Sonne scheint. Ein leichter Wind lässt Clarina frösteln.

„Morgen gibt es Erbsensuppe", sagt die Mutter drinnen und räumt den Tisch ab.

30 Clarina hört es noch. Oder denkt sie es sich bloß? Sie geht an den Gemüsebeeten vorbei zu ihrem Platz. Setzt sich auf die Bank. Wespen stehen sirrend in der Luft.

„Fährst du Ski?", hatte er sie gefragt.

Am Anfach ist der Text

Mitten im Sommer! Das zeigt doch, dass er wollte, dass sie zusam-
35 menbleiben. Oder nicht? Zeigt es nicht, dass er wollte, dass sie zusam-
menbleiben? Vom Sommer bis zum Winter. Und dann vielleicht für
immer.

Clarina kriecht in ihre Erinnerung wie in eine Höhle. Kuschelt sich,
macht sich ganz klein. Da legt er wieder den Arm um sie. Zieht sie an
40 sich. Schaut sie an. Küsst sie nicht. Nein, das nicht. Braune Augen, eines
ein bisschen heller als das andere.

„Es ist schön mit uns", sagt er.

Clarina lässt ihren Kopf an seiner Schulter sein. Sie riecht den Geruch
seiner Haut, spürt seine Wärme.

45 Vielleicht hätte sie was sagen sollen, denkt sie jetzt. Aber das hat sie
nicht gekonnt. In diesen paar Augenblicken war sie geborgen gewesen
wie nie zuvor. Etwas in ihr hatte angefangen, aufzuweichen. Das würde
nie wieder sein.

Clarina sitzt auf der Bank. Sie weint nicht. Schaut von den Rosen fort
50 in die Gesichter der Stiefmütterchen. Blau und gelb. Spürt den Wind.

Liebeskummer ist ein dummes Wort. Es sagt nichts darüber, dass es
seine Hände nur einmal gibt. Sie hat sie lange angeschaut: breite Hände,
mager, mit knochigen Fingern und sanften Fingernägeln. Seine Hände
hatten ihr Gesicht umfangen. Sie würden sie nie wieder loslassen.

55 „Sprich doch mit ihm", hatte Maria gesagt, ihre Freundin. Maria,
nachdem sie es aus Clarina herausgepresst hatte.

Was gab es zu sprechen? Sie hatte ihn mit einem anderen Mädchen gesehen. Und er hielt dieses Mädchen, wie er sie gehalten hatte. Er hatte
sie bemerkt, und er war ihr von da an aus dem Weg gegangen.

60 Es war nun fünf Tage her. Vor fünf Tagen war es geschehen, dass einer
sie für Augenblicke erlöst hatte. Nun besaß die Einsamkeit wieder
Macht über sie.

Clarina war dem Jungen nicht böse. Sie dachte jetzt, dass das alles gar
nicht so viel mit ihm zu tun hatte. Es war nur durch ihn geschehen.

65 Sie sitzt auf der Bank in der Sonne und im Wind und wünscht sich,
nicht mehr zu sein. Die Stiefmütterchen sind verschwommene Flecke,
blau und gelb.

Clarina will, dass auch ihre Umrisse sich lösen, zerlaufen, wie Aqua-
rellfarben in Wasser. Zerschmilzen will sie wie ein letztes Fleckchen
70 Schnee im März, wegtrocknen wie eine Pfütze.

Sie sitzt auf der Bank, und der Wind nimmt von ihr und die Sonne,
und sie gibt sich hin, löst sich auf, schmilzt, taut, schrumpft, wird weniger, immer weniger, vergeht und ist nicht mehr.

Das Verschwinden der Clarina Mengert wurde nie aufgeklärt.

1 Probiert an beiden Texten (bzw. Textstellen) einige der vorgestellten Erarbei-
tungsmöglichkeiten aus.

2 Vergleicht eure Lösungen. Sprecht über die Unterschiede.

Schreib-Werkstatt 1

Sciencefiction-Werkstatt

Die Gesellschaft der Zukunft (1975) *Dieter Wellershoff*

Die Gesellschaft der Zukunft
soll ich beschreiben –
oh dann werden wir

werden wir …

1 Führe den Text fort.

M. C. Escher: Bildergalerie 1956

2 Erzähle mündlich ein Ereignis aus dieser Stadt.

3 Schreibe einen Text darüber: Erzählung oder Bericht.

4 Wie könnte ein Tag in dieser Stadt aussehen? Beschreibe deinen Tagesablauf.

Schreib-Werkstatt 1: Sciencefiction

Mit anderen Augen

Auf dem Fliegenplaneten *Christian Morgenstern*

Auf dem Fliegenplaneten,
da geht es dem Menschen nicht gut:
denn was er hier der Fliege,
die Fliege dort ihm tut.

An Bändern voll Honig kleben 5
die Menschen dort allesamt
und andre sind zum Verleben
in süßliches Bier verdammt.

    In einem nur scheinen die Fliegen
10 dem Menschen vorauszustehn:
    Man bäckt uns nicht in Semmeln
    noch trinkt man uns aus Versehn.

1 Erfinde einen anderen Planeten (z. B. Hunde-, Frosch-, Katzen- oder Ameisenplaneten) und schreibe einen inhaltlich ähnlichen Text; er muss nicht unbedingt im Stil Morgensterns sein.

L. A. by Night

2 Stell dir vor, ein Wesen aus einer anderen Welt nähert sich der Erde und sieht diese Stadt. Das Wesen
- ist farbenblind
- ist wesentlich größer/kleiner als Menschen
- hat Facettenaugen (Fliege)
- es hat/ist ...
- Verfasse einen Bericht, den das Wesen an seine Heimatwelt liefert.

Schreib-Werkstatt 1: Sciencefiction

„Sie tun doch nichts, oder?"
Frederic Brown

Miss Macy schniefte: „Warum machen sich alle so große Sorgen? Sie tun doch nichts, oder?"

Überall in den Städten herrschte blinde Panik. Aber nicht in Miss Macys Garten. Ganz ruhig schaute sie hinauf zu den monströsen meilenhohen Gestalten der Eindringlinge.

Vor einer Woche waren sie in einem Raumschiff gelandet, das hundert Meilen lang war. Ganz sanft hatten sie in der Wüste von Arizona aufgesetzt. Fast tausend von ihnen waren aus diesem Raumschiff herausgekommen, und jetzt liefen sie herum.

Aber sie hatten, wie Miss Macy treffend bemerkte, keinem Menschen etwas getan und nichts beschädigt. Sie waren einfach nicht *substantiell* genug, um groß auf die Leute zu wirken. Trat einer von ihnen auf jemanden oder auf ein Haus, in dem man sich befand, so wurde es plötzlich dunkel, bis er seinen Fuß wieder bewegte und weiterging, dann sah man wieder. Und das war alles.

Die Menschen hatten sie überhaupt nicht weiter beachtet, und alle Versuche, sich mit ihnen irgendwie zu verständigen, schlugen fehl, genau wie alle Angriffe auf sie durch Armee und Luftwaffe. Auf sie abgeschossene Granaten explodierten in ihnen und verletzten sie nicht. Auf einen hatte man in der Wüste sogar eine H-Bombe geworfen, und auch sie hatte ihn absolut nicht gestört.

Sie hatten von uns nicht einmal Notiz genommen.

„Und das", sagte Miss Macy zu ihrer Schwester [...], „ist ein Beweis dafür, dass sie uns nichts Böses wollen."

„Ich hoffe es, Amanda", sagte Miss Macys Schwester. „Aber schau mal, was sie jetzt tun."

Es war ein klarer Tag; das heißt, er war es wenigstens gewesen. Der Himmel war schön blau gewesen, und die fast humanoiden (menschenähnlichen) Köpfe und Schultern der Riesen waren in einer Höhe von einer Meile recht gut sichtbar gewesen. Aber jetzt zog Nebel auf, und Miss Macy folgte dem nach oben gerichteten Blick ihrer Schwester. Jeder der beiden großen Eindringlinge hatte in den Händen ein tankähnliches Objekt, und daraus lösten sich dampfige Wolken, die sich langsam auf die Erde senkten.

Miss Macy schniefte wieder. „Die machen Wolken. Vielleicht ist das ein Vergnügen für sie. *Wolken* können uns nichts anhaben. Warum machen sich die Leute nur solche Sorgen?" Sie kehrte an ihre Arbeit zurück.

„Ist das flüssiger Dünger, den du da versprühst, Amanda?", fragte ihre Schwester.

„Nein", antwortete Miss Macy. „Das ist ein Insektenvernichtungsmittel."

3 Klärt das Ende der Geschichte.

4 Diese Geschichte ist aus der Perspektive der Erdbewohner geschrieben. Schreibe sie aus der Perspektive der Eindringlinge, lies dazu noch mal die Zeilen 16 – 21.

Fantastische Reisen und die Rückkehr zur Erde

Zu Hause *Marie Luise Kaschnitz*

Die ersten, die zurückkamen, erregten durch ihre frischen Stimmen, ihr gutes Aussehen und ihr normales Verhalten Erstaunen. Sie schlugen uns auf die Schultern, fragten, nun wie gehts auf der alten Erde, und freuten sich offensichtlich, uns wiederzusehen. Ihre Frage war rhetorisch[1], sie
5 sind dort über alles, was uns betrifft, genau im Bilde, so wie auch wir über das Leben auf der Weltraumstation genau im Bilde sind. Wir kennen nicht nur ihre Arbeitsstätten und ihre etwas öden, aber bequemen Wohnungen, sondern auch ihre künstlichen Gärten, Maiglöckchen aus Plastik mit Maiglöckchenparfum, Rasen aus Plastik mit dem Geruch von
10 frischem Gras. Auch das runde, mit Humus gefüllte und von vier Weltraumpolizisten Tag und Nacht bewachte Becken, das im Mittelpunkt ihrer öffentlichen Anlage steht, ist uns bekannt. Wir bedauern diese armen Menschen mit ihren Plastikblumen und ihrem Humusbecken und natürlich hatten wir uns schon lange überlegt, wie wir ihnen eine Freu-
15 de machen könnten. Schließlich waren wir darauf verfallen, sie gleich nach ihrer Ankunft in einen Wald zu fahren. Der Wald war recht abgelegen, es gab in ihm noch einsame Tümpel, schroffe Felsen und dickes Moos. Wir erwarteten, daß die Heimkehrer darüber in Entzücken geraten, ja daß sie sich womöglich auf den Boden werfen und das Moos und
20 die feuchten Herbstblätter aufwühlen würden. Sie taten aber nichts dergleichen, sondern standen höflich gelangweilt herum. Dann verlangten sie zurück in die Stadt. Sie wollten das Fernsehprogramm nicht versäumen, die Nachrichten von dort. (Von zu Hause, sagten sie.)

1 Schreibe die Gedanken eines dieser Heimkehrer auf.

2 Verfasse einen Dialog zwischen einem Heimkehrer und einem daheim gebliebenen Erdbewohner.

- Weltraumfahrer nach 300 Jahren im All wieder zurückgekehrt
- Landung auf dem Sternbild ‚kleiner Hund Minorkanis' geglückt
- Neues Sonnensystem entdeckt
- Super! Wasser auf dem Neptun
- Neues Verkehrsmittel zum Befahren des Saturnringes erfunden
- Verblüffung am Raumhafen. Erfahrene Astronauten kehren als Teenager heim

3 Diese Schlagzeilen könnten zu Erzählungen über fantastische Reisen ausgestaltet werden.

---

1 rhetorische Frage: Eine Frage, deren Antwort sich von selbst versteht.

Gegenwart wird Zukunft

Das Klonen von Menschen und der Transfer von Genen in die embryonale Keimbahn könnte bald Wirklichkeit werden.

Unter Klonen versteht man die Herstellung völlig identischer Nachkommen in beliebiger Anzahl. Diese Form der Vermehrung kommt in der Natur bei Kartoffeln und Erdbeeren vor. 1972 schafften Wissenschaftler erstmals das Klonen von Fröschen. Sie entnahmen der Darmzelle eines Frosches einen Zellkern (der alle genetischen Informationen seines Besitzers enthält) und setzten ihn in eine entkernte Eizelle des Tieres ein. Daraus entwickelten sich dann exakte Kopien jenes Frosches, an dem das Experiment durchgeführt worden war. Später gelang das Klonen von Schafen und Rindern.
Hätten die Militärs das Sagen, würden sie wohl todesmutige Soldaten, lauter Siegertypen fordern. Und einer Diktatur wäre wahrscheinlich an Menschen gelegen, die bar jeder Kritikfähigkeit sind und sich gehorsam und untertänig verhalten. Und umgekehrt könnten die mit besseren Fähigkeiten ausgestatteten Übermenschen ihren Führungsanspruch über die übrigen Herdenmenschen anmelden, schrieb der 1984 verstorbene katholische Theologe Karl Rahner.
Karl Rahner bezeichnete die Verbesserung des Mängelwesens Mensch als „Zwangsbeglückung", bei der sich ein Fremder – zum Beispiel ein Gentechniker – anmaßt zu beurteilen, wie das Glück anderer Menschen beschaffen sein soll.

Paul Heinz Koesters

aus: *„Der achte Tag der Schöpfung";*
Stern 1988; 12/88

Uns scheint, dass das Klonen eine völlig neue Errungenschaft der heutigen Wissenschaft ist. Aber schon vor über sechzig Jahren – bereits 1932 – hat der Schriftsteller Aldous Huxley in seinem Roman „Schöne neue Welt" die Vision der Produktion von Menschen in beliebiger Anzahl dargestellt:

„Bokanowskyverfahren", wiederholte der Direktor, und die Studentlein unterstrichen das Wort in ihrem Heftchen.
Ein Ei – ein Embryo – ein erwachsener Mensch: das Natürliche. Aber ein bokanowskysiertes Ei knospt und sprosst und spaltet sich. Acht bis sechsundneunzig Knospen – und jede Knospe entwickelt sich zu einem voll ausgebildeten Embryo, jeder Embryo zu einem voll ausgewachsenen Menschen. Sechsundneunzig Menschenleben entstehen zu lassen, wo einst nur eins wuchs: Fortschritt.
„Das Bokanowskyverfahren", schloss der BUND, „besteht im Wesentlichen aus einer Reihe von Unterbrechungen des Entwicklungsverlaufs. Wir hemmen das normale Wachstum, und, so paradox es klingt, das Ei reagiert darauf durch Knospung."
Reagiert durch Knospung. Die Bleistifte waren geschäftig am Werk.

Schreib-Werkstatt 1: Sciencefiction

Ein Student war töricht genug, zu fragen, wo da der Vorteil liege.
15 „Aber, lieber Freund!" Der Direktor drehte sich mit einem Ruck nach ihm um. „Begreifen Sie nicht? Ja, begreifen Sie denn das nicht?" Er hob den Zeigefinger mit feierlicher Miene. „Das Bokanowskyverfahren ist eine der Hauptstützen menschlicher Beständigkeit."
Eine der Hauptstützen menschlicher Beständigkeit.
20 Menschen einer einzigen Prägung, in einheitlichen Gruppen. Ein einziges bokanowsysiertes Ei lieferte die Belegschaft für einen ganzen kleineren Fabrikbetrieb.
„Sechsundneunzig völlig identische Geschwister bedienen sechsundneunzig völlig identische Maschinen!" Seine Stimme bebte fast vor Be-
25 geisterung. „Da weiß man doch zum ersten Mal in der Weltgeschichte, woran man ist!" Er zitierte den Wahlspruch des Erdballs: „Gemeinschaftlichkeit, Einheitlichkeit, Beständigkeit." Goldene Worte. „Wenn sich das Bokanowskyverfahren unbegrenzt vervielfältigen ließe, wäre das ganze Problem gelöst."
30 Gelöst durch gleiche Gammas, identische Deltas, einheitliche Epsilons. Millionlinge. Massenerzeugung endlich in der Biologie angewendet.

❶ Verfasse selbst einen Text; Themen könnten sein:
- Der Manager eines Fußballvereins hat die Möglichkeit, sich seine Spieler selbst zu erschaffen.
- Du begegnest deinem eigenen Klon.
- Alle Schüler einer Klasse sind Klone.
- Du schaffst dir einen Doppelgänger, um an mehreren Orten gleichzeitig zu sein.
- …

Schreib-Werkstatt 1: Sciencefiction

Der Sciencefiction-Horror-Film-Taschen-Computer

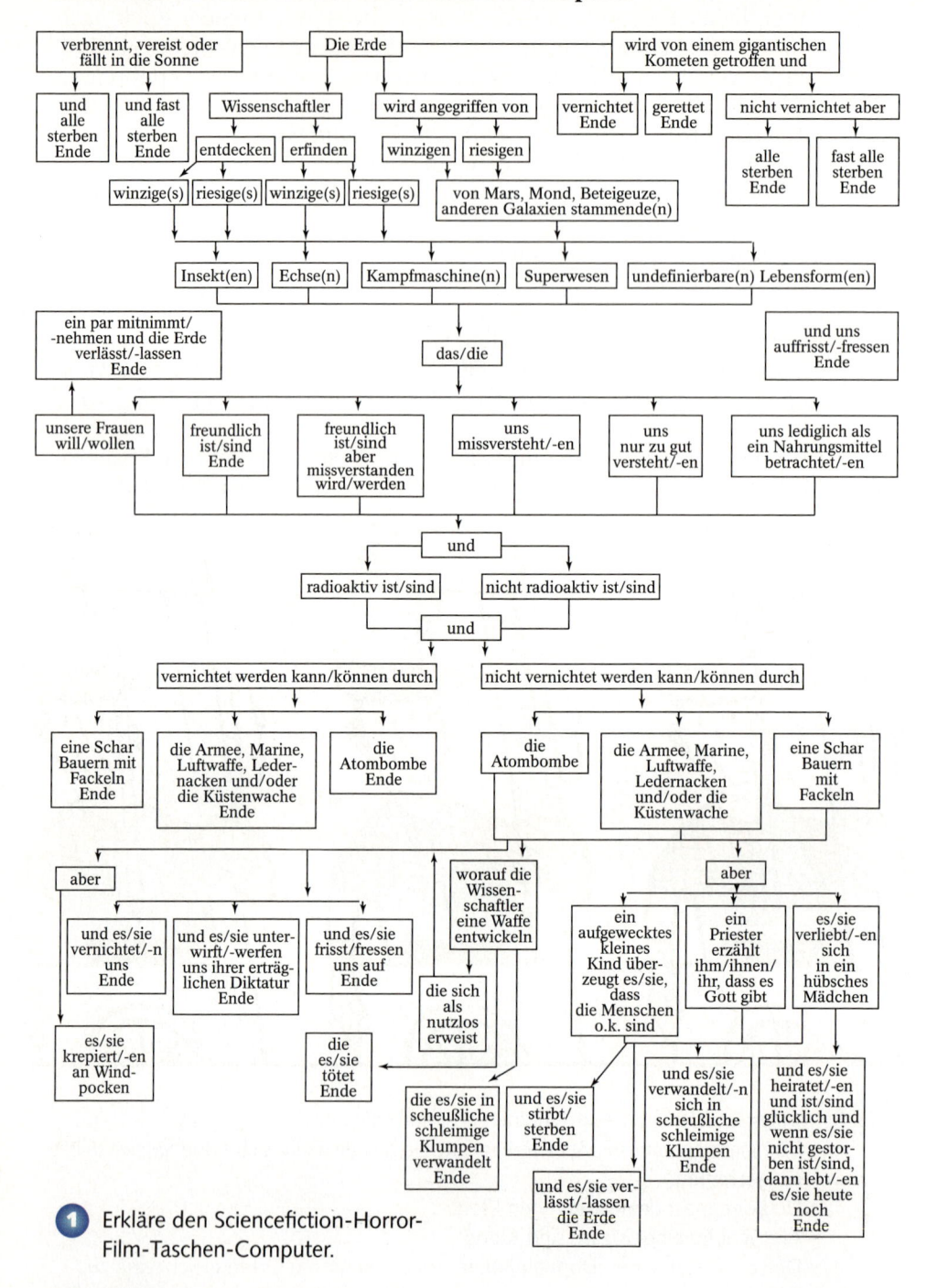

Die Erde

- verbrennt, vereist oder fällt in die Sonne
  - und alle sterben — Ende
  - und fast alle sterben — Ende
- Wissenschaftler entdecken / erfinden
  - winzige(s) / riesige(s) / winzige(s) / riesige(s)
- wird angegriffen von winzigen / riesigen
- vernichtet — Ende
- gerettet — Ende
- wird von einem gigantischen Kometen getroffen und nicht vernichtet aber
  - alle sterben — Ende
  - fast alle sterben — Ende

von Mars, Mond, Beteigeuze, anderen Galaxien stammende(n)

Insekt(en) / Echse(n) / Kampfmaschine(n) / Superwesen / undefinierbare(n) Lebensform(en)

- ein paar mitnimmt/-nehmen und die Erde verlässt/-lassen — Ende
- das/die
- und uns auffrisst/-fressen — Ende

- unsere Frauen will/wollen
- freundlich ist/sind — Ende
- freundlich ist/sind aber missverstanden wird/werden
- uns missversteht/-en
- uns nur zu gut versteht/-en
- uns lediglich als ein Nahrungsmittel betrachtet/-en

und
- radioaktiv ist/sind
- nicht radioaktiv ist/sind

und
- vernichtet werden kann/können durch
  - eine Schar Bauern mit Fackeln — Ende
  - die Armee, Marine, Luftwaffe, Ledernacken und/oder die Küstenwache — Ende
  - die Atombombe — Ende
- nicht vernichtet werden kann/können durch
  - die Atombombe
  - die Armee, Marine, Luftwaffe, Ledernacken und/oder die Küstenwache
  - eine Schar Bauern mit Fackeln

aber
- und es/sie vernichtet/-n uns — Ende
  - es/sie krepiert/-en an Windpocken
- und es/sie unterwirft/-werfen uns ihrer erträglichen Diktatur — Ende
- und es/sie frisst/fressen uns auf — Ende
  - die es/sie tötet — Ende

worauf die Wissenschaftler eine Waffe entwickeln
- die sich als nutzlos erweist
  - die es/sie in scheußliche schleimige Klumpen verwandelt — Ende
- und es/sie stirbt/sterben — Ende

aber
- ein aufgewecktes kleines Kind überzeugt es/sie, dass die Menschen o.k. sind
- ein Priester erzählt ihm/ihnen/ihr, dass es Gott gibt
  - und es/sie verwandelt/-n sich in scheußliche schleimige Klumpen — Ende
  - und es/sie verlässt/-lassen die Erde — Ende
- es/sie verliebt/-en sich in ein hübsches Mädchen
  - und es/sie heiratet/-en und ist/sind glücklich und wenn es/sie nicht gestorben ist/sind, dann lebt/-en es/sie heute noch — Ende

❶ Erkläre den Sciencefiction-Horror-Film-Taschen-Computer.

❷ Wähle einen Erzählstrang aus. Es besteht die Möglichkeit einzelne Kästen zu verändern oder zu ergänzen.

Schreib-Werkstatt 2

Schreibimpulse

Bilder und Geschichten

Sammelt verschiedene Bilder und hängt sie in der Klasse aus.
Nach einer gewissen Zeit sucht sich jeder ein oder mehrere Bilder aus, das sie/ihn am meisten betrifft.
Schreibt die Vorstellungen oder die Geschichten auf, die euch beim Anschauen in den Sinn kommen.
Sprecht über eure Texte und vergleicht sie.

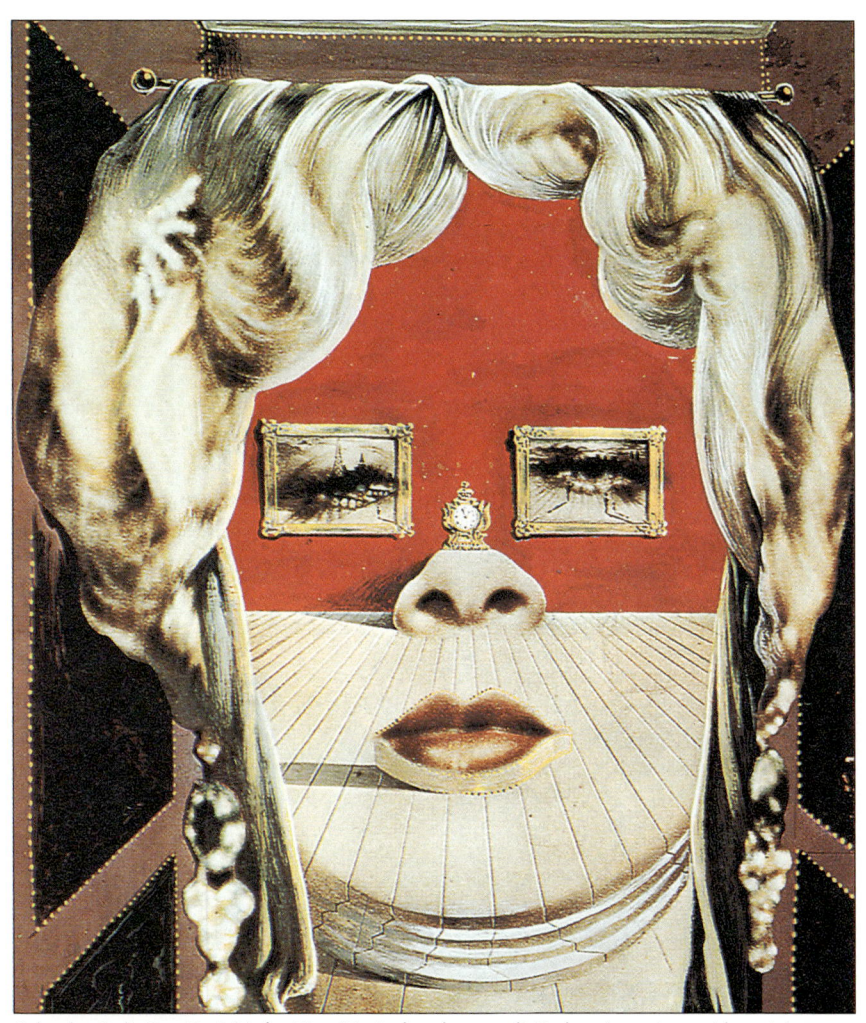

Salvador Dali: Das Gesicht der Mae West, das als surrealistisches Appartement benutzt werden kann (1934/35).

Welche Texte könnten aus diesem Bild entstehen?

Lebensläufe

Anfang
Baby
Creme
Daumen
5 Erfahrung
Fortschritt
Grundschule
Hauptschule
Irrwege
10 Jugendsünden
Küsse
Liebe
Mann und Frau
Neureich
15 Ordnung
Posten
Qualität
Rastlosigkeit
Sommerhaus
20 Traumreise
Untergang
Veralten
Warten
X
25 Y
Zentralfriedhof
Theo Weinobst

Schreibt euren persönlichen Abc-Lebenslauf, einen Abc-Tagesablauf, Verlauf einer Party …

Ich-Collagen

Jeder bringt ein Foto von sich mit und zusätzliches Bildmaterial aus Zeitungen, Zeitschriften usw. Dieses wird unter einem selbst gewählten Leitthema als Bild- und Textcollage auf einem großen Blatt gestaltet. Mögliche Leitthemen könnten sein:
– Ich träume von …
– So lebe ich in 15 Jahren …
– Wie ich mir die Welt 2050 vorstelle …
– Meine Stadt, mein Dorf, mein Haus …
– Dies ist mein liebster Ort …

Metaphorisches Schreiben (s. auch S. 28 ff.)

Alle in der Klasse denken an eine Mitschülerin/einen Mitschüler. Nun wird gefragt, was wäre diese Person als Tier, Pflanze, Gebäude, Musikinstrument, Gegenstand, … Nachdem zehn oder mehr Fragen gestellt wurden, werden die Zettel gesammelt und an die genannten Personen ausgeteilt. Nun dienen die Antworten (eine oder mehrere) als Anfang eines Textes, z. B.:

Ich als Distel
Als Distel habe ich Stacheln,
mit ihnen steche ich zu,
dann wollen mich die Menschen ausgraben,
wenn ich blühe, verändere ich mich,
dann mögen mich die Menschen
und sehen mich mit anderen Augen.

Schreib-Werkstatt 2: Schreibimpulse

Textanfänge weiterschreiben

Als Carmen aufwachte, stand Daniel neben dem Bett und sah auf sie herunter. Ein wenig Licht schimmerte durch die Gardinen und fiel auf den Teppich und die Wand; ansonsten lag das Zimmer im Halbdunkel. Carmen blinzelte und versuchte den Kopf zu heben. Er fühlte sich an wie
5 aus Eisen. Sie gab auf und ließ sich wieder zurücksinken.
„Ich wusste es", sagte Daniel.
Carmen zögerte. Als Daniel sie weiterhin ansah, fragte sie:
„Was wusstest du?" ...

Wir hatten Sonntag, d. 19. Mai 2067. Es war ein warmer Tag und ich er-
10 wartete meinen Freund Crospian. „Beeil dich!", tönte es aus dem Lautsprecher, „dein Shuttle ist da". Hastig legte ich meinen Gürtel mit dem Schutzschildgenerator an und nahm den 12-Stufen-Phaser zur Hand. Hoffentlich kam Crospian bald, wir
15 hatten einen Termin, um im neuesten Unterseegleiter von uns nach Amerika und zurück zu fahren. Ich stieg in den Shuttle ein und ...

Minigeschichten ausbauen

Du stehst vor einem Kaufhaus und wartest auf deinen Freund. Da kommt eine junge Frau aus deiner Nachbarschaft und bittet dich, kurz auf ihr Kind, das friedlich im Kinderwagen schläft, aufzupassen. Sie müsse nur in die 4. Etage, um etwas abzuholen. Nach 15 Minuten ist die Frau noch nicht zurück.

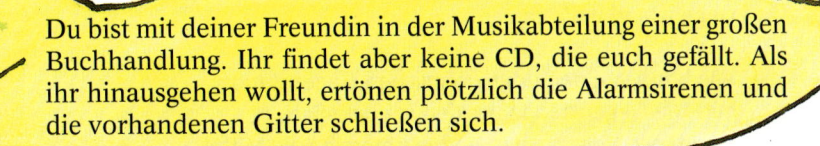

Du bist mit deiner Freundin in der Musikabteilung einer großen Buchhandlung. Ihr findet aber keine CD, die euch gefällt. Als ihr hinausgehen wollt, ertönen plötzlich die Alarmsirenen und die vorhandenen Gitter schließen sich.

Schreib-Werkstatt 2: Schreibimpulse

Musiktitel in Texte einbauen

Mit 17 hat man noch Träume,
da wachsen noch alle Bäume in ...

I believe I can fly, I believe I can touch
the sky ...

Es ist vorbei – Tränen in deinen Augen,
der Brief in deiner Hand, zerstört ist
eine Hoffnung, denn nun weißt du ...

Erzählperspektiven ändern – Personen aus Texten in der Ich-Form vorstellen – sich selbst in Texte hineinschreiben

Stelle in der Ich-Form das Mädchen aus dem Text ‚Mittagspause' von W. Wondratschek (s. S. 61) vor.

Schreibe den Text ‚Mein Bruder hat grüne Haare' von M. Seck-Agthe auf S. 69 f. aus der Sicht von Tante Vera.

Schreibe dich als einzigen Kunden in die Kurzgeschichte ‚Rein äußerlich' von D. Marwig (s. S. 93) hinein, der den Streit zwischen Irene und der Kassiererin mitbekommt.

Du sitzt am Nachbartisch des Cafés, in dem Renate und Erich aus dem Text ‚Masken' von M. v. d. Grün (s. S. 79) Tee trinken und essen.
Du hörst Teile ihres Gespräches. Welche Gedanken und Eindrücke hast du?

Überraschungen

Jeder in eurer Gruppe legt einen Gegenstand aus seiner Hosentasche auf den Tisch. Schreibt eine Geschichte in der alle / möglichst viele / einige / ein Gegenstand vorkommen.

Alle bringen einen ungewöhnlichen Gegenstand mit. Die Gegenstände werden in einen Sack gesteckt, alle ziehen einen und nehmen ihn als Mittelpunkt ihres Textes.

Schreib-Werkstatt 2: Schreibimpulse

Spielen mit Gedichten

Gedichtpuzzle
Alle bringen ihr Lieblingsgedicht mit, das an einer Pinnwand befestigt wird. Es gibt mehrere Tage Zeit, die Texte zu lesen. Danach erhalten die Schülerinnen und Schüler folgende Aufgabe:
Stellt aus den Gedichten ein neues Gedicht her, ohne dazu eigene Worte zu gebrauchen.
Günstig ist es, die Gedichte mehrmals auszuhängen; das erleichtert die Arbeit.

Methode A + x / V + x / N + x
In einem vorliegenden Gedicht werden entweder alle Adjektive, alle Verben oder alle Nomen durch das x-te Wort in einem Wörterbuch ersetzt (ein Wörterbuch auswählen, die Zahl x ist beliebig).
Beispiel: Leise zieht durch mein Gemüt
        liebliches Geläute.
        Klinge, kleines Frühlingslied,
        kling hinaus ins Weite ...

Methode N + 4 mit einem Wörterbuch (das jeweils vierte Nomen nach dem im Gedicht verwendeten wird in das Gedicht eingesetzt):

    Leise zieht durch meine Generation
    liebliches Geleit.
    Klinge, kleine Fuge,
    kling hinaus in die Wellen ...

Parallel- oder Gegentexte schreiben

    Was wir lernen
    Guten Morgen, 9c
    was ist heute gut?
    Sprachbücher raus
5 wozu das alles?
    Wir bestimmen zuerst
    die Satzglieder
    warum denn das?
    Prädikat, Subjekt, Objekte
10 brauche ich das fürs leben?
    Nun die Adverbiale
    wer bringt mir bei
    Kennzeichnet die Attribute
    wie ich zufrieden werde im leben?

Das ist die Hausaufgabe 15
wie ich eine lehrstelle bekomme?
Nun schreiben wir einen
Grammatik-Vortest
wie ich mit mir selbst
Lest die Aufgaben genau durch 20
ins reine komme?
Die Zeit ist vorbei, Zettel nach vorn
wie ich freunde gewinne?
Ohne Wissen keine Leistung
wie ich mit allem klarkomme? 25
Ohne Leistung keine gute Zensur
wäre das nicht wichtiger
Ohne gute Zensur, das wisst ihr ja
für mein leben?

Erwachsenwerden

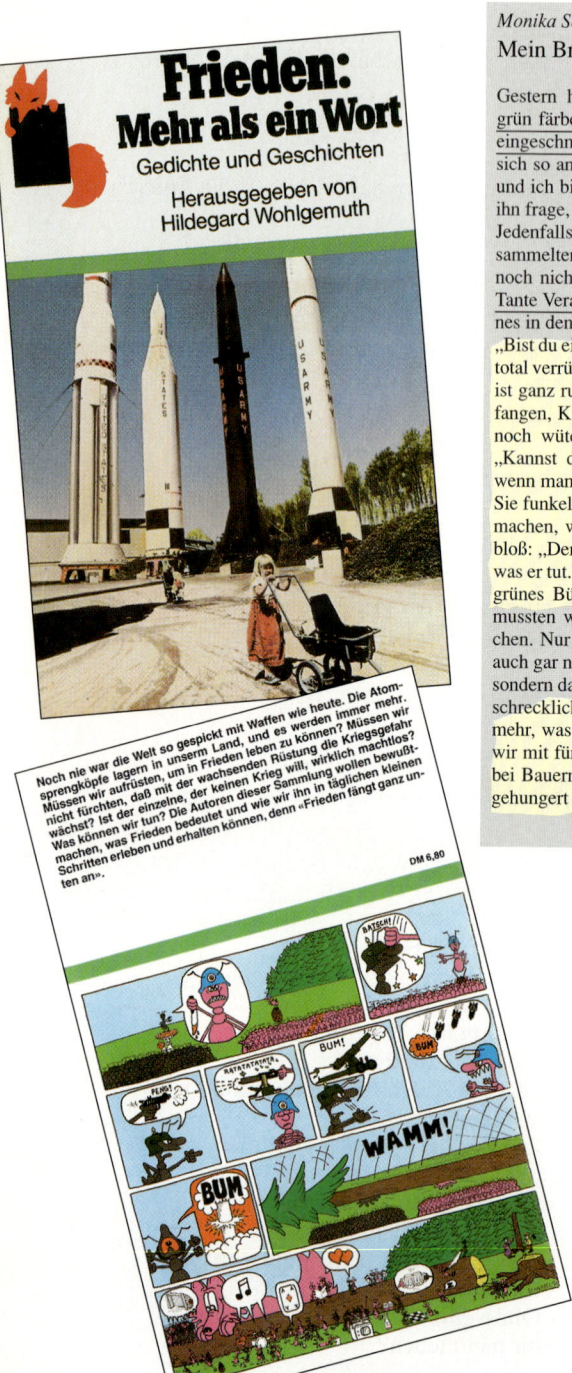

Monika Seck-Agthe
Mein Bruder hat grüne Haare

Gestern hat sich mein Bruder Johannes eine Haarsträhne grün färben lassen. Die restlichen Haare hat er mit Baby-Öl eingeschmiert, dann hat er sich ganz schwarz angezogen und sich so an den Kaffeetisch gesetzt. Mein Bruder ist fünfzehn und ich bin dreizehn. Er sagt, er sei jetzt ein Punk. Wenn ich ihn frage, was das ist, weiß er das selber nicht so genau. Jedenfalls gab's einen ziemlichen Krach, als er so vor der versammelten Familie erschienen ist. Meine Eltern haben sich noch nicht mal so aufgeregt, aber dann war da noch meine Tante Vera. Und die ist fast vom Stuhl gefallen, als der Johannes in dem Aufzug reingekommen ist.
„Bist du eigentlich übergeschnappt? Ihr seid ja wohl heute alle total verrückt geworden!", hat sie sich aufgeregt. Der Johannes ist ganz ruhig geblieben, hat einfach nichts gesagt und angefangen, Kuchen zu essen. Das hat meine Tante natürlich nur noch wütender gemacht. Sie fing richtig an zu kreischen: „Kannst du nicht wenigstens deinen Schnabel aufmachen, wenn man dich was fragt? Ich versteh euch aber auch nicht!" Sie funkelte meine Eltern an. „Lasst ihr die Kinder denn alles machen, was ihnen in den Kopf kommt?" Mein Vater sagte bloß: „Der Junge ist doch alt genug! Der muss schon wissen, was er tut." – „Alt genug? Fünfzehn Jahre ist der alt! Ein ganz grünes Bürschchen!" Als Tante Vera das Wort *grün* sagte, mussten wir alle auf die grüne Haarsträhne gucken und lachen. Nur eben Tante Vera, die musste nicht lachen. Sie hat auch gar nicht kapiert, dass wir über die Haare gelacht haben, sondern dachte natürlich, wir lachen über sie, und ärgerte sich schrecklich. „Die wissen doch vor lauter Wohlstand nicht mehr, was sie noch machen sollen! Wisst ihr eigentlich, was wir mit fünfzehn gemacht haben? Mitten im Krieg! Wir sind bei Bauern betteln gegangen! Um ein paar Rüben! Weil wir gehungert haben!"

141

Randnotizen:
- Ich Johannes
- Eltern Tante
- dR umwandeln
- Streit
- heute/früher Krieg Wohlstand

Inhaltsangabe

- Zeitstufe Präsens
- keine direkte Rede
- kurze Einleitung
- Titel/Autor/Quelle
- Hauptteil: nur wesentliche Handlungsschritte
- Schlussteil: Absicht und Wirkung des Textes

Mittagspause *Wolf Wondratschek*

Sie sitzt im Straßencafé. Sie schlägt sofort die Beine übereinander. Sie hat wenig Zeit.
Sie blättert in einem Modejournal. Die Eltern wissen, dass sie schön ist. Sie sehen es nicht gern.
5 Zum Beispiel. Sie hat Freunde. Trotzdem sagt sie nicht, das ist mein bester Freund, wenn sie zu Hause einen Freund vorstellt.
Zum Beispiel. Die Männer lachen und schauen herüber und stellen sich ihr Gesicht ohne Sonnenbrille vor.
Das Straßencafé ist überfüllt. Sie weiß genau, was sie will. Auch am Ne-
10 bentisch sitzt ein Mädchen mit Beinen.
Sie hasst Lippenstift. Sie bestellt einen Kaffee. Manchmal denkt sie an Filme und denkt an Liebesfilme. Alles muss schnell gehen.
Freitags reicht die Zeit, um einen Cognac zum Kaffee zu bestellen. Aber freitags regnet es oft.
15 Mit einer Sonnenbrille ist es einfacher, nicht rot zu werden. Mit Zigaretten wäre es noch einfacher. Sie bedauert, dass sie keine Lungenzüge kann.
Die Mittagspause ist ein Spielzeug. Wenn sie nicht angesprochen wird, stellt sie sich vor, wie es wäre, wenn sie ein Mann ansprechen würde. Sie
20 würde lachen. Sie würde eine ausweichende Antwort geben. Vielleicht würde sie sagen, dass der Stuhl neben ihr besetzt sei. Gestern wurde sie angesprochen.
Gestern war der Stuhl frei. Gestern war sie froh, dass in der Mittagspause alles sehr schnell geht.
25 Beim Abendessen sprechen die Eltern davon, dass sie einmal jung waren. Vater sagt, er meine es nur gut. Mutter sagt sogar, sie habe eigentlich Angst. Sie antwortet, die Mittagspause ist ungefährlich.
Sie hat mittlerweile gelernt, sich nicht zu entscheiden. Sie ist ein Mädchen wie andere Mädchen. Sie beantwortet eine Frage mit einer
30 Frage.
Obwohl sie regelmäßig im Straßencafé sitzt, ist die Mittagspause anstrengender als Briefeschreiben. Sie wird von allen Seiten beobachtet. Sie spürt sofort, dass sie Hände hat.
Der Rock ist nicht zu übersehen. Hauptsache, sie ist pünktlich.
35 Im Straßencafé gibt es keine Betrunkenen. Sie spielt mit der Handtasche. Sie kauft jetzt keine Zeitung.
Es ist schön, dass in jeder Mittagspause eine Katastrophe passieren könnte. Sie könnte sich sehr verspäten. Sie könnte sich sehr verlieben. Wenn keine Bedienung kommt, geht sie hinein und bezahlt den Kaffee
40 an der Theke.
An der Schreibmaschine hat sie viel Zeit, an Katastrophen zu denken. Katastrophe ist ihr Lieblingswort. Ohne das Lieblingswort wäre die Mittagspause langweilig.

Texte zusammenfassen – Inhaltsangabe: Textanalyse

1 Lege eine Folie über den Text oder kopiere ihn, damit du am Text arbeiten kannst.

2 Wer ist die Hauptfigur in dieser Kurzgeschichte?

3 Unterstreiche die Stellen rot, die etwas über ihr Aussehen aussagen.

4 Was tut sie? Unterstreiche diese Stellen grün.

5 Im Text spielen auch die Eltern eine Rolle. Kennzeichne solche Informationen blau.

6 Unterstreiche Angaben über Zeitpunkte und Orte.

7 An welchen Stellen hast du Verständnisschwierigkeiten? Kennzeichne diese Stellen durch ein Fragezeichen am Rand.

8 Sprich mit einer Partnerin/einem Partner über diese Textstellen und versucht sie so zu klären.

> **ZUM MERKEN**
>
> Wer den Inhalt eines Textes wiedergeben soll, muss ihn genau kennen und inhaltlich verstanden haben. Das farbige Markieren wichtiger Textstellen, das Erkennen, Kennzeichnen, Klären und Verstehen schwieriger Textstellen dienen der Vorbereitung auf die schriftliche Inhaltsangabe.

Bevor man an die eigentliche Inhaltsangabe geht, kann man kurz über den Text, seinen Inhalt und den Autor informieren:

In seiner Kurzgeschichte „Mittagspause" beschreibt Wolf Wondratschek, wie ein junges Mädchen seine Pause verbringt, bevor sie wieder ins Büro zurückkehrt.

W. Wondratschek ist der Autor der Geschichte Mittagspause, die ich nun zusammenfasse.

Die Kurzgeschichte „Mittagspause" beschreibt, wie sich ein junges Mädchen mit Flirten die Zeit vertreibt. Wolf Wondratschek heißt der Autor, der Text befindet sich in seiner Textsammlung mit dem Titel „Früher begann der Tag mit einer Schußwunde".

9 Wodurch unterscheiden sich die einzelnen Texte?

10 Welcher gefällt dir am besten? Warum?

Schüler fassen Texte zusammen

Text 1:

Die Kurzgeschichte „Mittagspause" beschreibt, wie sich ein junges Mädchen mit Flirten die Zeit vertreibt. Wolf Wondratschek heißt der Autor, der Text befindet sich in seiner Textsammlung mit dem Titel „Früher begann der Tag mit einer Schußwunde".
5 Ein junges Mädchen, offensichtlich in einem Büro als Sekretärin oder Schreibkraft angestellt, verbringt seine Mittagspause in einem Straßencafé. Sie nutzt die kurze Zeit, um dort einen Kaffee zu trinken. Während sie dort sitzt, versucht sie ständig, die Aufmerksamkeit junger Männer zu erreichen. Sie hofft, angesprochen zu werden, obwohl sie aber eigentlich
10 gar nicht angesprochen werden will. Sie versteckt sich hinter Sonnenbrille oder Modejournal, will aber gesehen werden. Sie versucht zu rauchen, trinkt freitags Cognac zum Kaffee, trägt aufreizende Kleidung, sie will ihre Wirkung erproben. Die Mittagspause ist wie ein Spiel, in dem sie auf die Katastrophe, die große Liebe hofft. Auf den Mann ihrer
15 Träume. Denn sie hat zwar Freunde, die sie auch zu Hause vorstellt, aber keiner ist ihr bester Freund.
Und so wiederholt sich das Spiel im Straßencafé, jeden Tag, jede Woche.

Text 2:

In seiner Kurzgeschichte „Mittagspause" beschreibt Wolf Wondratschek, wie ein junges Mädchen seine Pause verbringt, bevor es wieder ins Büro zurückkehrt.
Das Mädchen sitzt im Straßencafé. Sie trinkt dort jeden Mittag in der
5 Pause ihren Kaffee und blättert in Illustrierten. Sie lebt bei ihren Eltern, hat zwar Freunde, aber noch keinen richtigen Freund gefunden. Deshalb probiert sie ihre Wirkung auf Männer in ihren Mittagspausen aus, wenn sie sich mittags ins Café setzt. Sie trägt eine Sonnenbrille, versucht zu rauchen und hofft darauf, angemacht zu werden. Wenn das nicht gelingt,
10 träumt sie davon, wie es wäre, wenn … Aber so richtig will sie gar nicht, denn wenn es ernst wird, zieht sie sich lieber zurück.
Im Straßencafé fühlt sie sich sicher, denn dort gibt es keine Angetrunkenen und die Mittagspause ist nur kurz. Und am Arbeitsplatz kann sie dann später von der großen Liebe träumen.
15 Wondratschek zeigt in seiner Kurzgeschichte in kurzen Ausschnitten, wie ein junges Mädchen seine Wirkung auf Männer wie in einem Spiel erprobt. Wie unentschlossen sie noch ist, beschreibt der Autor in dem Satz: „Sie hat mittlerweile gelernt, sich nicht zu entscheiden."

1 Wodurch unterscheiden sich die Texte?

2 Welche Textstellen sind deiner Meinung nach besonders gut gelungen?

3 Prüfe, ob beide Texte die wichtigsten Inhalte wiedergegeben haben.

Texte zusammenfassen – Inhaltsangabe: direkte Rede umwandeln

> **ZUR ERINNERUNG**
> Eine Inhaltsangabe gehört zu den informierenden Sachtexten, die keine direkte Rede enthalten. Das heißt, du musst für deine Textzusammenfassung die direkte Rede umwandeln.

Für das Umwandeln einer direkten Rede gibt es folgende Möglichkeiten (vgl. S. 178/179):

Umformen in die indirekte Rede:

„Hast du das verstanden?", fragte die Mutter.

Die Mutter fragte, ob sie das verstanden habe.
Die Mutter fragte, ob sie verstanden hätte.

„Ich werde hier nach Unterrichtsschluss warten", antwortete ihre Tochter.

Sie werde hier nach Unterrichtsschluss warten, antwortete ihre Tochter.
Ihre Tochter antwortete, dass sie hier nach Unterrichtsschluss warten werde.

Den Inhalt des Redeteils in Aussagesätzen darstellen:

Ihre Mutter erwiderte: „Also, ich gehe dann jetzt. Bis nachher."

Ihre Mutter verabschiedete sich.

„Nein", dachte sie. „Ich denke nicht daran. Ich werde nicht hier bleiben."

Sie aber dachte nicht daran, dort zu warten.

4 Gib den folgenden Text wieder. Wandle dabei die wörtlichen Redeteile um.

„Bist du eigentlich übergeschnappt? Ihr seid ja wohl heute alle total verrückt geworden!", hat sie sich aufgeregt. Der Johannes ist ganz ruhig geblieben, hat einfach nichts gesagt und angefangen, Kuchen zu essen. Das hat meine Tante natürlich nur noch wütender gemacht.
5 Sie fing richtig an zu kreischen: „Kannst du nicht wenigstens deinen Schnabel aufmachen, wenn man dich was fragt? Ich versteh' euch aber auch nicht!" Sie funkelte meine Eltern an. „Lasst ihr die Kinder denn alles machen, was ihnen in den Kopf kommt?" Mein Vater sagte bloß: „Der Junge ist doch alt genug! Der muss schon wissen, was er tut."
10 „Alt genug? Fünfzehn Jahre ist der alt. Ein ganz grünes Bürschchen."

Texte zusammenfassen – Inhaltsangabe: wichtige Handlungsschritte

Knapp und genau

Knapp und dennoch genau zu formulieren, das ist eine schwierige Aufgabe. Am folgenden Textauszug aus dem Roman „Wahnsinnsgefühl" von Achim Bröger kannst du das Zusammenfassen noch einmal üben. Beschränke dich bei der Wiedergabe der wichtigsten Handlungsschritte möglichst auf die Fakten.

… Willkommen im Leben. Ja, es wird immer deutlicher, dass sich Jos in dieser kurzen Zeit im Zug verwandelt hat. Genauer: Er hat sich zu-
5 rückverwandelt. Seine Begeisterung, Freude, der Überschwang haben ihn gepackt und ihn einen Salto rückwärts schlagen lassen in das, was er vor der Krankheit und dem Tod sei-
10 ner Mutter gewesen war: lebendig. Das Zusammensein mit Gesa hat ihn aus seiner Erstarrung gelöst, jedenfalls für diese Stunde. Jos kann seine Trauer beiseite schieben. Nein, ei-
15 gentlich muss er sie gar nicht beiseite schieben. Er hat sie einfach vergessen, und das ohne schlechtes Gewissen. Und er vergisst auch, dass er ja eigentlich der große, etwas rätsel-
20 hafte Schweiger ist. Seit einigen Tagen ist der Wunsch aufzubrechen da, und vorgestern Abend wurde es Jos endgültig klar: Ich muss hier raus, weg von zu Hause.

Die Begegnung mit Gesa hat Jos verändert.
Zum ersten Mal seit dem Tod seiner Mutter denkt er wieder an etwas anderes.

1 Sind die Fakten dieses Abschnitts in die Zusammenfassung eingegangen?

2 Lies den Text weiter (S. 66 f.). Hättest du auch an dieser Stelle den ersten Handlungsabschnitt enden lassen?

3 Teile den restlichen Text in weitere Abschnitte ein.

4 Gib den Inhalt jedes Textabschnittes möglichst kurz wieder. Eventuell gelingt dir das sogar in ein oder zwei Sätzen.

5 Schreibe mithilfe der kurzen Zusammenfassungen eine zusammenhängende Inhaltsangabe mit einem einleitenden Teil.

Texte zusammenfassen – Inhaltsangabe: wichtige Handlungsschritte

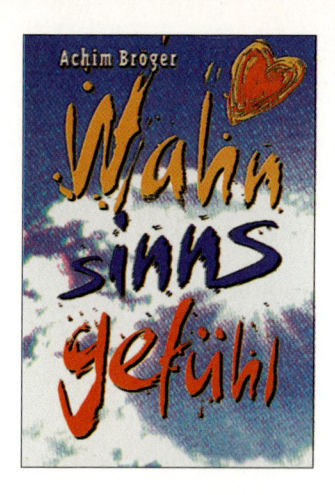

In einer Mitteilung des Verlags steht über Achim Bröger Folgendes:

Achim Bröger (geb. 1944 in Erlangen) arbeitete elf Jahre teilzeitbeschäftigt in einem Schulbuchverlag und schrieb in seiner Freizeit.
Seit 1980 ist er hauptberuflich Autor und schreibt neben Büchern auch Hörspiele, Theaterstücke und Drehbücher für das Fernsehen. Seine Bücher wurden in über 20 Sprachen übersetzt und mit verschiedenen Preisen ausgezeichnet, 1987 zum Beispiel mit dem Deutschen Jugendliteraturpreis. Achim Bröger ist PEN-Mitglied und lebt in der Nähe von Lübeck.

Nun folgt ein weiterer Textauszug aus Achim Brögers Jugendroman „Wahnsinnsgefühl".

25 Jos hatte stundenlang in seinem Zimmer gesessen und Musik gehört. Wenn er die Musik leiser drehte, hörte er aus dem Wohnzimmer unten den Fernsehapparat, vor dem sein Vater saß.
Irgendwann stellte Jos die Musik ab und wusste nicht, was er tun sollte. Zum Weggehen hatte er keine Lust. Zu seinem Vater nach unten wollte
30 er auch nicht, denn er spürte: Wir können nicht gut zusammen sein. Und vor allem ... wir können nicht miteinander sprechen. Eigentlich sprechen sie nur das Allernötigste: Wann kommst du nach Hause? Wann essen wir? Wer kauft ein? Wann kommt Frau Sielmann, die Haushälterin? usw. Andere Gespräche werden sofort krampfig, gekünstelt, so
35 empfindet es Jos jedenfalls.
Jos hörte die Fernsehgeräusche durch die Wände des Hauses, in dem sie beide alleine leben. Nach dem Tod seiner Mutter hatte Jos sich gewünscht, sein Vater und er könnten sich nah sein, obwohl sie das bis dahin auch nicht gewesen waren. Mit Sabine, seiner Mutter, hatte er
40 reden und lachen können. Mit ihr war er meistens gerne zusammen gewesen.

Jos saß da und Bilder tauchten in ihm auf. Erinnerungsblitze. Er sah seine Mutter und sich in der Küche am kleinen Esstisch. Er sah sie beide auf der Terrasse beim Teetrinken in der Sonne. Und beim gemeinsamen Spielen sah er Sabine und sich, als er ein Kind gewesen war. Er sah sie abends, wenn sie die Tür zu seinem Zimmer öffnete und „Gute Nacht, Jos" sagte. Gute Bilder waren das, warme. Seinen Vater sah er da nirgends. Der war wie ein dunkler Fleck in der Erinnerung. Und obwohl seine Mutter gestorben war, lebte sie mehr in Jos als sein lebendiger Vater.

Jos dachte: Ist ja auch klar, dass sich das so entwickelt hatte. Konrad, sein Vater, war oft nicht zu Hause gewesen. Er arbeitet für ein Institut, fragt das Verhalten und die Einstellungen von Leuten ab und setzt ihre Antworten in Statistiken, Tabellen und Artikel um. Für diese Arbeit musste er schon immer oft verreisen. Kam er nach Hause, war er für Jos eigentlich fremd gewesen. Und dieser ziemlich fremde Mann mischte sich dann wieder in Sabines und sein Leben ein. Redete los, ohne Hintergründe zu kennen, spielte plötzlich Vater oder Haushaltsvorstand. Auch Sabine hatte das gemerkt und ironisch darüber gelächelt.

Die Fernsehgeräusche aus dem Wohnzimmer waren lauter geworden. Vater hatte sich wohl in ein anderes Programm gezappt. Und plötzlich hatte Jos das Gefühl: Ich möchte zu ihm runter, vielleicht können wir wenigstens zusammensitzen und fernsehen. Jos ging hinunter. Das Wohnzimmer war halbdunkel. Vater saß im Sessel, die Fernbedienung in der Hand, eine Flasche Wein neben sich. Jos erschrak immer, wie aufgedunsen er aussah. Das Gesicht fast weiß, die Haare grau. Dick, schwer und unbeweglich war er geworden.

Jos setzte sich in den zweiten Sessel und schon zappte sich Vater in den nächsten Film. Sah ein paar Bilder und hüpfte weiter durch die Programme. Das nervte Jos und er schlug vor, dass sie in der Fernsehzeitschrift nachgucken könnten, ob nicht irgendwo was Interessantes liefe. Daraufhin stellte sein Vater den Fernsehapparat ab, weil er meinte, sie sollten mal miteinander reden. O Mist, dachte Jos, jetzt geht das wieder los. Manchmal fiel seinem Vater ganz plötzlich ein, dass man miteinander reden müsste. Irgendwas und irgendwie. Aber Jos hoffte: Bloß nicht, denn das wird katastrophal.

Schon fing es an. Sein Vater drehte den Sessel so, dass er Jos gegenübersaß. Dann setzte er sich zurecht, zündete sich mit dem Feuerzeug eine Zigarette an und trank einen Schluck Wein. Als Nächstes bot er Jos ein Glas an.

Jos wollte nichts trinken. Nun spreizte sich sein Vater, veränderte sich irgendwie, plusterte sich auf. Wirkte ungemein wichtig, wie er dasaß, und er gefiel sich in diesem Theaterstück, das hieß: Vater und Sohn reden miteinander.

Sich einen Text erarbeiten

ZUM MERKEN

Für die Erarbeitung schwieriger oder langer Texte gibt es keine allgemein verbindlichen Regeln, aber einige Schritte haben sich als hilfreich erwiesen. Wichtig ist: Erarbeite möglichst jeden Text nach dem gleichen Muster. Hier sind einige Tipps für deine Texterarbeitung:

Unterstreichungen – Markierungen
- Schlüsselbegriffe, wichtige Textstellen markieren und am Rand durch !! kennzeichnen,
- unbekannte Wörter und schwierige Stellen unterstreichen und am Rand durch ?? kennzeichnen,
- Textabschnitte durch Trennlinien verdeutlichen.

Randnotizen
- am anderen Rand kurze Notizen zum Inhalt machen,
- Überschriften und Stichworte zu einzelnen Abschnitten notieren.

Klärung schwieriger Begriffe und Textstellen
- mithilfe eines Lexikons,
- aus dem Zusammenhang des Textes erklären,
- mit einer Partnerin/einem Partner darüber reden,
- Textstellen mit eigenen Worten umschreiben.

Mit Fragen ans Ziel
Ähnlich wie bei den Aufgaben auf Seite 62 kannst du dir jeden Text durch Fragen erschließen und zur Inhaltsangabe vorbereiten.
Schritt 1: Wovon handelt der Text? Worum geht es?
Gib den Inhalt mündlich wieder.
Tausche mit jemandem deine Gedanken aus.
Schritt 2: Wer spielt in dem Text die wichtigsten Rollen?
Welche Personen? Welche anderen Wesen/Dinge?
Sammle die direkten Informationen.
Gibt es auch versteckte Informationen, die durch die Handlungen der Personen deutlich werden?
Schritt 3: Wo spielt die Handlung?
Trage die Informationen zusammen. Kannst du dir die Orte vorstellen? Gelegentlich helfen auch Skizzen.
Schritt 4: Ist die Abfolge im Originaltext zwingend vorgeschrieben?
Du musst dich nicht immer an die Reihenfolge der Aussagen in einem Text halten. Manche Aussagen kannst du auch zusammenfassen.
Es gibt auch Texte, bei denen durch Rückblenden die zeitliche Abfolge nicht der Textabfolge entspricht. Bei einer Inhaltsangabe musst du aber die zeitlich richtige Reihenfolge einhalten.

Mein Bruder hat grüne Haare

Monika Seck-Agthe

Gestern hat sich mein Bruder Johannes eine Haarsträhne grün färben lassen. Die restlichen Haare hat er mit Baby-Öl eingeschmiert, dann hat er sich ganz schwarz angezogen und sich so an den Kaffeetisch gesetzt. Mein Bruder ist fünfzehn, und ich bin dreizehn. Er sagt, er sei jetzt *ein*
5 *Punk*. Wenn ich ihn frage, was das ist, weiß er das selber nicht so genau. Jedenfalls gab's einen ziemlichen Krach, als er so vor der versammelten Familie erschienen ist. Meine Eltern haben sich noch nicht mal so aufgeregt, aber dann war da noch meine Tante Vera. Und die ist fast vom Stuhl gefallen, als der Johannes in dem Aufzug reingekommen ist.
10 „Bist du eigentlich übergeschnappt? Ihr seid ja wohl heute alle total verrückt geworden!", hat sie sich aufgeregt. Der Johannes ist ganz ruhig geblieben, hat einfach nichts gesagt und angefangen, Kuchen zu essen. Das hat meine Tante natürlich nur noch wütender gemacht. Sie fing richtig an zu kreischen: „Kannst du nicht wenigstens deinen Schnabel aufma-
15 chen, wenn man dich was fragt? Ich versteh euch aber auch nicht!" Sie funkelte meine Eltern an. „Lasst ihr die Kinder denn alles machen, was ihnen in den Kopf kommt?" Mein Vater sagte bloß: „Der Junge ist doch alt genug! Der muss schon wissen, was er tut." – „Alt genug? Fünfzehn Jahre ist der alt! Ein ganz grünes Bürschchen!" Als Tante Vera das Wort
20 *grün* sagte, mussten wir alle auf die grüne Haarsträhne gucken und lachen. Nur eben Tante Vera, die musste nicht lachen. Sie hat auch gar nicht kapiert, dass wir über die Haare gelacht haben, sondern dachte natürlich, wir lachen über sie und ärgerte sich schrecklich. „Die wissen doch vor lauter Wohlstand nicht mehr, was sie noch machen sollen!
25 Wisst ihr eigentlich, was wir mit fünfzehn gemacht haben? Mitten im Krieg! Wir sind bei Bauern betteln gegangen! Um ein paar Rüben! Weil wir gehungert haben!"

„Lass das doch, Vera! Die Kinder leben doch heute in einer ganz anderen Welt als wir damals." Meine Mutter stand auf und räumte die
30 Kaffeetassen weg.

Aber Tante Vera war in Fahrt. „Im Luftschutzkeller haben wir gesessen! Und wussten nicht, ob wir da je wieder lebendig rauskommen! Und ihr färbt euch die Haare grün! Und schmiert euch Öl auf den Kopf! Guckt mal lieber in eure Schulbücher!"
35 „Hör doch bloß auf mit deinen blöden Kriegsgeschichten. Die hängen mir absolut zum Halse heraus, Mensch!" (…) Dann sagte er noch: „Versuch doch einfach mal einigermaßen cool zu bleiben, Vera."

Das war zu viel für meine Tante. „Seit wann nennst du mich Vera? Bin ich irgendein Pipimädchen, das neben dir die Schulbank drückt? Das ist
40 doch unerhört! Blöde Kriegsgeschichten hat er gesagt! Euch geht's doch einfach zu gut! Euch ist das doch gar nicht bewusst, was das heißt, im Frieden zu leben! Begreift ihr überhaupt, was das ist?"
Johannes tat weiter ganz cool. Aber ich hab gesehn, dass seine Hände ganz schön zitterten. Dann ist er aufgestanden und hat gesagt: „Vom
45 Frieden hast du wohl selber nicht allzu viel kapiert. Sonst würdest du hier nämlich nicht so einen Tanz machen." Dann ging er einfach raus.
Tante Vera kriegte einen knallroten Kopf und fing an zu heulen. Mein Vater holte die Kognakflasche aus dem Schrank. Meine Mutter sagte zu mir: „Du, geh mal für'n Moment in dein Zimmer, ja?" Mir war alles
50 plötzlich richtig peinlich. Im Flur hab ich Tante Vera noch weiter heulen gehört. Die konnte kaum noch reden. „Wie wir damals gelitten haben! Was wir durchgemacht haben! Und da sagt dieser Rotzlümmel ‚blöde Kriegsgeschichten'!"
Ich bin raufgegangen. Aus Johannes' Zimmer dröhnte knalllaute Musik.
55 Mit einem Mal hab ich eine Riesenwut gekriegt auf den, bin in sein Zimmer gerannt und hab gebrüllt: „Setz dir wenigstens deine Kopfhörer auf, wenn du schon so'ne Scheißmusik hörst!"
Johannes hat mich groß angeguckt und gesagt: „Jetzt fängst du auch noch an auszurasten! Was ist hier überhaupt los? Der totale Krieg, oder
60 was?"
Mir war's zu blöd, ich hab die Tür zugepfeffert und mich in mein Zimmer verzogen. Abends im Bett musste ich noch mal über alles nachdenken. Auch über das, was Tante Vera gesagt hatte. Über die Luftschutzkeller und dass sie Angst gehabt hat und so. Und dass sie meint, wir würden
65 nicht begreifen, was das ist: Frieden. So richtig im Frieden leben wir, glaub ich, auch gar nicht. Aber natürlich auch nicht richtig im Krieg. Wir können schon eine Menge machen, was die damals nicht konnten. Und vieles, was die machen und aushalten mussten, dass passiert uns eben nicht, dass wir zum Beispiel hungern müssen oder Angst haben, ob wir
70 den nächsten Tag noch erleben. Da bin ich eigentlich auch unheimlich froh drüber. Aber trotzdem: Bloß weil kein Krieg ist, ist noch lange kein richtiger Frieden. Dazu gehört, glaub ich, noch eine ganze Menge mehr.

1 Lege eine Folie auf oder kopiere den Text. Bereite ihn zur Inhaltsangabe vor. Berücksichtige die Tipps auf den Seiten 62 und 68.

2 Verfasse eine schriftliche Inhaltsangabe.

Texte zusammenfassen – Inhaltsangabe: Erlerntes anwenden

Vertauschte Bilder

Gunter Preuß

Am folgenden Text kannst du noch einmal das anwenden, was du im Verlauf des Kapitels gelernt hast.

1. Lies den Text aufmerksam durch.

2. Gliedere den Text in Handlungsabschnitte.

3. Formuliere zu jedem Abschnitt eine Überschrift.

4. Sammle dann unter jeder Überschrift stichwortartig die wichtigsten Informationen.

5. Schreibe eine Inhaltsangabe.

6. Gib am Schluss deiner Inhaltsangabe eine persönliche Stellungnahme zum Text ab.

7. Informiere dich über den geschichtlichen Hintergrund dieser Geschichte.

Der Autor Gunter Preuß berichtet in seinem Buch „Vertauschte Bilder" von den Ereignissen der Leipziger Montagsdemonstration am 9. Oktober 1989. Isabell, aus deren Sicht die Geschichte erzählt wird, verlässt an diesem Morgen frühzeitig den Unterricht, um an der Demo teilzunehmen.

Sie fuhr mit der Straßenbahn bis zum Hauptbahnhof und lief durch die Unterführung in die Innenstadt. Es war Mittagszeit, aber die Stadt war voller Menschen, von denen die wenigsten zum Einkauf gekommen waren. Isabell erlebte die sonst lärmende Stadt ungewöhnlich still. Die
5 Menschen, wenn sie überhaupt sprachen, schienen zu flüstern. Sie liefern nicht wie üblich eiligen Schrittes, die Ellenbogen gebrauchend, aneinander vorbei. Sie bewegten sich langsam, meist zu zweit und in kleinen Gruppen und anscheinend nicht auf ein bestimmtes Ziel zu, sondern um ihren Platz zu behaupten. Überall waren Einheiten der Polizei
10 zu sehen, die Männer trugen Schutzhelme, sie waren mit Gewehren, Pistolen und Gummiknüppeln bewaffnet. Lastwagen bahnten sich einen Weg durch die Menschen. Von den Ladeflächen sprangen Polizisten, die sich gruppierten und dann auf Befehl im Laufschritt zu irgendeiner Straße geleitet wurden. Isabell hatte den Eindruck, als würde über die
15 Stadt ein Spinnennetz gespannt, aus dem keiner entrinnen konnte. Vor dem wuchtigen Gebäudekomplex der Staatssicherheit liefen Männer und Frauen auf und ab, die aufnahmebereite Fotoapparate vor der Brust trugen.
Isabell suchte nach dem Träger eines langen schwarzen Mantels, der an

20 diesem milden Oktobertag auffallen musste. Sie war überzeugt, dass sie Henner nur hier, unter all den Menschen, die es wie sie selbst hergezogen hatte, wiederfinden könnte. Noch nie hatte sie so aufmerksam in so viele Gesichter gesehen, die ihr zugleich fremd und bekannt erschienen. Isabell hatte die Straßen und Gassen mehrmals durchlaufen, und wieder
25 kam sie zur Nikolaikirche, die durch die montagabendlichen Friedensgebete so etwas wie das Herz der Stadt geworden war. Vor der Boutique für den Herrn, der Löwenapotheke und dem Damenmodesalon standen Menschen in großen Gruppen, auch vor Specks Hof, wo die Passage von Polizisten abgeriegelt war, und auf dem Nikolaikirchhof.
30 Es war früher Nachmittag, und schon jetzt gingen viele Menschen in die Kirche.
Isabell, der die Situation immer bedrohlicher erschien, stellte sich zu diesen und jenen und hörte dieses und jenes. Es hieß, diese Kirchgänger seien von der Partei geschickte Mitglieder, die die Kirche besetzen soll-
35 ten. Der Pfarrer habe Drohungen bekommen, die Kirche würde angezündet, wenn noch ein Friedensgebet stattfinden sollte. In der Leipziger Volkszeitung habe gestanden, dass die Staatsfeindlichkeit nicht länger zu dulden sei, die Wiederherstellung von Ruhe und Ordnung werde von den Bürgern der Stadt verlangt, und ein Kampfgruppenkommandeur
40 habe geäußert, dass heute *zugeschlagen* würde. Vom Schießbefehl der Polizei war zu hören, von Armee-Einheiten und Panzern vor der Stadt und von Krankenhäusern, die in Bereitschaft ständen, Verwundete aufzunehmen.
„Mädchen, du", sagte eine Frau zu Isabell. „Geh besser nach Hause.
45 Aber schnell." „Nein", sagte Isabell, „Ich bin doch kein Murks. Ich bleibe hier." „Bravo", sagte ein Mann. „Aber pass auf dich auf." „Versprochen?", fragte die Frau. „Versprochen", sagte Isabell und lief noch einmal durch die Innenstadt, die sich mehr und mehr mit Menschen füllte. Aber nirgendwo konnte sie einen blassen Jungen im langen schwarzen
50 Mantel entdecken.
Nach fünfzehn Uhr drängte Isabell sich mit Frauen und Männern in die Nikolaikirche. Ihre Scheu vor dem Unbekannten musste sie schnell überwinden, denn sie wurde geschoben und gedrückt, dass sie Mühe hatte, sich zu behaupten. Die Kirche war voller Menschen, sie saßen und
55 standen dicht gedrängt, auch die Emporen waren bis auf den letzten Platz besetzt, und bald mussten die Türen geschlossen werden, obwohl – wie es sich später herausstellte – Tausende noch eingelassen werden wollten. [...]
Endlich begann der Gottesdienst, und Isabell hörte: „Ich will vor dir
60 hergehen und die Höcker eben machen; ich will die ehernen Türen zerschlagen und die eisernen Riegel zerbrechen."
Vertreter von Umweltgruppen berichteten über ihre Arbeit. Es wurde zur Besonnenheit und Gewaltlosigkeit aufgerufen. Zettel, wie Isabell sie mit der alten Schreibmaschine beschriftet hatte, gingen herum: *Keine Ge-*
65 *walt! – Wir sind das Volk! – Freiheit! Gleichheit! Brüderlichkeit!*
Jetzt entdeckte sie Henner! In seinem schwarzen Mantel lehnte er an

einer Säule. Sein Gesicht hatte frische Narben und blaue Flecke. Um den Kopf trug er eine Binde wie ein Stirnband. „Henner!", rief Isabell. „Henner! Hier bin ich!" Da sah sie neben Henner das rothaarige Mädchen, Carola. Henner hatte einen Arm um ihre Schultern gelegt, und sie lehnte den Kopf an seine Brust.

Isabell war für Augenblicke ohne Bewusstsein. Die Frau neben ihr hielt sie an sich gedrückt. „Das geht vorüber, die schlechte Luft", sagte sie. „Hör nur, hör nur!"

Es wurde ein Aufruf des Gewandhauskapellmeisters und von Bezirkssekretären der Partei zur Gewaltlosigkeit verlesen. Ein Atemholen ging durch die Menge, die Menschen bewegten sich, manche reichten einander die Hände, andere riefen sich etwas zu, und es war sogar ein Lachen zu hören. „Jetzt wird es wohl keine Schießerei geben", sagte die Frau und umarmte Isabell.

Die Glocken läuteten, und alle wollten auf die Straße. Es rief ihnen entgegen, von Mal zu Mal lauter und geschlossener: „Freiheit! Gleichheit! Brüderlichkeit!" Isabell, noch ohne Kraft, ließ sich schieben und mitziehen. Ja, sie brauchte das jetzt, die Körpernähe, den Schweißgeruch und die Stimmen. [...]

Der Demonstrationszug bewegte sich stockend, als hätte er alle paar Meter erneut einen Widerstand zu überwinden, aber er kam voran über den Ring, vorbei an der Hauptpost, dem Opernhaus, weiter über den Vorplatz am Hauptbahnhof, vorbei am Hotel Astoria, an der evangelisch-reformierten Kirche und dem Kaufhaus Konsument am Brühl, unter der mit Menschen überladenen Fußgängerbrücke hindurch, vorbei an der Hauptfeuerwache und dem Haus der Deutsch-Sowjetischen Freundschaft. Gegenüber dem Schauspielhaus vor dem Gebäude der Staatssicherheit stauten sich die Menschen. Die Polizei stand versteckt hinter Mauervorsprüngen und Büschen. Die Fenster des grauen Hauses waren dunkel. Die Menge schrie: „Schämt euch was!" Und sie sang: „Stasi in den Tagebau!" Die Rufe und Gesänge hatten etwas Hilfloses, ja Rührendes, wieder einmal stand David vor Goliath. Aber es waren viele kleine Leute, und sie riefen: „Keine Gewalt!" Keiner wollte weitergehen, hier und jetzt sollte etwas entschieden werden.

„Freiheit!"

Später konnte Isabell sich nicht erklären, wie sie auf das Dach eines am Straßenrand parkenden Autos gekommen war, ob sie hinaufgestiegen war, oder ob man sie hinaufgehoben hatte. Sie wusste weder, was sie hier oben sollte, noch konnte sie unbemerkt hinunterspringen.

Doch sie blieb stehen, und dann rief sie etwas, sie hörte es selbst nicht, aber sie rief lauter, und es war ihr, als schöbe sie mit jedem Ruf etwas von sich, das sie jahrelang bedrückt hatte. Dann hörte sie sich.

„Ich!", rief sie. „Ich!" Die Leute wurden auf sie aufmerksam. Dann war es still. Isabell rief: „Ich! Ich! Ich!"

Es wurde gelacht; aber da stimmte eine Frau in Isabells Rufe ein, dann ein Mann, ein Kind, und schließlich riefen sie alle: *„Wir sind das Volk!"*

Personen charakterisieren

Drum prüfe, wer sich ewig bindet …

Gefühlvoll-starker Prinz sucht gefühlvoll-starke Prinzessin,
eine ihm ähnliche Persönlichkeit im Königreich der Liebe:
zärtlich – einfühlsam – humorvoll – lebendig – offen – lustvoll – aggressiv
vertrauensvoll – ausdrucksstark – selbsterfahren – selbstliebend – kinderlieb
intelligent – studiert – erfolgreich – gutsituiert – groß – schlank – sportlich – elegant
Selbständiger Analytiker – Arzt, 53/1,91, freut sich auf Ihr Bild im Raum D – W!
DIE ZEIT, 20079 Hamburg

Gemeinsam zu neuen Ufern?
Habe viele Jahre in den Beruf „investiert" und will jetzt nicht mehr allein sein. Bin schlank (1,72/NR), sportlich, im kreativen und wissenschaftlichen Bereich etabliert und erfolgreich, gutaussehend, fröhlich, staune selbst über meine 44 J., lehne mich gerne mal an. Ich wünsche mir eine konstruktive Beziehung – auch mit einem jüngeren Mann – mit Verlässlichkeit und Nähe in der Distanz.
Wenn Sie ± 40 sind, „ansprechend", humorvoll, jung geblieben sind, beruflich engagiert, der Beruf aber nicht alles für Sie bedeutet, sich wünschen, mit einer Partnerin mal als Dame, mal in Jeans Pferde stehlen zu können, melden Sie sich. Bin im Raum Berlin zu Hause.
DIE ZEIT, 20079 Hamburg

Sehnsucht
Frau, Ärztin, 42 J., 1,68, attraktiv, lebensfroh mit Witz und Tiefgang, eigenständig, anlehnungsbedürftig, neugierig, weit und gern gereist, gern zu Hause, fast in allen Lebenslagen einsetzbar, realistisch, möchte die wesentlichen Dinge des Lebens teilen und seelisch nach Hause kommen.
Ich suche für mich und meinen 10-jährigen Sohn Mann und Freund. Er sollte kultiviert, intelligent, unkonventionell, flexibel, naturverbunden, etwas sportlich (Ski, wandern), gepflegt sein und gut aussehen, nicht unter 175 cm, 40 – 55 J. sein und Familiensinn haben. Jedem Anfang wohnt ein Zauber inne, also gib dir einen Ruck und schreib (bitte mit Bild) an
DIE ZEIT, 20079 Hamburg

Von Liebe keine Spur – okay: manchmal auch verschenkt oder von mir übersehen (dummer Mann). Unverzeihlich, aber verpasst ist verpasst. Dennoch: Ich (41 J.) habe sie nach dieser Ewigkeit verdient und trinke voller Erwartung auf sie frische Säfte (Vorgeschmack). Bin fleißig immer noch dabei, die Welt klug zu verändern – entmutigt in der Ecke liegend, von Freunden reanimiert, tanze ich heimlich wieder und fröne der Musik (feiner Trost, sag ich euch). Aber wenn es ein „Babe" gibt, bitte lass mich nicht länger unerkannt in der Menge umherirren („a face in a crowd"), schließlich könnte ich damit drohen, dass ich nett bin und nett anzuschauen bin (aber keine falschen Erwartungen!). Lebe im Raum Köln und wünsche Partnerin mit Erreichbarkeit.
DIE ZEIT, 20079 Hamburg

aus: DIE ZEIT vom 20. Mai 1998

In diesen Heiratsanzeigen charakterisieren Personen sich und ihren Wunschpartner.

❶ Listet in einer Tabelle positive und negative Eigenschaften auf.

❷ Nehmt zu der Tabelle Stellung.

❸ Suche eine der Personen aus. Lass sie nun in einer von dir erfundenen Situation so handeln, dass einige ihrer Charaktereigenschaften daraus abzuleiten sind.

❹ Lest euch eure Texte vor und versucht herauszufinden, von welcher Heiratsanzeige ausgegangen wurde.

Personen charakterisieren: Märchenfiguren

Wie im richtigen Leben? Ein Märchen

Der Glasbrunnen
Lisa Tetzner

In einem Dorf wohnte ein Mädchen, das war so schön, man konnte auf der ganzen Welt nichts Schöneres sehen. Sie hatte dunkelbraune Haare, und glänzend schwarz waren ihre Augen, dass man fast so wenig dreinblicken konnte wie ins liebe Sonnenlicht. Aber ein hochmütig Herz hatte die Jungfrau, und alle Freier, die kamen, wies sie schnöde von hinnen. Und waren es auch die Reichsten, so hielt sie sie doch nur eine Zeit lang zum Besten und schickte sie dann wie alle anderen unter Hohn und Spott fort.

Das ging nun, solange es ging. Eines Tages kam ein schöner Jüngling, der gefiel der Jungfrau heimlich über die Maßen wohl. Ihr Herz aber ließ nicht zu, dass sie es gestanden hätte. Sooft er sie bat, dass sie jetzt endlich seine Braut werden sollte, wies sie ihn allemal mit kalten Worten ab.

An einem Abend saßen die Jungfrau und der Jüngling beisammen im Walde, nahe bei einer Quelle, die hell aus einem moosigen Felsen heraussprudelte. Da sagte die Jungfrau zu dem Jüngling: „Ich weiß, Ihr könnt mir keinen Fürstenthron zum Brautschatz schenken, gleichwohl will ich Eure Braut sein, wenn Ihr mir an der Stelle des Dorngebüsches, das jetzt hier diesen Brunnen bedeckt, ein Wasserbecken errichtet, aus Edelsteinen, die so rein sind wie Glas und so lauter wie das Wasser, das darin fließt."

Nun aber fügte es sich, dass die Mutter des Jünglings eine mächtige Fee war; und als er ihr noch am gleichen Tag erzählte, was die Jungfrau von ihm verlangte, ehe sie sein eigen werden wollte, da formte sie ihm über Nacht ein wundersames Brunnenbecken im Walde, das strahlte in allen Farben des Regenbogens, und sein Wasser spielte gar hell im Glanz der Sonne. Des anderen Morgens aber sprach die Jungfrau zum Jüngling: „Ei freilich, etwas habt Ihr getan, aber noch ist es nicht alles, was ich billig verlangen kann. Zu dem Brunnenbecken gehört ein Garten, den müsst Ihr mir noch anstelle des Waldes setzen, sonst kann ich Eure Braut nicht sein."

Das sagte der Jüngling wiederum seiner Mutter, der Fee, und als die Jungfrau, wie allabendlich, an dem Brunnen saß, da sprossten auf einmal rings umher Veilchen und Rosen, und in einem Augenblick war aus dem wilden Wald ein prächtiger Garten geworden. Mit tausend und abertausend Blumen war der Boden übersät, und in den blühenden Büschen sangen und flatterten wilde und zahme Vögel, dass es eine Freude war. Der Jungfrau lachte bei diesem Anblick das Herz im Leibe, und beinahe wäre sie dem Jüngling um den Hals gefallen und seine Braut geworden. Allein, da fielen ihre Augen auf ihr Haus, das nun gar alt und ärmlich dastand in dem prächtigen Garten mit dem funkelnden Glasbrunnen. Und sie sprach: „Der Garten gefällt mir wohl, aber noch habe ich nicht alles, was ich billig verlangen kann; anstelle des alten Hauses müsst Ihr mir ein Schloss erbauen von Rubinen und Perlen, sonst kann ich Eure Braut nicht sein."

Als nun der Jüngling auch noch diesen Wunsch seiner Mutter überbrachte, da war die Fee voll Zorn, und im Augenblick war der schöne Garten verschwunden, und das alte Waldgestrüpp wucherte wie vorher. Nur der schimmernde Glasbrunnen blieb, und daran saß die Jungfrau von nun an alle Abende und wartete mit Sehnsucht auf den Jüngling, den sie liebte. Aber dieser kam nie, denn seine Mutter hatte sein Herz von der Jungfrau abgewandt. Sie sitzt noch immer und wartet, und wenn sie nicht gestorben ist, wartet sie heute noch.

❶ Charakterisiert die beiden Hauptpersonen. Was unterscheidet Märchenfiguren von wirklichen Menschen?

❷ Wenn die Prinzessin sich in einer Heiratsanzeige beschreiben würde, wie könnte dann der Text lauten?

❸ Diskutiert darüber, ob es zwischen Heiratsanzeigen und Märchen einen Zusammenhang geben könnte.

Personen charakterisieren: Liebesroman

Wie im richtigen Leben? Aus einem Liebesroman

Ausschnitt aus dem Liebesroman ‚Wo du hingehst' von Hedwig Courths-Mahler:

Was bisher geschah:
Hans und Anita sind frisch verheiratet. Anita, die aus einem wohlhabenden Elternhaus stammt, glaubt, dass Hans ohne Vermögen ist. Das hat aber ihre Entscheidung, ihn zu heiraten, nicht beeinflusst. Die Erbschaft eines großen Schlosses hat er ihr zunächst verschwiegen, um sie auf die Probe zu stellen. Zunächst leben sie in bescheidenen Verhältnissen. Im Glauben, dass sie von dem Verwalterehepaar des Schlosses zum Diner eingeladen wurden, macht sich Anita für den Abend zurecht.

Als sie fertig waren, sahen sie sich lachend an. Und bewundernd schloss Hans seine schöne Frau in die Arme. „Aschenbrödel ist wieder Prinzessin geworden. Nun komm zum Schloss, meine schöne Prinzessin!" „Deinen Arm, Märchenprinz!", ging sie übermütig auf seinen Ton ein. Er legte ihr noch einen kostba-
5 ren schwarzen Samtmantel, der mit Pelz verbrämt war, um die Schultern, und auch er zog seinen Pelzmantel über. „Es fehlt nur noch, dass wir feierlich im güldenen Wagen zum Schloss fahren", sagte Anita lachend, als sie nebeneinander auf dem Weg nach dem Schloss daherschritten. Erstaunt sah sie, dass das Parktor weit geöffnet stand. Und als sie es passiert hatten und auf das
10 Schloss zuschritten, sah sie eine Anzahl Diener am Portal stehen [...] Anita hielt ihren Gatten am Arm zurück. „Hans, sieh doch, da kommen wir wohl ungelegen! Das sieht ja aus, als würde der Herr des Schlosses erwartet!" [...] Hans zog sie mit sich fort. „Komm nur, Nita, diese Umstände sind unseretwegen gemacht worden." „Um unsertwillen? Das kann nur ein Scherz sein!" Er drück-
15 te erregt ihre Hand. „Du wirst sehen, dass alles seine Richtigkeit hat. Jetzt kommt die versprochene Überraschung, Nita. Ich bitte dich, mein süßes Herz, sei mir nicht böse, dass ich dich ein wenig düpiert habe. Ich habe dich mit Bedacht in unser liebes kleines Haus geführt, weil du lernen solltest, dich auch in einem Leben der Armut zurechtzufinden. Ich habe dich nicht lange auf die
20 Probe zu stellen brauchen – du hast bewundernswert tapfer alle Entbehrungen ertragen. Nun sollst du wieder ein Leben führen, wie du es früher gewohnt warst – als Herrin dieses Schlosses." [...] Anita verlor auch diesem Ereignis gegenüber nicht die Haltung der großen Dame. Ihr Dank war freilich ein wenig erregt, aber in aufrechter Haltung schritt sie nun am Arm ihres Gatten an der
25 Dienerschaft vorüber in die Schlosshalle.

❶ Beurteilt diesen Text. Was erfahrt ihr über die Hauptpersonen?

❷ Wie werden Charakterzüge dargestellt? Wo findest du heute ähnliche Charaktere?

❸ Stellt eine Liste zusammen, was nach eurer Meinung in eine glaubwürdige Charakteristik hineingehört. Diese Liste könnt ihr im Laufe der Unterrichtseinheit ergänzen.

Personen charakterisieren: Figur aus einem Popsong

Gefühle, Einstellungen zu sich selber und Charakterzüge in einem Popsong

Allein vor dem Spiegel *Pur*

Sie hat ihm den Brief schon geschrieben
doch sie traut sich nicht, schickt ihn nicht ab
Sie weiß, sie kann geben, kann lieben
doch was ist, wenn auch er sie nicht mag

5 Noch mal erträgt sie die Blicke nicht
die sie durchdringen, als wär' sie nicht da
Was hat sie getan, warum straft er sie so
und es fehlt nur, dass er lacht

Sie sieht makellos magere Models
10 In Hochglanz, die Männer verzückt und verrückt
Sie träumt sich in Liebesromane
Sinnlich und schön und begehrt und beglückt

Sie sehnt sich nach Nähe, Geborgenheit
doch sie scheint nur als Zaungast genehm
15 Warum kann sie denn keiner, so wie sie ist
nur mit anderen Augen sehn?
Doch wer glaubt schon, dass Wunder geschehen

Personen charakterisieren: Figur aus einem Popsong

Und sie steht wieder allein vor dem Spiegel
Und sie weint hilflos in sich hinein
20 Und sie flucht mutlos – dann kocht die Wut hoch
dieses Scheißleben ist wirklich gemein

Sie ist nun mal kein Barbiepüppchen
Ihre Stärken sind leise, verdeckt
Die tollen, die ganz coolen Typen
25 fragen nie, was sie tut, wo sie steckt

Die Gleichgültigkeit und die Hänselei
hat sie immer geschluckt, nie verdaut
Dass sie wertlos und keinesfalls liebenswert sei
hat sie irgendwann selbst geglaubt
30 und sich schließlich nichts mehr zugetraut

Und sie steht wieder allein vor dem Spiegel ...

Da neulich im Bus, dieser junge Mann
mit Brille und nicht so ganz schlank
Er lächelte nett und er sprach sie an
35 Sie wies ihn ab „NEIN, vielen Dank"
Vielleicht geht es ihm jetzt wie ihr
hinter einer verschlossenen Tür

Und sie steht wieder allein vor dem Spiegel ...

❶ Gib den Inhalt des Popsongs mündlich wieder.

❷ Lege nun eine Folie über den Text oder fotokopiere ihn.
Notiere am Rand des Textes Auffälligkeiten des Mädchens, ihre Gefühle und
Charaktereigenschaften.

❸ Schreibe mithilfe dieser Stichwörter eine Charakteristik.

TIPP
> Begründe die Charaktereigenschaften, indem du den Inhalt der geeigneten Textstellen wiedergibst.

❹ Schreibe am Schluss deiner Charakteristik, wie du das Verhalten des Mädchens bewertest.

Personen charakterisieren: literarische Figuren

Charakteristiken in literarischen Texten

Masken *Max von der Grün*

Sie fielen sich unsanft auf dem Bahnhof 3a des Kölner Hauptbahnhofs in die Arme und riefen gleichzeitig: „Du?!" Es war ein heißer Julivormittag, und Renate wollte in den D-Zug nach Amsterdam über Aachen. Erich verließ diesen Zug, der von Hamburg kam. Menschen drängten
5 aus den Wagen auf den Bahnsteig, Menschen vom Bahnsteig in die Wagen, die beiden aber standen in dem Gewühl, spürten weder Püffe noch Rempeleien und hörten auch nicht, dass Vorübergehende sich beschwerten, weil sie ausgerechnet vor den Treppen standen und viele dadurch gezwungen wurden, um sie herumzugehen. Sie hörten auch nicht,
10 dass der Zug nach Aachen abfahrbereit war, und es störte Renate nicht, dass er wenige Sekunden später aus der Halle fuhr.
Die beiden standen stumm, jeder forschte im Gesicht des anderen. Endlich nahm der Mann die Frau am Arm und führte sie die Treppen hinunter, durch die Sperre, und in einem Café in der Nähe des Doms tran-
15 ken sie Tee.
„Nun erzähle, Renate. Wie geht es dir? Mein Gott, als ich dich so plötzlich sah ... du ... ich war richtig erschrocken. Es ist so lange her, aber als du auf dem Bahnsteig fast auf mich gefallen bist ..."
„Nein", lachte sie, „du auf mich."
20 „Da war es mir, als hätte ich dich gestern zum letzten Male gesehen, so nah warst du mir. Und dabei ist es so lange her ..."
„Ja", sagte sie. „Fünfzehn Jahre."
„Fünfzehn Jahre? Wie du das so genau weißt. Fünfzehn Jahre, das ist ja eine Ewigkeit. Erzähle, was machst du jetzt? Bist du verheiratet? Hast
25 du Kinder? Wo fährst du hin?" ...
„Langsam, Erich, langsam, du bist noch genau so ungeduldig wie vor fünfzehn Jahren. Nein, verheiratet bin ich nicht, die Arbeit, weißt du. Wenn man es zu etwas bringen will, weißt du, da hat man eben keine Zeit für Männer."
30 „Und was ist das für Arbeit, die dich von den Männern fernhält?"
Er lachte sie an, sie aber sah aus dem Fenster auf die Tauben. „Ich bin jetzt Leiterin eines Textilversandhauses hier in Köln, du kannst dir denken, dass man da von morgens bis abends zu tun hat und ..."
„Donnerwetter!", rief er und klopfte mehrmals mit der flachen Hand auf
35 den Tisch. „Donnerwetter! Ich gratuliere."
„Ach", sagte sie und sah ihn an. Sie war rot geworden.
„Du hast es ja weit gebracht, Donnerwetter, alle Achtung. Und jetzt? Fährst du in Urlaub?"
„Ja, vier Wochen nach Holland. Ich habe es nötig, bin ganz durchge-
40 dreht. Und du, Erich, was machst du? Erzähle. Du siehst gesund aus."
Schade, dachte er, wenn sie nicht so eine Bombenstellung hätte, ich

würde sie jetzt fragen, ob sie mich noch haben will. Aber so? Nein, das geht nicht, sie würde mich auslachen, wie damals.

„Ich?", sagte er gedehnt und brannte sich eine neue Zigarette an. „Ich ...
45 ich ... Ach weißt du, ich habe ein bisschen Glück gehabt. Habe hier in Köln zu tun. Habe umgesattelt, bin seit vier Jahren Einkaufsleiter einer Hamburger Werft, na ja, so was Besonderes ist das nun wieder auch nicht."

„Oh", sagte sie und sah ihn starr an, und ihr Blick streifte seine großen
50 Hände, aber sie fand keinen Ring. Sie erinnerte sich, dass sie vor fünfzehn Jahren nach einem kleinen Streit auseinander gelaufen waren, ohne sich bis heute wiederzusehen. Er hatte ihr damals nicht genügt, der schmalverdienende und immer ölverschmierte Schlosser. Er sollte es erst zu etwas bringen, hatte sie ihm damals nachgerufen, vielleicht könne man später
55 wieder darüber sprechen. So gedankenlos jung waren sie damals. Ach ja, die Worte waren im Streit gefallen und trotzdem nicht böse gemeint. Beide aber fanden danach keine Brücke mehr zueinander. Sie wollten und wollten doch nicht. Und nun? Nun hatte er es zu etwas gebracht.

„Dann haben wir ja beide Glück gehabt", sagte sie und dachte, dass er
60 immer noch gut aussieht. Gewiss, er war älter geworden, aber das steht ihm gut. Schade, wenn er nicht so eine Bombenstellung hätte, ich würde ihn fragen, ja, ich ihn, ob er noch an den dummen Streit von damals denkt und ob er mich noch haben will. Ja, ich würde ihn fragen. Aber jetzt?

65 „Jetzt habe ich dir einen halben Tag deines Urlaubs gestohlen", sagte er und wagte nicht, sie anzusehen.

„Aber Erich, das ist doch nicht so wichtig, ich fahre mit dem Zug um fünfzehn Uhr. Aber ich, ich halte dich bestimmt auf, du hast gewiss einen Termin hier."

70 „Mach dir keine Sorgen, ich werde vom Hotel abgeholt. Weißt du, meinen Wagen lasse ich immer zu Hause, wenn ich längere Strecken fahren muss. Bei dem Verkehr heute, da kommt man nur durchgedreht an."

„Ja", sagte sie. „Ganz recht, das mache ich auch immer so." Sie sah ihm nun direkt ins Gesicht und fragte: „Du bist nicht verheiratet? Oder lässt
75 du Frau und Ring zu Hause?" Sie lachte etwas zu laut für dieses vornehme Lokal.

„Weißt du", antwortete er, „das hat seine Schwierigkeiten. Die ich haben will, sind nicht zu haben oder nicht mehr, und die mich haben wollen, sind nicht der Rede wert. Zeit müsste man eben haben. Zum Suchen,
80 meine ich. Zeit müsste man haben." Jetzt müsste ich ihr sagen, dass ich sie noch immer liebe, dass es nie eine andere Frau für mich gegeben hat, dass ich sie all die Jahre nicht vergessen konnte. Wie viel? Fünfzehn Jahre? Eine lange Zeit. Mein Gott, welch eine lange Zeit. Und jetzt? Ich kann sie doch nicht mehr fragen, vorbei, jetzt wo sie so eine Stellung hat.
85 Nun ist es zu spät, sie würde mich auslachen, ich kenne ihr Lachen, ich habe es im Ohr gehabt, all die Jahre. Fünfzehn? Kaum zu glauben.

„Wem sagst du das?" Sie lächelte. „Entweder die Arbeit oder das andere", echote er.

Personen charakterisieren: literarische Figuren

90 Jetzt müsste ich ihm eigentlich sagen, dass er der einzige Mann ist, dem ich blind folgen würde, wenn er mich darum bäte, dass ich jeden Mann, der mir begegnete, sofort mit ihm verglich. Ich sollte ihm das sagen. Aber jetzt? Jetzt hat er eine Bombenstellung, und er würde mich nur auslachen, nicht laut, er würde sagen, dass ... ach ... es ist alles so sinnlos ge-
95 worden.

Sie aßen in demselben Lokal zu Mittag und tranken anschließend jeder zwei Kognaks. Sie erzählten sich Geschichten aus ihren Kindertagen und später aus ihren Schultagen. Dann sprachen sie über ihr Berufsleben, und sie bekamen Respekt voreinander, als sie erfuhren, wie schwer
100 es der andere gehabt hatte bei seinem Aufstieg.

„Jaja", sagte sie; „genau wie bei mir", sagte er.
„Aber jetzt haben wir es geschafft", sagte er laut und rauchte hastig.
„Ja", nickte sie. „Jetzt haben wir es geschafft." Hastig trank sie ihr Glas leer. Sie hat schon ein paar Krähenfüßchen, dachte er. Aber die stehen ihr
105 nicht einmal schlecht.

Noch einmal bestellte er zwei Schalen Kognak, und sie lachten viel und laut.

Er kann immer noch so herrlich lachen, genau wie früher, als er alle Menschen einfing mit seiner ansteckenden Heiterkeit. Um seinen Mund
110 sind zwei steile Falten, trotzdem sieht er wie ein Junge aus, er wird immer wie ein Junge aussehen, und die zwei steilen Falten stehen ihm nicht einmal schlecht. Vielleicht ist er jetzt ein richtiger Mann, aber nein, er wird immer ein Junge bleiben.

Kurz vor drei brachte er sie zum Bahnhof.
115 „Ich brauche den Amsterdamer Zug nicht zu nehmen", sagte sie. „Ich fahre bis Aachen und steige dort um. Ich wollte sowieso schon lange einmal das Rathaus besichtigen."

Wieder standen sie auf dem Bahnsteig und sahen aneinander vorbei. Mit leeren Worten versuchten sie die Augen des anderen einzufangen, und
120 wenn sich dann doch ihre Blicke trafen, erschraken sie und musterten die Bögen der Halle.

Wenn ich jetzt ein Wort sagen würde, dachte er, dann ...
„Ich muss jetzt einsteigen", sagte sie. „Es war schön, dich wieder einmal zu sehen. Und dann so unverhofft ..."
125 Ja, das war es. Er half ihr beim Einsteigen und fragte nach ihrem Gepäck.
„Als Reisegepäck aufgegeben."
„Natürlich, das ist bequemer", sagte er.
Wenn er jetzt ein Wort sagen würde, dachte sie, ich stiege sofort wieder aus, sofort. Sie reichte ihm aus einem Abteil erster Klasse die Hand. „Auf
130 Wiedersehen, Erich ... und weiterhin ... viel Glück."
Wie schön sie immer noch ist. Warum nur sagt sie kein Wort?
„Danke, Renate. Hoffentlich hast du schönes Wetter."
„Ach, das ist nicht so wichtig. Hauptsache ist das Faulenzen, das kann man auch bei Regen."
135 Der Zug ruckte an. Sie winkten nicht, sie sahen sich nur in die Augen, solange dies möglich war.

Personen charakterisieren: literarische Figuren

Als der Zug aus der Halle gefahren war, ging Renate in einen Wagen zweiter Klasse und setzte sich dort an ein Fenster. Sie weinte hinter einer ausgebreiteten Illustrierten.
140 Wie dumm von mir, ich hätte ihm sagen sollen, dass ich immer noch die kleine Verkäuferin bin. Ja, in einem anderen Laden, mit zweihundert Mark mehr als früher, aber ich verkaufe immer noch Herrenoberhemden, wie früher, und Socken und Unterwäsche. Alles für den Herrn. Ich hätte ihm das sagen sollen. Aber dann hätte er mich ausgelacht, jetzt, wo
145 er ein Herr geworden ist. Nein, das ging doch nicht. Aber ich hätte wenigstens nach seiner Adresse fragen sollen. Wie dumm von mir, ich war aufgeregt wie ein kleines Mädchen, und ich habe gelogen, wie ein kleines Mädchen, das imponieren will. Wie dumm von mir.
Erich verließ den Bahnhof und fuhr mit der Straßenbahn nach Ostheim
150 auf eine Großbaustelle.
Dort meldete er sich beim Bauführer.
„Ich bin der neue Kranführer."
„Na, sind Sie endlich da? Mensch, wir haben schon gestern auf Sie gewartet. Also dann, der Polier zeigt Ihnen Ihre Bude, dort drüben in den
155 Baracken. Komfortabel ist es nicht, aber warmes Wasser haben wir trotzdem. Also dann, morgen früh, pünktlich sieben Uhr."
Ein Schnellzug fuhr Richtung Deutz. Ob der auch nach Aachen fährt? Ich hätte ihr sagen sollen, dass ich jetzt Kranführer bin. Ach, Blödsinn, sie hätte mich nur ausgelacht, sie kann so verletzend lachen. Nein, das
160 ging nicht, jetzt, wo sie eine Dame geworden ist und eine Bombenstellung hat.

❶ Untersucht, wie Max von der Grün die beiden Personen dieser Kurzgeschichte darstellt:
 – Wie wirken die Personen auf euch?
  Nennt Adjektive.
 – Neben dem Dialog benutzt der Autor andere Stilmittel, um ein genaues Bild über die Personen zu vermitteln. Welche?

❷ Die Realität und die Äußerungen, die Renate und Erich über sich machen, stimmen nicht im Geringsten überein. Stellt beides in einer Tabelle gegenüber:

	Tatsachen	Äußerungen
Renate	unverheiratet, weil sie nie von Erich losgekommen ist …	unverheiratet, weil die Karriere keine Zeit für Männer ließ …
Erich	Kranführer …	Einkaufsleiter einer Hamburger Werft …

❸ Ergänzt nun eure Liste für eine überzeugende Charakteristik.

Personen charakterisieren: Beispiel einer Charakteristik

Einen literarischen Text durch eine Charakteristik interpretieren

1 Lies dir den folgenden Schüleraufsatz (von Jasmin Büschel) zur Charakteristik von Renate und Erich durch:

Die Hauptpersonen in der Kurzgeschichte ‚Masken' sind Renate und Erich, zwei Menschen, die sich nach 15 Jahren wiedersehen. Beide sind unverheiratet und einsam. Renate hat eine Arbeitsstelle als Verkäuferin in einer Herrenboutique, doch sie erzählt Erich, sie sei Leiterin eines Textilversandhauses. Sie behauptet das aus
5 falschem Stolz, denn vor 15 Jahren haben sie sich im Streit getrennt, da Renate meinte, er als kleiner Schlosser wäre nicht gut genug für sie. Diese arrogante Überheblichkeit hat sie bitter bereut. Erich seinerseits ist Kranführer, er lügt Renate aber vor, er sei inzwischen Einkaufsleiter einer Hamburger Werft, weil er aus Mangel an Selbstbewusstsein Angst davor hat, dass Renate ihn auslachen könnte. Er liebt sie
10 immer noch, aber er traut sich nicht, ihr das zu beichten, da sie doch ‚Karriere' gemacht hat. Renate ihrerseits fällt auf, wie viel er ihr noch bedeutet; sie hat alle Männer immer mit ihm verglichen. Beide haben noch tiefe Gefühle für den anderen, doch schämen sie sich zu sehr, dem anderen die Wahrheit zu sagen. Stattdessen gaukeln sie ein Bild von sich vor, das sie als erfolgreich, lebenstüchtig und wohlhabend da-
15 stehen lässt.
Ihre zweite Chance, wieder zusammenzukommen, verbauen sie sich durch ihre Lügen. Denn der Erfolg des anderen imponiert ihnen gegenseitig so sehr, dass keiner von beiden den Mut aufbringt, zu sich als Person zu stehen. Keiner gibt zu, dass sein Bild von einem glücklichen, erfolgreichen Leben nicht mit der Realität übereinstimmt.
20 Masken setzen sich Menschen auf, die unsicher sind und sich selber als Versager empfinden. Schade!

2 Wie gefällt dir diese Charakteristik? Begründe deine Meinung.

3 Wie ist sie gegliedert?

4 Beurteile den Text mithilfe dieser Checkliste:
– Wird deutlich, welche Rolle die zu charakterisierende(n) Person(en) im Text hat (haben)?
– Ist die Reihenfolge der Absätze sinnvoll überlegt?
– Werden die einzelnen Charakterzüge durch Beispiele aus dem Text belegt?
– Ist der Charakter vollständig erfasst oder wurde Wichtiges vergessen?
– Werden die Charakterzüge von der Schreiberin beurteilt?
– Wird an der Darstellung der Charakterzüge deutlich, dass der Text verstanden worden ist?
– Hat die Schreiberin auf einen abwechslungsreichen Satzbau ohne Wortwiederholungen geachtet?

5 Schreibe eine Charakteristik für beide Personen der folgenden Kurzgeschichte.

Personen charakterisieren: literarische Figuren

Lächeln im Regen
Rainer Jerosch

Regen fiel, und die Luft war voll warmer Feuchtigkeit. Lächeln müsstest du, sagte er zu sich, während er die Allee entlang ging, lächeln, wie die Weisen im Orient es tun. Es ist nicht wert, dass du mehr tust als lächeln. Und er lächelte auch, ein gezwungenes Lächeln, – aber er lächelte. Vor
5 zehn Minuten hatte er sie noch gesehen. Es hatte schon zu regnen begonnen.
„Wirklich nicht?", fragte er. „Nein", sagte sie.
Ihre Augen hatten keinen Ausdruck. Es war, als sehe sie ihn am anderen Ende der Straße, und als wäre er dort und nicht neben ihr.
10 „Du bist so merkwürdig", sagte er. „Ich weiß nicht, was los ist."
„Es ist gar nichts los", entgegnete sie widerwillig.
Sie sah die Straße hinunter, und ihre Augen waren stumpf und ohne Glanz. An beiden Seiten der Straße standen Bäume, und der Regen fiel, und die Blätter glänzten.
15 „Was ist nur mit dir los?", sagte er. „Du bist schon voriges Mal so komisch gewesen." „Ich weiß gar nicht, wovon du sprichst", sagte sie.
Sie stand am Hauseingang an die Tür gelehnt. Er stand zwei Stufen tiefer auf den nassen Fliesen vor dem Haus.
„Ich möchte jetzt wissen, was dich so verändert", sagte er. „Ich möchte
20 das endlich mal rauskriegen. Willst du mir nicht sagen, was los ist?"
„Nein", sagte sie. „Ich weiß nicht, wovon du redest."
„Das weißt du sehr genau", sagte er.
Sie antwortete nicht, und es entstand eine Pause. Es regnete, und sie blickte die Straße hinunter auf die Blätter, und es war ein geheimnisvol-
25 les Rauschen in der Luft.
„Ich verstehe dich nicht", sagte er. „Bin ich dir zu langweilig geworden, oder was ist los?"
„Ich weiß nicht, was du immer hast!" Sie war sehr ungeduldig.
„Ich habe überhaupt nichts", sagte er, „aber du tust so, als wäre ich Luft
30 und als langweilte ich dich."
Sie sagte nichts und blickte an ihm vorbei. Der Asphalt auf der Straße spiegelte den Regenhimmel und die Erde zwischen Kantstein und Fußgängerweg war weich und moorig. „Und morgen?", fragte er.
„Ich sage dir doch, ich kann nicht!" Sie sah auf die Häuser, die hinter
35 den Bäumen hervorblickten und in großen grünen Gärten standen.
„Gut", sagte er und fühlte sich elend. „Gut, dann also nicht. Ich gebe die Theaterkarten zurück."
Sie rührte sich nicht, und er fühlte sich scheußlich elend. „Auf Wiedersehn!", sagte er. „Leb wohl", entgegnete sie. Dann klappte die Tür, und
40 er wusste, dass er jetzt fortgehen musste. Er drehte sich langsam um und ging die Straße hinunter.
Du solltest es nicht so ernst nehmen, sagte er sich. Es lohnt sich nicht. Es lohnt sich wirklich nicht. Man müsste darüber lächeln können, wirklich nur lächeln. Und er lächelte das gezwungene Lächeln, und es reg-
45 nete durch die Bäume vom grauen Himmel.

Personen charakterisieren: Weitere Vorschläge

Ideenbörse: Charaktere – so geht's auch

Gebt eine kurze Inhaltsangabe des Buches, das ihr als Letztes gern gelesen habt und charakterisiert eine oder mehrere Personen.
Stellt aus diesen Texten einen Reader zusammen mit dem Titel: Buchempfehlungen der Klasse ...

Veranstaltet eine Vorlesestunde: Lest euch gegenseitig gelungene Charakterisierungen aus Büchern und Klassenlektüren vor.

Sucht aus der Zeitung interessante Artikel über Menschen heraus. Versucht, die Handlungen dieser Menschen zu erklären, indem ihr sie aufgrund der Fakten, die ihr über sie erfahren habt, charakterisiert.

Stellt Charakterzüge pantomimisch dar und lasst sie von den anderen Klassenmitgliedern erraten.

Legt gruppenweise eine Sammlung mit Charakterzügen an (pro Charakterzug einen Zettel).
Mischt die Zettel und breitet sie verdeckt auf dem Tisch aus.
Jeder von euch zieht eine Karte.
Lest euch die gewählten Charakterzüge eurer Gruppe vor.
Jeder von euch denkt sich eine oder mehrere Personen aus.
Erfindet nun eine Handlung (jeder in eurer Gruppe), aus der sich diese Charaktereigenschaften ableiten lassen.

Überlegt euch, welche Eigenschaften jemand besitzen muss, damit er ein richtig guter Freund / eine richtig gute Freundin sein kann, dem / der man sich bedingungslos anvertrauen kann.
Charakterisiert diese Person, indem ihr ihre Charakterzüge durch Handlungen belegt.

Aussehen
Handlungen
Kleidung
Bewegungen
Sprache
Verhaltensweisen

Texte analysieren und interpretieren

Fremd sein

Dorf in der Türkei

Die Autorin: Yesmin Cin, 14 Jahre alt, geb. in Deutschland, eine jüngere Schwester, die Eltern sind ebenfalls in Deutschland aufgewachsen, die Großeltern wohnen und leben in der Türkei

Ich fühl mich fremd in meinem eigenen Land *Yesmin Cin*

Im Sommer flog ich mit meinen Eltern in die Türkei. Als wir am Morgen in Istanbul ankamen, schauten mich alle Leute so blöd an. Ich fragte meine Schwester und sie sagte: „Sie gucken so, weil du einen Minirock trägst und kein Kopftuch." Das stimmte. Sogar die älteren Männer guck-
5 ten mich an, ich schämte mich, weil sie so guckten. Gegen Mittag fuhren wir mit dem Bus nach Alanya ins Hotel ‚Oasis Beach'. Dort war es besser, da waren viele Touristen, die so waren wie wir. Zwei Wochen blieben wir in Alanya, dann fuhren wir in die Stadt, in der meine Großeltern und Verwandten wohnten, nach Samsun/Bafra. Da war es wieder, die-
10 ses Gucken. Das nervte mich langsam. Egal, ob ich kurz oder lang angezogen war, alle Leute starrten mich an. Wenn ich in Läden und Geschäfte kam, fragten sie mich: „Kommen Sie aus Deutschland?" Ich antwortete: „Nein! Wieso?" „Man merkt, dass Sie aus Deutschland kommen", wurde dann gesagt. Ich ging weiter, ohne ein Wort zu sagen.
15 Ich wusste nicht, woran und wieso sie es merkten. In Niksar, wo mein Opa wohnte, war es noch schlimmer. Da konnte ich noch nicht einmal allein auf die Straße gehen, weil mich alle anguckten und ansprachen. Das war ärgerlich. Gut, dass wir nur drei Tage dort blieben.
Ich freute mich, als wir wieder in Deutschland waren.

Texte analysieren und interpretieren: Einen Text genau lesen

Beobachtungen zum Text

❶ Welchen Eindruck hat der Text beim Lesen auf dich gemacht? Notiere ihn.

❷ Erarbeite dir den Text:

1. Schritt: den Text aufbereiten
    - Personen und Orte unterstreichen
    - wichtige Textstellen herausfiltern (Schlüsselwörter / auffällige Sätze)

2. Schritt: den Text strukturieren
    - Abschnitte erkennen
    - zu den Abschnitten Überschriften formulieren

3. Schritt: Fragen stellen – Antworten finden

4. Schritt: den Text kurz zusammenfassen

Die Schritte 1, 2 und 4 sind in den Klassen 7 und 8 ausführlich geübt worden. Hier folgen jetzt mögliche Leitfragen, die von dir (aber auch vom Lehrer / von der Lehrerin) gestellt werden können:

* Wie fühlt sich die Ich-Erzählerin?

* Woran liegt es, dass die Leute sofort merken, dass sie aus Deutschland kommt?

* Was verrät der Satz (Relativsatz) in Zeile 7?

❸ Beantworte diese Fragen schriftlich.

An manchen Stellen des Textes lässt die Autorin bewusst etwas aus. Diese Leerstellen kannst du füllen.
So könnten zum Beispiel ihre Gedanken zu Zeile 2 lauten.

„Warum schauen mich alle so an? Ist etwas mit meiner Kleidung? Ich mag nicht, dass mich alle so anstarren."

❹ Suche weitere Stellen im Text heraus, an denen die Autorin ihre Gedanken den Lesern nicht mitteilt.

❺ Schreibe diese möglichen Gedanken zu einer weiteren Textstelle auf.

Ein Winter in Hakkari

Ferit Edgü

In den äußersten Osten der Türkei wird er als Lehrer geschickt, ins Hochgebirge zwischen Felsen und Schluchten, ohne Straße und Strom. Die Menschen sprechen eine fremde Sprache, gehen barfuß im Schnee, und noch kein Städter hat es bisher geschafft, einen Winter lang ihr Leben zu teilen. Er steht vor einer Welt voller Rätsel und Schweigen. Sein Wissen, seine Erinnerungen, all das, was er mitgebracht hat, macht ihn nur einsam und verloren. Doch allmählich taucht er ein in diese Realität jenseits all dessen, was er Zivilisation nannte. Als der Winterschnee schmilzt und man ihm mitteilt, er könne wieder gehen, wohin er wolle, hat er vergessen, dass dieser Ort sein Gefängnis war.
Der Lehrer hat manches gelehrt. Aber vor allem hat er gelernt: Wie die Wölfe in die Dörfer kommen und man sich bei minus 25 Grad mit dem eigenen Atem am Leben erhält. Wie man alle Säuglinge sterben sieht, ohne den Verstand zu verlieren, wie man Leid klagt und Geschichten erzählt. Er hat gelernt, die Stimmen der Stille und der Hilflosigkeit zu hören.

Texte analysieren und interpretieren: Einen Text genau lesen

Zisch! Zisch! Zisch!
Wo kann ich hingehen?
Zisch! Zisch! Zisch!
Wo kann ich hingehen?
5 Zisch! Zisch! Zisch!
Gibt es einen Zufluchtsort für mich in dieser Stadt?
Während ich mir all diese Fragen stellte, fand ich mich vor einer sehr engen Tür.
Die Tür war offen. Zisch! (Regne, Regen, regne!)
10 Zisch!!!
Ich beugte mich und schaute hinein. [...] Ein [...] Buchladen!
Der Laden hatte keine Fenster, nur diese enge Tür. Im Halbdunkel sah ich einen alten Mann, der auf einem Sessel saß und das Buch in seiner Hand leicht zur Tür (zum Licht also) neigte. Ein alter Mann. Einer mit
15 weißem Bart und Brille, ein echter Buchhändler. [...]
Da ich unter der Tür in seinem Licht stand, hob er seinen Kopf und schaute mich an. Er lächelte.
Bitte schön, sagte er, bitte kommen Sie rein. Dort werden Sie nass.
Ich trat ein.
20 Wollen Sie die Bücher anschauen? sagte er.
Ich weiß nicht, sagte ich. Ich schämte mich dieser Aussage, die unwillkürlich aus meinem Mund rutschte.
Nun lächelte sein ganzes Gesicht: Ach, ja, man weiß es nie, richtig, Sie haben Recht, man weiß nie, was man anschaut, sagte er.
25 Als er so sprach, schaute ich (wieder unwillkürlich, glaube ich) um mich: ein paar Stühle und auf einem Tisch irgendwelche alten Bücher. [...]
Ich bin der einzige Buchhändler in dieser Stadt. Natürlich ist alles, was ich sage, für Leute, die lesen können. Er lachte wieder.
Meine Augen hatten sich jetzt an das Halbdunkel des Ladens gewöhnt.
30 Ich schaute mit mehr Aufmerksamkeit herum. Hier gab es höchstens hundert Bücher. Ungefähr hundert alte, verstaubte, mit Spinnennetzen überdeckte Bücher.
Als ob ich alle gezählt oder er meine Gedanken gelesen hätte, sagte er: Früher gab es mehr Bücher, jetzt gibt es nur noch hundertundeins.
35 Hundertundeins?
Ja, mit dem, das ich gerade lese, genau hundertundeins. Die reichste Bibliothek des Gebietes.
Gibt es hier Leute, die lesen? fragte ich.
Früher gab es das, erwiderte er. Jetzt kaum. Sogar wenn ich sie gratis
40 gebe, liest niemand.
Warum?
Wer lesen konnte, ist weggegangen, sagte der Alte. Die Restlichen lesen anderes als Bücher.
Nach diesem Gespräch sollte ich mich nun vorstellen.
45 Ich, der sich nicht gut kannte, stellte mich diesem alten Buchhändler vor.
Er aber kannte mich schon, wie alle anderen in dieser Stadt.

Texte analysieren und interpretieren: Einen Text genau lesen

Ich wusste, dass Sie der neue Lehrer sind, sagte er. Schon als Sie vor der Tür standen. Sagen Sie mir jetzt, was für Bücher Sie von mir wünschen.
50 Ich weiß nicht, sagte ich.
Ach! Das gefällt mir. Die Antwort eines echten Lesers. Sehr schön, sehr schön [...] sagte er. Dann: Erlauben Sie, dass ich für Sie aussuche.
Ich konnte nichts sagen.
Was hätte ich sagen können? Nein, das geht nicht / ich bitte Sie / Ich
55 kann meine Bücher selbst aussuchen / Ich glaube nicht, dass es hier Bücher gibt, die mir nutzen / Woher kennen Sie die Bücher, die nützlich für mich sind? / usw. Nein, ich sagte nichts: Ich ließ ihn aussuchen, zum ersten Mal suchte jemand für mich etwas aus. Mein Gott, wie angenehm! Auch wenn es nur um Bücher geht.
60 Die Bücher, die er ausgesucht hatte, legte er vor mich hin. Lauter alte Bücher, jedes in Leder gebunden, wie man sie heutzutage selten sieht; auf den Umschlägen standen weder Titel noch der Name des Verfassers. [...]
Der alte Buchhändler sagte: Ich habe noch ein paar Bücher, die Sie in-
65 teressieren würden, leider sind sie in unserer Sprache verfasst.
Er sprach mit mir in meiner Sprache. Er hatte also eine andere Sprache. Eine eigene Sprache. Eine Muttersprache.
Welches ist Ihre Sprache? fragte ich
Er lachte: Die, die Sie nicht können.
70 Es gibt aber viele Sprachen, die ich nicht kann, sagte ich.
Eine von diesen, sagte er.
Offensichtlich hatte er seinen Spaß an mir, der Alte.
Trotzdem, bitte sagen Sie: Welche ist es? beharrte ich.
Assyrisch.
75 Als er das sagte, wusste ich nicht, ob er weinte oder lachte, ich konnte es im Halbdunkel des Ladens nicht richtig feststellen.
Assyrisch? Dieses Wörtchen hörte ich das erste Mal.
Ja, Assyrisch, sagte er: Die kannst du nicht, nicht wahr?
Nein, sagte ich. (Ich schämte mich, zu sagen, dass ich dieses Wort das
80 erste Mal hörte.)
Das ist verständlich, sagte er. Sogar wir selbst haben sie fast vergessen. Ich meine unsere Kinder.
Die Bücher, die Sie für mich ausgesucht haben, hoffe ich, sind in den Sprachen, die ich kann.
85 Hoffen wir es, lächelte er.
Denn sonst hat es keinen Sinn, nicht wahr, ein Buch in einer fremden Sprache zu lesen?
Das Lächeln auf seinem Mund war verschwunden. Seine Augen lachten weiter. So ist es, sagte er.

Texte analysieren und interpretieren: Einen Text genau lesen

1. Kläre den Inhalt dieses Textabschnittes.

2. Fasse ihn zusammen (s. Kapitel „Texte zusammenfassen – Inhaltsangabe", S. 60 ff.).

3. Welcher Eindruck entsteht beim Lesen der Zeilen 1 – 10?
   Lies den Anfang des Textes laut vor. Kannst du dir nun Zeile 6 erklären?

4. Charakterisiere den Buchhändler (s. Kapitel „Personen charakterisieren", S. 74 ff.). Wie ist seine Einstellung zu seinem Laden, zu der Stadt? Wie geht er auf den Besucher ein?

5. Sieh dir den Satz in Zeile 45 genau an. Was ist das Merkwürdige an ihm?

6. Könntest du dir eine Situation vorstellen, in der du diesen Satz von dir selbst sagen würdest? Wenn ja, beschreibe sie.

7. Was fällt dir an der Art der Darstellung in den Zeilen 54 – 57 auf?
   Überlege, warum der Autor diese Form gewählt hat.

8. Hast du schon einmal eine Situation erlebt, in der du es als angenehm / bequem empfunden hast, dass jemand anderes etwas für dich ausgesucht hat? Schreibe sie auf. Du kannst eine solche Situation auch erfinden und aufschreiben.

9. Vergleiche deine Situation mit der des Lehrers (Zeile 57 – 59).

10. Trage zusammen, wie über die Sprache des Buchhändlers gesprochen wird (Zeilen 64 – 74).

11. Welchen Eindruck erhält dadurch der Leser von dieser Sprache?
    Was bedeutet sie für den Buchhändler, was für den Lehrer?

12. In Zeile 78 ändert sich etwas im Gespräch der beiden Männer (s. Kapitel „Ritualisiertes Sprechen", S. 6 ff.).
    Schreibe die Gedanken des Lehrers in diesem Augenblick auf.

13. Beschreibe, wie sich das Verhältnis zwischen dem Buchhändler und dem Lehrer im Laufe des Gesprächs entwickelt.

14. Spielt Ausschnitte aus dem Gespräch oder die ganze Szene.

Schriftliches Interpretieren

Richtig fragen hilft, einen Text zu verstehen

Aus den ersten Aufgaben dieser Einheit ist dir deutlich geworden, dass es beim Interpretieren hilft, die richtigen Fragen zu stellen.
Bis jetzt wurden dir gezielte Fragen gestellt, die du beantworten solltest, um etwas über die Absichten des Autors eines Textes herauszubekommen. Im nächsten Abschnitt lernst du Fragen kennen, die du immer an einen Text stellen solltest. Nicht immer sind alle Fragen gleich wichtig und aufschlussreich, aber es ist trotzdem sinnvoll, möglichst viele von ihnen zunächst zu beantworten und dann erst zu entscheiden, welche wirklich bei der Interpretation weiterhelfen.

Folgende Fragen kann man an einen Text stellen:

Zum Inhalt
1. Welche Personen kommen im Text vor und welche ist die Hauptfigur?
2. Was haben sie miteinander zu tun und wie gehen sie miteinander um?
3. Wie werden die Personen beschrieben und/oder charakterisiert?
4. Wie vermittelt uns der Autor etwas über die Gedanken oder Gefühle der Hauptfiguren?
5. Was geschieht überhaupt?
6. Welche Gründe und Folgen des Geschehens stellt der Autor dar?
7. An welchen Orten spielt die Geschichte und wie werden sie beschrieben?
8. Zu welcher Zeit spielt die Geschichte?
9. Welcher Zusammenhang besteht zwischen dem Titel und der Geschichte?

Zur Form:
1. Wie ist der Text aufgebaut? Wie viele Abschnitte gibt es?
2. Wie hat der Autor den Anfang und den Schluss gestaltet?
3. Wie geht der Autor mit der wörtlichen Rede um?
4. Benutzt der Autor besondere Mittel der sprachlichen Gestaltung, wie z. B. Wiederholungen, einen besonderen Satzbau, ungewöhnliche Wörter, die Sprechweise einer besonderen Gruppe?
5. Wodurch gelingt es dem Autor, Interesse oder Spannung zu erwecken?
6. Aus welcher oder wessen Sicht ist die Geschichte erzählt worden?
7. Gibt es Teile der Geschichte, die der Autor besonders ausführlich erzählt?
8. Wo lässt der Autor etwas weg?

Bevor du nun eine schriftliche Interpretation verfassen kannst, musst du noch entscheiden, wie viel das, was du über die besondere Form des Textes herausgefunden hast, mit dem Inhalt der Geschichte zu tun hat und was es über die Absichten des Autors aussagt. Dabei kann dir folgende Überlegung helfen:

> **TIPP**
>
> Wo gibt es Textstellen, die durch ihre Form auffallen und gleichzeitig für den Inhalt wichtig sind?
> Von solchen **Schlüsselstellen** kannst du dann bei der Interpretation ausgehen.

Einen Text analysieren und interpretieren: Schriftliches Interpretieren

1. Versuche für den nachfolgenden Text möglichst viele der Fragen zu beantworten. Halte deine Ergebnisse stichwortartig fest.

2. Suche die Schlüsselstellen heraus.

Rein äußerlich
Detlev Marwig

Sie wäre nicht tragisch, die Geschichte, meinte Irene, da sie ja nur mit ihrem Äußeren zu tun habe, meint sie.
Sie ist 1,52 klein, schwarzäugig und -haarig und würde auf dem Balkan und im Vorderen Orient vermutlich kaum auffallen. Dennoch ist sie
5 Deutsche und, wie ihre Eltern einst nachweisen mussten, arisch.
„Aber das ist mir egal", sagt sie.
Im Supermarkt packt und zeichnet sie Fisch- und andere Konserven, Teigwaren und Feinkost aus, ordnet sie in Regale ein und hilft gelegentlich supermarktfremden Kunden bei der Suche. Sie ist eine Halbtags-
10 kraft. Die zweite Hälfte des Tages schaltet sie um auf Hausfrau.
„Einer muss es ja machen", sagt sie.
Mit Putzeimern, Aufnehmern und dergleichen geht sie nicht um.
„Dafür werde ich zu schlecht bezahlt", sagt sie.
Auch mit den Kassiererinnen hat sie nichts zu tun.
15 „Wir bleiben unter uns, wir Halbtagskräfte", sagt sie.
Es begann damit, dass Irene so schön vor sich hin döste, denn der Laden war leer, und gepackt hatte sie.
Da rief eine der Kassiererinnen, blond und blauäugig: „He, Sie!"
„He, Sie! Bin ich nicht", sagt Irene, und sie blieb deshalb sitzen.
20 Das brachte die Kassiererin auf, und Empörung klang in ihrer Stimme mit, als sie einige Phon lauter quer durch den Laden brüllte: „He, Sie!!"
„Ich dachte, die hat durchgedreht, das kann man nämlich schnell an der Kasse", sagt Irene. Aber sie blieb sitzen, denn wer sich aufregt, regt sich auch wieder ab, meint sie.
25 Die Kassiererin packte wilde Empörung, die ihrer Stimme ungeahnte Durchschlagskraft verlieh.
„He, Sie, holen Sie sofort Wasser und machen Sie Lauge. Ich will hier putzen", rief sie, und dann schrie sie einige böse Worte über die, die „ausse Karpaten kommen und sich hier mausig machen."
30 „Jetzt ist ihr nicht mehr zu helfen, hab' ich gedacht", sagt Irene.
Sie ging ins Lager. „Da hört man das Geschrei nicht so laut", sagt sie.
Da kam die Filialleiterin zu ihr und bat um Aufklärung. Die verweigerte Irene ihr nicht. Woraufhin die Filialleiterin zur Kassiererin ging und die aufklärte. „Da war die dann ruhig", sagte Irene.
35 Kurz vor Feierabend kam die Kassiererin dann zu Irene und war ein wenig verlegen. „Entschuldigen Sie, bitte entschuldigen Sie vielmals", sagte sie, „ich habe geglaubt, Sie wären die kleine Türkin."
„Ich habe entschuldigt", sagt Irene, „was kann sie schließlich dafür, dass ich so aussehe."

Beispiel einer schriftlichen Interpretation

Nachfolgend findest du ein Beispiel für **eine** mögliche Interpretation.

Text	Gliederung/Inhalt
Die Kurzgeschichte „Rein äußerlich" von Detlev Marwig, die in unserer Zeit in einem Supermarkt spielt, handelt von Vorurteilen.	Einleitungssatz: Textsorte, Titel, Autor, Ort und Zeit der Handlung, Thema
Die Packerin Irene, die von ihrem Aussehen her für eine Ausländerin gehalten werden könnte, erzählt jemandem von einem Vorfall an ihrer Arbeitsstelle, einem Supermarkt. Eine Kassiererin hat sie für eine Türkin gehalten und versucht, ihr Befehle zu erteilen, aber Irene hat diesen Befehlen nicht gehorcht. (Z. 5–10)	Kurze Zusammenfassung des Inhalts
Irene, die als „schwarzäugig und -haarig", „auf dem Balkan [...] kaum auffallen(d)" (Z. 3/4) beschrieben wird, arbeitet als „Halbtagskraft", worauf mehrfach im Text hingewiesen wird (Z. 9, Z. 15). „Mit Putzeimern, Aufnehmern" (Z. 12) befasst sie sich nicht, weil sie dafür „zu schlecht bezahlt" (Z. 13) wird, sie arbeitet als Hilfskraft fürs Packen und Auszeichnen der Waren.	Die Person Irene
Ihre Gegenspielerin ist die „blond und blauäugige" (Z. 18) Kassiererin. Die beiden Begriffe „blond und blauäugig" sind eine feststehende Formulierung aus der Zeit des Nationalsozialismus als Bezeichnung für den arischen Menschen. Sicher nicht zufällig verwendet Marwig diese Formulierung und auch den Begriff „arisch" in Z. 5. Vermutlich will er damit darauf hinweisen, dass entsprechendes Gedankengut auch heute noch nicht aus den Köpfen der Menschen in Deutschland verschwunden ist.	Verwendung von Begriffen aus der Zeit des Nationalsozialismus
Dazu passt auch das Verhalten der Kassiererin, die bei Irenes Ungehorsam von „wilder Empörung" (Z. 25) gepackt wird, wodurch ihre Stimme eine „ungeahnte Durchschlagskraft" (Z. 25/26) gewinnt. Der Begriff „Durchschlagskraft" ist eigentlich als Bezeichnung für eine Stimme nicht angemessen, sondern gehört dem	Verhalten der Kassiererin

militärischen Sprachbereich an. Ein Verweis darauf, dass wir es hier gleichsam mit einem Kriegsschauplatz zu tun haben.
Dies wird auch deutlich aus dem Befehl der Kassiererin „He Sie, holen Sie sofort Wasser [...] ich will hier putzen." (Z. 27) Danach äußert die Kassiererin dann auch noch ihre Ansichten über das Verhalten dieser Menschen vom Balkan, „,ausse Karpaten kommen und sich hier mausig machen'" (Z. 29). Diese Aussage wird vom Erzähler als „einige böse Worte" (Z. 28) bezeichnet, was eine Verharmlosung darstellt, denn eigentlich handelt es sich hierbei um eine massive Beleidigung.

Diesen Verharmlosungseffekt verstärkt der Autor durch die mehrfachen Entschuldigungen, die Irene äußert. Zu Beginn des Textes bezeichnet sie „die Geschichte" als „nicht tragisch" (Z. 1). Später entschuldigt sie das Verhalten der Kassiererin regelrecht, wenn sie sagt, „die hat durchgedreht, das kann man nämlich schnell an der Kasse" (Z. 22). Demnach wäre das Verhalten der Kassiererin nur eine Folge von Stress gewesen. Die dritte Entschuldigung findet sich dann am Schluss des Textes, also wieder an herausgehobener Stelle, wenn Irene sagt, „was kann sie schließlich dafür, dass ich so aussehe." (Z. 38 f.), was sich fast so anhört, als liege die Schuld bei Irene und nicht bei der Kassiererin.

Verharmlosungseffekt: Irenes Entschuldigungen

Durch dieses Verharmlosen gelingt es dem Autor, den Leser zunächst ebenfalls zu beruhigen. Dazu trägt weiterhin bei, dass die Reaktion aller Beteiligten auf das Verhalten der Kassiererin sehr sachlich, fast nüchtern dargestellt wird. Es wird „um Aufklärung" (Z. 32) gebeten, „Die verweigerte Irene [...] nicht" (Z. 32 f.) oder „,Ich habe entschuldigt', sagt Irene" (Z. 38).

Wirkung auf den Leser

sprachliche Besonderheiten

Aufgrund dieser Art der Darstellung entdeckt man eigentlich erst beim zweiten Lesen die Ungeheuerlichkeit des Textes, die sich hinter der Entschuldigung der Kassiererin für ihr Verhalten verbirgt. Sie sagt nämlich: „,Ich habe geglaubt, Sie wären die kleine Türkin.'" (Z 37).

eigentliche Textaussage

Texte analysieren und interpretieren: Schriftliches Interpretieren

Ihre Verlegenheit gründet sich also nur darauf, dass sie dies Verhalten gegenüber Irene, einer
85 Nichttürkin, gezeigt hat, nicht aber darauf, dass sie ein solches Verhalten einer vermuteten Ausländerin gegenüber offenbar für gerechtfertigt hält.

Der Titel „Rein äußerlich" könnte sich darauf *Bedeutung des Titels*
90 beziehen, dass wir in Deutschland es rein äußerlich gelernt haben, Ausländern gegenüber nicht rassistisch, sondern vorurteilsfrei zu reagieren. In unserem Inneren aber werden solche Gedanken und Verhaltensweisen immer
95 noch für normal gehalten, sogar von solchen Menschen, die wie Irene unberechtigterweise davon betroffen sind.

3 Vergleiche deine Notizen mit den Ergebnissen der schriftlichen Interpretation.

ZUM MERKEN

Du brauchst nicht enttäuscht zu sein, wenn nicht alle Punkte übereinstimmen, denn es gibt bei guten Texten nicht nur eine einzige richtige Interpretation. Interessante Texte lassen unterschiedliche Interpretationen zu, wobei das einzig entscheidende Kriterium ist, dass sich die eigene Meinung durch den Text belegen lässt.
Man darf also nie an einen Text mit einer vorgefassten Meinung herangehen und dem Text dann eine Interpretation überstülpen, das wäre ein Hineininterpretieren, sondern man muss immer den Text selber sprechen lassen.

Texte analysieren und interpretieren: Zitieren

Den Text sprechen lassen – richtig zitieren

In dem Interpretationsbeispiel hast du zwei verschiedene Arten, den **Text sprechen** zu **lassen**, kennen gelernt.
Bei der Methode von Absatz 3 verwendet man nur einzelne Wörter des Textes, die man in seine eigenen Sätze einarbeitet. Man nennt dies die **paraphrasierende Methode**. Auch dabei gibt man aber für jedes Wort an, wo es im Text zu finden ist.
Das sieht dann so aus:

Irene, die als „schwarzäugig und -haarig", „auf dem Balkan [...] kaum auffallen[d]" **(Zeile 3)** beschrieben wird.

Bei der Methode des **direkten Zitierens** verwendet man längere Auszüge aus dem Text. Du findest sie vorwiegend in den Absätzen 5 und 7.
Das sieht dann so aus:

Dies wird auch deutlich aus dem Befehl der Kassiererin „He Sie, holen Sie sofort Wasser [...] Ich will hier putzen." (Z. 27/28).

Manchmal möchte man nicht einen ganzen Satz aus dem Text übernehmen, sondern nur das, was für die Interpretation an dieser Stelle notwendig ist, dann kann man das Zitat auch **kürzen**. Dabei ist es wichtig, nicht einfach das Ende des Satzes, um den es geht, wegzulassen, sondern so zu kürzen, dass das Wesentliche erhalten bleibt:
Also nicht so:

„Die verweigerte [...]" (Z. 32)

Sondern so:

„Die verweigerte Irene [...] nicht." (Z. 32/33).

Und schließlich ist es manchmal notwendig, ein Zitat dem eigenen Satz grammatisch anzupassen. Dieses muss gekennzeichnet werden.

„auf dem Balkan [...]
kaum auffallen**[d]**" (Z. 3/4).

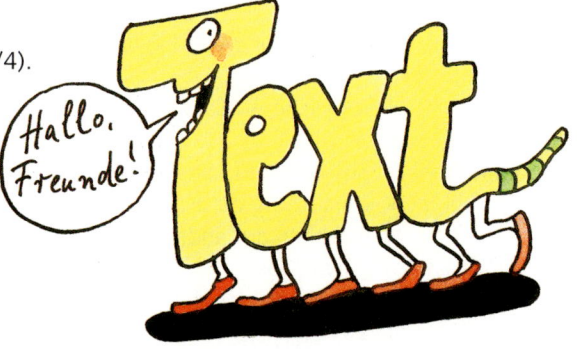

Texte analysieren und interpretieren: Schriftliches interpretieren

> **ZUM MERKEN**
> 1. Wörtlich zitierte Sätze, Teile von Sätzen oder Einzelwörter stehen in doppelten Anführungszeichen (Zitatzeichen): „..."
> 2. Häufig möchte man eine Textpassage nicht vollständig zitieren. In diesem Fall setzt man anstelle der ausgelassenen Wörter drei Punkte in eckige Klammern, um die Auslassung zu verdeutlichen: [...]
> 3. Gelegentlich kann es notwendig sein, ein Wort oder eine Endung einzufügen, um das Zitat in den eigenen Satz einzupassen. Dieser Zusatz wird auch in eckige Klammern gesetzt.
> Veränderungen gegenüber dem Originaltext werden also immer durch eckige Klammern [ ] gekennzeichnet.
> 4. Die Zeilenangaben erfolgen in runden Klammern, in der Regel direkt hinter dem Zitat. Der Punkt folgt nach der Klammer.

Tipps für das Erarbeiten und den Aufbau einer schriftlichen Interpretation

Vorgehensweise

1. Klären des Textinhaltes
2. Untersuchung auf Form und Gestaltung
3. Feststellen der Schlüsselstellen
4. Darlegung der möglichen Aussageabsichten des Autors

Aufbau einer schriftlichen Interpretation

Einleitung: Nennung von Autor, Titel, Textsorte, Entstehungszeit, Hauptpersonen und Thema des Textes.

Hauptteil: 1. Angabe des Inhalts

2. Beschreibung formaler und gestalterischer Merkmale:
Aufbau (vgl. S. 92, Frage 1)
Sprache, Satzbau, Wortwahl (vgl. ebd., Frage 4)
Erzählhaltung und Erzählperspektive (vgl. ebd., Frage 6)
Umgang mit der Zeit (vgl. ebd., Frage 7 und 8)

3. Verknüpfung von Inhalt und Gestaltung: Die Schlüsselstellen

4. Mögliche Aussageabsichten des Autors

Schlussteil: Zusammenfassung des Erarbeiteten *oder*
- Darstellung der eigenen Meinung zu dem Text *oder*
- Eingehen auf andere Texte desselben Autors oder zum selben Thema *oder*
- Beziehung zwischen Titel und Text

Hautfarbe Nebensache

Hans-Georg Noack

Jonny wohnt in einem Lehrlingsheim. Dass er farbig ist, scheint unwichtig. Doch plötzlich wird die Hautfarbe zur Hauptsache ...

Als Brigitte und er in das Marktcafé kamen, war der Raum schon fast gefüllt. Sie fanden einen Platz am Tisch eines älteren Ehepaares. Schräg gegenüber saßen an vier Tischen Lehrlinge des Heimes mit Freundinnen und Kameraden aus der Stadt.

5 Jonny bestellte zwei Eisbecher und beobachtete, dass drüben die Köpfe zusammengesteckt wurden.

„Du verwirrst Erhard und seine Gesellschaft", sagte er und lächelte stolz Brigitte zu.

Das Mädchen war unruhig. „Sie haben irgendetwas vor."

10 Und in diesem Augenblick rief Erhard auch schon: „Frau Wirtin!"

Die Frau mit der weißen Schürze ging lustlos an den Tisch Erhards. Sie schätzte es nicht, von so jungen Burschen herbeigerufen zu werden.

„Ja, was ist denn?"

„Schicken Sie doch bitte den Schwarzen hinaus." Die Worte waren
15 überall deutlich zu verstehen, und die meisten Gäste horchten erstaunt und interessiert, was sich da entwickeln mochte.

Die Wirtin verschränkte die Hände unter der Schürze und schüttelte den Kopf wie über einen dummen Scherz. „Wie stellen Sie sich das vor, junger Mann? Ich kann keinen Gast hinausschicken, solange er sich an-
20 ständig benimmt."

„Wir verkehren aber nicht in Lokalen, in denen Farbige geduldet werden."

„Ich kann es nicht ändern."

„Na schön, wie Sie wollen." Erhard zuckte die Schultern und stand auf.
25 Zugleich erhoben sich seine Freunde an den Nachbartischen, und wer nicht sofort begriff, dem gaben die anderen zu verstehen, wie er sich verhalten sollte. Mehr als zwanzig junge Leute verließen das Café.

Jonny beugte sich über seinen Eisbecher. „Wollen wir lieber gehen?", fragte er leise, aber Brigitte schüttelte den Kopf: „Nein, wir haben doch
30 gar keinen Grund dazu."

„Aber jetzt starren uns alle an, als seien wir Wundertiere."

„Ich lasse mich leidenschaftlich gern anstarren."

„Na schön, ich mich auch", sagte Jonny lachend und löffelte die Sahne vom Eis.

❶ Beantworte für den Textausschnitt die Fragen von S. 92.

❷ Fertige eine schriftliche Interpretation an.
Hinweis: Weitere Texte zum Interpretieren findest du in den Kapiteln „Texte zusammenfassen – Inhaltsangabe" (S. 60 ff.) und „Am Anfang ist der Text" (S. 40 ff.).

Mädchen, Jungen – Männer, Frauen

„Obwohl wir dieselbe Welt erblicken wie ihr, sehen wir sie mit anderen Augen."
Virginia Woolf

Der Mann muss hinaus
ins feindliche Leben,
Muss wirken und streben
Und pflanzen und schaffen,
Erlisten, erraffen,
Muss wetten und wagen
Das Glück zu erjagen …

Und drinnen waltet
Die züchtige Hausfrau,
Die Mutter der Kinder,
Und herrschet weise
Im häuslichen Kreise
Und lehret die Mädchen
Und wehret den Knaben
Und reget ohn' Ende
Die fleißigen Hände...
Friedrich Schiller

Artikel 3 Grundgesetz

1 Alle Menschen sind vor dem Gesetz gleich.
2 Männer und Frauen sind gleichberechtigt.

Informationen sammeln und darstellen: Sich einem Thema nähern

1 Ein Thema, worüber die Medien häufig berichten.
Welche Gedanken/Ideen hast du zu diesem Thema?

2 Formuliere Fragen, die du zu dem Thema hast.

3 Tausche deine Ideen, Fragen, Einfälle mit denen deiner Mitschülerinnen und Mitschüler aus.

4 Auf welche Probleme weisen die Texte und Bilder hin?

5 Benenne sie in Form von Überschriften, Stichworten, Schlagzeilen oder kurzen Sätzen.

Material 1: Gleiche Chancen?

… Auf den ersten Blick scheint der jahrelange Kampf um die weibliche Bildung und damit um die Gleichberechtigung von Frau und Mann erfolgreich gewesen zu sein. Mehr Mädchen als Jungen besuchen heutzutage erfolgreich eine weiterführende Schule, schon in der Grundschule
5 sind ihre Noten weitaus besser. An den Hochschulen war der Frauenanteil noch nie so hoch wie heute. Doch kaum haben die Mädchen Schule und Hochschule verlassen, da bricht dieser Erfolg ab. Mädchen haben weniger Aussichten auf attraktive Lehrstellen oder Ausbildungsplätze, bekommen nach wie vor eher weniger gut bezahlte oder angesehene
10 Jobs, bleiben häufiger arbeitslos, werden mit Teilzeitarbeit abgefunden. Mädchen und Frauen erfahren im Privat- und im Berufsleben immer noch Benachteiligungen im Vergleich zu Jungen und Männern. Deren überwiegende Mehrheit beteiligt sich selten an Hausarbeit, Kindererziehung oder Betreuung und Pflege von Familienangehörigen. Wenn es Ziel
15 ist, Frauen und Männern die gleichen Chancen und Entfaltungsmöglichkeiten zu verschaffen, bedarf es weiterer Veränderungen in Erziehung und Ausbildung unserer Kinder, aber auch entsprechender Umgestaltung in Familie und Beruf.

6 Worüber berichtet der Text?

7 Nenne seine Hauptaussagen.

8 Was hat sich positiv verändert?

9 In welchen Bereichen besteht nach Ansicht des Verfassers Handlungsbedarf?

10 Hast du auch solche Erfahrungen gemacht?

Vorlaufphase

Dieser Text war der Ausgangspunkt für eine Projektarbeit zum Thema „Zusammenleben der Geschlechter". Bevor die Schülerinnen und Schüler der Helene-Lange-Schule konkreter an diese Aufgabe herangehen wollten und einen Arbeitsplan erstellen konnten, haben sie sich auf folgende Vorlaufphase geeinigt:
An einer Stellwand sammeln sie Texte, Meldungen, Zeichnungen und Karikaturen. So bekommen sie Anregungen und Hinweise für ihre Aufgaben. Hier sind einige Fundsachen:

Material 2: Frauentypisch

Obwohl Frauen heute theoretisch fast alle Berufe offen stehen, weist der Arbeits- und Ausbildungsmarkt immer noch überwiegend dienende, helfende, soziale und hauswirtschaftliche Berufe für Mädchen und Frauen auf. Rund 80% der Frauen werden auch heute noch in nur etwa 25 frau-
5 entypischen Berufen ausgebildet.
Mädchen haben ein geringeres Selbstwertgefühl als Jungen. Wie eine Untersuchung des Bielefelder Pädagogen Hurrelmann zeigt, sind Mädchen deutlich unzufriedener mit sich selbst. Mädchen reagieren auf Alltagsstress introvertiert, während Jungen auf Alltagsbelastungen eher
10 extrovertiert reagieren, ihre Aggressionen hinausschreien und -toben. Für Hurrelmann ist klar, dass dahinter noch immer falsche Rollenbilder stehen. Obwohl sich die Erziehung schon deutlich von alten Rollenklischees abgelöst habe, würden Mädchen noch immer so erzogen, dass sie sich eher zurückhaltend und duldend verhalten.
15 ... Jüngste Untersuchungsergebnisse der Forschungsgruppe zeigen, dass die Aufgabenverteilung im Haushalt immer noch den traditionellen Mustern vergangener Jahrzehnte entspricht. Das Putzen im Haushalt ist überwiegend Aufgabe der Frauen (73%), nur etwa ein Fünftel der befragten Männer und Frauen putzen gemeinsam. 75% der Frauen
20 übernehmen das Kochen, während nur 7% der Männer diese Aufgabe übernehmen. Selbst beim Einkauf sind 47% der Frauen ausschließlich für diese Last zuständig. [...]

Material 3: An ihrer Sprache sollt ihr sie erkennen

Ihre sprachliche Durchsetzungsfähigkeit zu verbessern, dazu waren zwanzig Frauen in der VHS zusammengekommen. Ziel dieses Kurses war es, sich mit Frauensprache und weiblichem Sprechverhalten auseinander zu setzen. Die Teilnehmerinnen erhielten einen Einblick in
5 typisch weibliche Sprachverwendungsformen, versteckte Frauendiskriminierung im aktuellen Sprachgebrauch und politisch-gesellschaftliche Zusammenhänge.
Rhetorische Übungen, Rollenspiele und Methoden, sich gegen männliche Rededominanz durchzusetzen, wurden ebenfalls angeboten. Wegen
10 des großen Erfolgs soll dieser Kurs noch einmal angeboten werden.

Informationen sammeln und darstellen: Sich einem Thema nähern

»Betrachte diesen Zaun doch als Geschenk Gottes, um dich zu schützen.«

Copyright: idea

Material 4: Singles auf dem Vormarsch
Immer mehr Menschen in Deutschland leben allein. Fast jeder vierte Bundesbürger war im vergangenen Jahr als Single einzustufen. Gut 60% der allein Lebenden sind Frauen, aber der Anteil der allein lebenden Männer steigt ständig. Der wachsende Anteil der Einpersonenhaushalte geht eindeutig auf eine Verhaltensänderung der Menschen zurück und hat nur sehr wenig mit der veränderten Altersstruktur zu tun.

Material 5: Das Ende der Koedukation – Trennung macht Schule
Die Koedukation, die gemeinsame Erziehung von Mädchen und Jungen in der Schule, wird unter dem Gesichtspunkt einer möglichen Benachteiligung der Mädchen neu diskutiert. Besonders in den naturwissenschaftlichen Fächern und in der Informatik meint man, die Chancengleichheit dadurch besser fördern zu können, dass man Jungen und Mädchen wieder getrennt unterrichtet. In fast allen Bundesländern laufen deshalb derzeit Schulexperimente, die Aufschluss über die Frage geben sollen, ob die Koedukation die Mädchen benachteiligt und ob ein begrenzter geschlechtergetrennter Unterricht zu besseren Ergebnissen führt.

1. Zu welchen Teilthemen liefert dir das Material Anregungen? Notiere sie.

2. Welcher Teilaspekt interessiert dich am meisten?
   Versuche zu begründen, warum?

Informationen sammeln und darstellen: Projektarbeit vorbereiten/Teilthemen finden

Thematische Landkarte

Alle müssen sich zunächst sachkundig machen, sich Informationsmaterialien beschaffen. Das ist angesichts eines solch weit gefassten Themas nicht einfach. Das Sammeln des Materials wird erleichtert, wenn man das Thema eingrenzt. Deshalb formuliert die Klasse Teilaspekte dieses Themas, die versprechen, interessant und ertragreich zu sein.

Auf kleinen Kärtchen sammeln die Schülerinnen und Schüler Teilaspekte und notieren hier bereits Fragen und/oder Ideen, die sie dazu haben. So ergibt sich ein Themenpuzzle zum Thema, eine thematische Landkarte.

Sprache
– Formulierungen zusammentragen und betrachten
– Stellenanzeigen sammeln und analysieren
– Heiratsanzeigen sprachlich untersuchen

Frauenbilder/Männerbilder
– heute/früher
– Veränderungen in den letzten 100 Jahren

Texte
Grundgesetz, Gesetze zum Thema
Kurztexte sammeln
(Gedichte / Witze / Kommentare …)
Textsammlung anlegen
selbst Texte schreiben
Songtexte untersuchen

Soll man Jungen/Mädchen wieder getrennt unterrichten??
• Texte sammeln
• Lehrer/Schüler/Eltern befragen
• Unterricht beobachten

Berufsausbildung
• typische Berufe
• Mädchen in Männerberufen
• Jungen in Frauenberufen
• Zukunftsaussichten
• Berufsberatung

Frauenbild/Männerbild
• bei uns in der Klasse: was ist typisch …
• in der Werbung
• in unserer Umgebung: typisch Mann / Frau
• Umfragen machen

Biologisches
– ererbt/erzogen
– Hormone
– Anlagen

Erziehung in der Schule
• Schülerinnen/Schüler
• Lehrerinnen/Lehrer
• Sport für Jungen
• Physik für Mädchen

Doppelrolle der Frauen
• Beruf/Familie
• Kindererziehung
• billige Jobs für Frauen
• Teilzeitarbeit
  Kindergärten/Hort

In einer Gesprächsrunde werden dann weitere Ideen und Fragen formuliert und hinzugefügt. Danach beginnen die Themenwahl und die Bildung von Arbeitsgruppen.

Informationen sammeln und darstellen: Arbeit planen

Arbeitsplanung

In den Gruppen wird in einem gemeinsamen Arbeitsplan festgelegt, wer welche Aufgabe übernimmt, welche Hilfsmittel und Materialien gebraucht werden und wie die Arbeitsergebnisse später präsentiert werden können.

Arbeitsplan

Aufgabe / Thema	Methoden	Termin
Getrennter Unterricht – in welchen Fächern? – für wen? – wann? wie lange? – warum?	Interviews machen Umfragen durchführen Texte bearbeiten Texte zusammenfassen Bücherei besuchen	morgen vorbereiten ab Donnerstag innerhalb der nächsten 14 Tage
Vorbereitung	**Materialien und Hilfsmittel**	**Wer ???**
Texte sammeln – Zeitschriften/Zeitungen – Internet – Bücherei besuchen Interviewpartner suchen Fragebogen erstellen Texte kopieren / ausschneiden weiter Ideen sammeln	Zeitung, Illustrierte, Schulbücher Computer – Schule? privat? Kassettenrekorder Papier/Kleber/Schreibgerät Kosten?? Stellwände / Kopierer	Sammeln – alle Interview: Marc/Maren/Sabine Fragebogen Shirin/Axel/Gennadi Texte bearbeiten: Kirsten/Marek/Kathi

❶ Worüber hat sich diese Arbeitsgruppe noch nicht verständigt?

❷ Welche Dinge würdest du noch ergänzen?

❸ Für welche Einzelaufgabe benötigt die Gruppe wahrscheinlich mehr Zeit als geplant?

❹ Welche Informationsquellen werden im Arbeitsplan genannt?

❺ Nenne weitere Möglichkeiten an Informationen zu kommen.

❻ Erstelle für das Teilthema „Frauenberufe – Männerberufe" einen ähnlichen Arbeitsplan.

Informationen sammeln und darstellen: Informationsquellen

Erfolgreich nach Informationen suchen

Kataloge nutzen
Ob bei der Vorbereitung eines Referates oder bei der Informationssuche für eine schriftliche Arbeit, immer wieder stehst du vor dem Problem, dir Informationen in Form von Büchern oder Texten aus Zeitschriften o. Ä. besorgen zu müssen. Die Suche nach geeigneten Quellen gestaltet sich dabei nicht immer einfach und ist ohne Hilfsmittel oft nicht zu leisten.

1. Sprecht über eure Erfahrungen bei der Suche nach Informationsmaterialien.

2. Wie gehst du auf die Suche? Welche Hilfen kennst du?

3. Welche Quellen werden in eurer Klasse besonders häufig genutzt?

Im Internet suchen
Das Sprichwort „Wer suchet, der findet" hat gerade im Internet seine besondere Gültigkeit, denn es bietet eine fast grenzenlose Informationsfülle (vgl. Kapitel „Erörtern – Internet – vernetzte Welt – Freiheit ohne Grenzen?", S. 126 ff.). Doch nicht selten werden neue Nutzer bereits durch die Vielzahl der Fachbegriffe abgeschreckt, von denen es nur so wimmelt.

internet e-mail surfen
chat browser ISDN
online-dienste spider
crawler www provider
mailbox http netguide
internet-explorer link
homepage

4. Von welchen Begriffen hast du schon gehört?

5. Welche Fachausdrücke kannst du erklären?

6. Kläre unbekannte Begriffe durch Befragen oder Nachschlagen.

7. Wer verfügt in eurer Klasse über einen Internet-Zugang?

Informationen sammeln und darstellen: Im Internet suchen

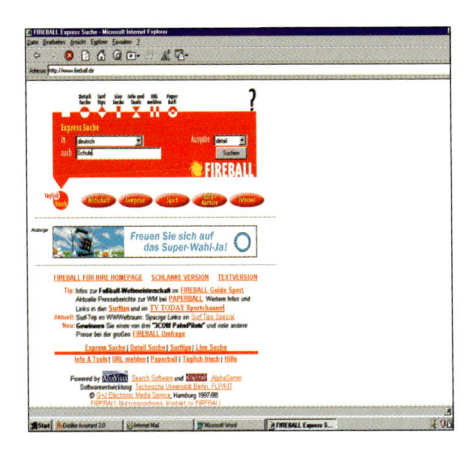

Zunächst wird mithilfe des Computers und eines Programms eine Verbindung zu einer der Suchmaschinen hergestellt, die zur Verfügung stehen. Dann wird die Startseite gezeigt. In der Eingabezeile oder einem Suchfenster wird der Suchbegriff eingegeben. Nach einigen Sekunden erscheint das Ergebnis der Suche auf dem Bildschirm.
Hier sind alle Fundstellen aufgelistet, die den Suchkriterien entsprechen.

Wenn man sich dann eine Seite näher ansehen will, kann man diese anwählen und bei Eignung auch ausdrucken lassen.

Egal, welche Suchmaschine (fireball, lycos, dino) man benutzt, wichtig ist, durch geschickte Anordnung von Suchbegriffen möglichst schnell und effektiv an Informationen zu gelangen. Nur so kann man Zeit und Geld sparen und handelt sich außerdem weniger Datenmüll ein. So nennt man nämlich unbrauchbares Material.

8 Sammle Suchbegriffe (Stichwort/Schlagwort), die zum Thema *Frauen/Männer – Jungen/Mädchen* passen.

9 Ordne diese Suchbegriffe den folgenden Bereichen zu:
Schule   Ausbildung/Lehre   Familie   Politik

Das Recherchieren im Internet mithilfe der Suchmaschinen ist manchmal recht schwierig, weil die Informationen nicht sortiert sind. Deshalb gelangt man nicht selten auch an Informationen, nach denen man gar nicht gesucht hat.

Ein Internet-Katalog (web.de, yahoo, T-online) geht anders vor als Suchmaschinen, die sich selbstständig durch das Netz arbeiten. Hier gibt es Redaktionen, die die Qualität der Seiten prüfen und in die entsprechenden Themenbereiche einordnen. Der Vorteil dieser Kataloge liegt darin, dass hier bereits Zusammenstellungen vorgenommen und geprüft wurden. Solche Themen- oder Teilbereiche könnten beispielsweise sein:

Computer	Einkaufen	Handel/Wirtschaft
Aktuelles	Sport	Freizeit
Wissenschaft	Organisationen	Nachrichten/Medien
Nachschlagewerke	Staat/Politik	Bildung/Ausbildung

10 In welchen Themenbereichen könntest du zum Thema Informationen finden?

Informationen sammeln und darstellen: Im Internet suchen

Internet-Recherche und Fragetechnik

Das A und O bei jeder Internet-Recherche ist und bleibt die Fragetechnik. Wenn man in die Suchmaschinen die richtigen Suchbegriffe eingibt, erhält man genau die Dokumente, die man tatsächlich braucht. Man muss die Abfrage so präzise wie möglich formulieren und eventuell mehrere Fragen nacheinander stellen.

Wenn es auch je nach Anbieter kleine Unterschiede gibt, so gibt es einige wichtige grundlegende Eingrenzungsmöglichkeiten.

and (oft auch +)	Wenn du "schule" and "koedukation" eingibst, müssen beide Begriffe im Dokument vorkommen. Seiten, auf denen nur *Schule* oder *Koedukation* vorkommt, werden dann nicht angezeigt.
near (nahe bei)	Bei der Eingabe *"schule" near "schülerzeitung"* vermeidet man Seiten, in denen z. B. *Schule* vorkommt, *Schülerzeitung* aber nur als Fußnote erwähnt ist.
or (oder)	Bei der Eingabe *"schule" or "realschule"* werden alle Seiten, auf denen *Schule* oder *Realschule* vorkommt, gezeigt.
not (oft auch –)	So schließt man bei der Suche Teilaspekte aus. *Bildung not Beruf* würde den Bereich der beruflichen Bildung ausschließen.
Phrasen/Sätze	*"Rollenverhalten des Mannes"*: Wenn du diese Phrase in "Anführungszeichen" eingibst, werden nur die Dokumente gezeigt, in denen die Phrase genau so enthalten ist.
Wildcards/ Platzhalter*	Wenn du den Platzhalter zum Beispiel in *"frauen*"* setzt, dann wird auch automatisch nach *frauenpolitik, frauenrolle, frauenhaus,* aber auch nach *frauenschuh* und *frauenkleidung* gesucht.

11 Welche Dokumente erhältst du bei folgenden Suchangaben?
bildung and beruf and frauen or mädchen
schulversuche and "getrennter unterricht"
schulen and internet or online

12 Und wo landet man hier?
www.focus.de/archiv/bildung/schule/koedukation
www,wdr.de/tv/recht/rechtneu

Das Internet ermöglicht den Zugriff auf aktuelle Texte vieler Tageszeitungen und Illustrierten, von denen einige auch die (oft kostenlose) Möglichkeit bieten, ihre Archive zu nutzen.

… und hier noch ein Tipp für Internet-Surfer: Probiert folgende Adressen:
www.schulweb.de oder www.referate.org oder www.schul.de

Informationen sammeln und darstellen: Erste Textorientierung – orientierendes Lesen

Lesetechnik: Orientierendes Lesen

Aus deinen Erfahrungen und der Arbeit der vergangenen Schuljahre weißt du, wie wichtig es ist, einem Text die wichtigsten Informationen zu entnehmen. Vielen von euch wird diese Aufgabe auch später im Beruf immer wieder begegnen.
Egal, für welchen Zweck du einen Text später verwenden willst, der erste Schritt besteht immer darin, von Texten einen ersten Eindruck bzw. einen groben Überblick zu bekommen.
Auf diese Weise kannst du schnell herausfinden, ob der Text
– bestimmte Suchbegriffe enthält,
– Antwort auf bestimmte Fragen gibt,
– dich interessierende Textstellen enthält,
– sich für die weitere Arbeit eignet.

Wichtig beim orientierenden Lesen ist, sich nicht bei Einzelheiten (Details) aufzuhalten oder bei schwierigen Textstellen (Wörtern) zu stoppen, um nach Lösungen zu suchen, sondern die wesentlichen Aussagen des Textes aufzunehmen.

1 Überfliege den folgenden Text und prüfe dabei, ob er für das Thema: „Soll man Mädchen und Jungen wieder getrennt unterrichten?" geeignet ist und welche Stelle Informationen zum Stichwort „koedukativer Unterricht" liefert.

Material 6: Unterricht: gemeinsam – getrennt?

Geht es um das Verhältnis der Geschlechter, dann sind die Schulen offenbar ein ziemlich genaues Spiegelbild der Gesellschaft, in der die Geschlechterverhältnisse bekanntermaßen schlechte Verhältnisse sind. Analysen von Unterrichtsstunden, in denen Jungen und Mädchen ge-
5 meinsam – also koedukativ – unterrichtet werden, zeigen:
Die Jungen geben den Ton an, beherrschen die Szene, nach ihnen richtet sich die Art der didaktischen Vermittlung von Inhalten, oft auch die Inhalte selbst, sie ziehen die Aufmerksamkeit von Lehrerinnen und Lehrern auf sich, sie drängen Mädchen zurück und dominieren das Feld.
10 Sie verhalten sich, als gehöre die Schule ihnen und als seien Mädchen Geduldete mit Aufenthaltsrecht.
Koedukative Schulen sind, so scheint es jedenfalls, Jungenschulen, die auch Mädchen offen stehen.
Die Beteiligten – Lehrerinnen, Lehrer, Mädchen, Jungen und ihre El-
15 tern – nehmen Diskriminierungen der Mädchen und Bevorzugung von Jungen als generelles Problem schulischer Sozialisation aber zunächst überhaupt nicht wahr. Zu versteckt sind die Mechanismen. Erst eine genauere Analyse deckt auf, was im normalen Schulalltag unsichtbar bleibt.

Lesetechnik: Detail-Lesen

Beim zweiten Durchgang wird der Text genauer gelesen. Dabei sollst du unbekannte Fremdwörter oder Fachbegriffe erkennen, sie entweder mithilfe des Textzusammenhangs (auch **Kontext** genannt) oder mithilfe von Wörterbüchern klären.
Im Einzelnen gehört dazu
– Fachwörter erkennen, markieren, klären;
– Fremdwörter erkennen, markieren, klären;
– wichtige Textstellen erkennen und wenn möglich farbig markieren;
– schwierige Textstellen/Sachverhalte verstehen.

Am einfachsten ist es, wenn man direkt in einem Text arbeiten kann. Ist dies nicht möglich, kann man eine Folie auflegen oder eine Kopie anfertigen.

TIPP

Am besten versiehst du immer alle kopierten Texte mit den Quellenangaben, damit du auch später noch weißt, woher die Texte stammen und sie dann gegebenenfalls ohne Probleme ins Quellenverzeichnis aufnehmen kannst.

Material 7: Unterschiedliche Wahrnehmung

Text	Notizen
Die Wissenschaftlerinnen haben „mithilfe von Videoaufzeichnungen und Tonbandprotokollen analysiert, wie unterschiedlich sich Lehrende gegenüber Jungen und 5 Mädchen verhalten und wie sehr sich im Unterrichtsgeschehen Mädchen von Jungen unterscheiden. In den gemischten Klassen erhielten die Jungen durchweg signifikant mehr Aufmerksamkeit, mehr Lob, mehr 10 Tadel, mehr Blickkontakt. Die Jungen redeten im Durchschnitt öfter, lauter und unterbrachen die Lehrerin häufiger.	Wissenschaftlerinnen untersuchen Verhalten von Schülern Unterschiede Jungen / Mädchen Jungen mehr Aufmerksamkeit Lob Tadel Störungen Hilfe
Die Auswertung der Videoaufzeichnungen einer Physikstunde in der 8. Realschulklas- 15 se zeigte, dass die Lehrerin deutlich mehr Hilfestellung gab, sie durch vermehrtes und gezieltes Nachfragen mehr anleitete und Jungen auch eher vor Gesichtsverlust bewahrte mit Äußerungen wie: „War ja gar 20 nicht so schlecht". Bewertende Äußerungen gegenüber Mädchen fielen dagegen eher entmutigend aus: „Ganz berühmt war das ja nicht…"	Mädchen eher entmutigt

Informationen sammeln und darstellen: Einen Text erarbeiten: Detail-Lesen

① Stelle fest, wie dieser Text (Material 7) bearbeitet worden ist.
– Was bedeuten die Zeichen am Rand?
– Welche Aufgaben haben die verschiedenen Farben?

② Welche Begriffe müsstest du in einem Wörterbuch nachschlagen?

Material 8: Sein oder Schein?

Jungen erhielten zwei Drittel der Aufmerksamkeit von Lehrpersonen. Heftiger Protest erfolgte, wenn dieser Anteil sank. Die Jungen beschwerten sich dann wegen der „Bevorzugung" der Mädchen. Alle Beteiligten hatten offenbar die erhöhte Aufmerksamkeit gegenüber Jungen
5 als normal akzeptiert.
Zwar gibt es zweifellos zwischen den Jungen und auch zwischen den Mädchen ganz erhebliche Unterschiede, denn nicht jeder Junge ist vorlaut, dominant oder Platzhirsch und längst nicht jedes Mädchen lässt sich zurückdrängen. Aber eine Reihe von Untersuchungen belegt, dass
10 der Stil der Mädchen eher kooperativ, der der Jungen eher konkurrent ist und dass sich im schulischen Geschehen – wie später im Berufsleben auch – weitgehend der konkurrente Stil durchsetzt.
Dennoch sind Mädchen in der Schule nicht etwa schlechter, sondern sie sind im Gegenteil besser, müssen seltener eine Klasse wiederholen,
15 haben die besseren Schulnoten und integrieren sich besser in das Unterrichtsgeschehen. Zugespitzt formuliert: Mädchen *sind* durchschnittlich besser in der Schule – sowohl von ihren Leistungen als auch von ihrem sozialen Verhalten her – Jungen dagegen *fühlen* sich als „was Besseres" und werden als solches „hofiert".

③ Erarbeite dir den zweiten Teil dieses Textes (Material 8) in ähnlicher Weise.

④ Hast du den Textauszug verstanden? Wenn nicht, bemühe dich um Hilfe.

⑤ Beantworte die folgenden Fragen zum Text:
– Wie wird der Stil der Mädchen beschrieben? Wie der der Jungen?
– Was kennzeichnet den Schulerfolg der Mädchen?
– Auf welchen Gebieten sind Mädchen durchschnittlich besser?
– Welcher Stil setzt sich in Schule und Beruf weitgehend durch?

Häufig findet man Sachtexte, die man nicht auf Anhieb versteht. Verstehen bedeutet: schwierige Ausdrücke und komplizierte Formulierungen und Sachverhalte sind geklärt, Fremdwörter und Fachbegriffe können „übersetzt" werden.

Informationen sammeln und darstellen: Einen Text erarbeiten: Detail-Lesen

Wenn man den Text noch weiter verarbeiten will, beispielsweise für einen Stichwortzettel, eine Inhaltsangabe oder ein Referat, dann kann das Detail-Lesen noch um folgende Schritte erweitert werden:
– den Text in Sinnabschnitte unterteilen (das müssen nicht immer die Textabschnitte sein),
– den Sinnabschnitten Überschriften oder Schlagzeilen geben,
– zu jedem Abschnitt Stichwörter notieren.

6 Erarbeite nun den folgenden Text mithilfe der erweiterten Detaillesetechnik.

Material 9: Punktgewinn für getrennten Unterricht

Bei einem Teil der Schulversuchsklassen wurde durch das Zusammenfassen von Mädchen und Jungen aus zwei Parallel-
5 klassen die Koedukation jeweils für ein halbes Jahr pro Schuljahr aufgehoben. Dabei musste im Vorfeld den Mädchen, die Feminisierung als Abwertung begrei-
10 fen, klargemacht werden, dass Mädchenphysik keine „Dummenphysik" ist, und die Jungen durften nicht das Gefühl bekommen, dass sie als „böse Bu-
15 ben" ausgegrenzt werden, sondern dass geschlechtshomogene Gruppen Chancen für ein anderes Lernen bieten, ähnlich wie altersgemischte oder multikulturelle
20 Gruppen.
Im Vergleich zu den Kontrollklassen konnten in der koedukativen Schulversuchsgruppe die Mädchen in allen untersuchten
25 Bereichen Erfolge verbuchen. In der teilweise monoedukativen Schulversuchsgruppe verschwanden sämtliche zuungunsten der Mädchen vorhandenen Unterschiede, und die Mädchen 30 zogen mit den Jungen gleich: Ihr Interesse an Physik stieg von Platz 14 auf Platz 5. Ebenso wuchs ihr Zutrauen in die eigene Leistungsfähigkeit. Vor dem 35 Schulversuch wurde Physik als schwierigstes Fach im Vergleich zu Biologie, Chemie und Mathematik eingestuft, nach dem Schulversuch war nur noch Bio- 40 logie leichter als Physik. Fast gleich viele Mädchen wie Jungen wählten Physik weiter, die vorhandenen Notenunterschiede verschwanden, und die Mädchen 45 erreichten das gleiche gute Niveau wie die Jungen. Mädchen und Lehrkräfte waren sich einig, dass die zeitweilige Aufhebung der Koedukation im Gesamtpa- 50 ket des Schulversuchs für die Mädchen ein großer Gewinn war, und sie künftig das Fach Physik ganz oder teilweise monoedukativ wollen. 55
[…] Alle Lehrkräfte hatten bisher nur koedukative Erfahrungen und konnten in der Mädchen-

Informationen sammeln und darstellen: Einen Text erarbeiten: Detail-Lesen

gruppe Kompetenzen und Qualitäten der Mädchen entdecken, die ihnen bisher aufgrund der im Unterricht vorpreschenden Jungen verborgen geblieben waren. Auch in den Jungengruppen kehrte – bei fehlendem weiblichem Publikum – nach anfänglichem Platzhirschgerangel weitgehend Ruhe und Konzentration ein. Fehlverhalten einzelner Jungen konnte in der Jungengruppe besser angesprochen werden, weil die Jungen sich nicht vor den Mädchen schlecht gemacht fühlten.
Von allen am Schulversuch Beteiligten wurde der in den reinen Mädchen- und Jungengruppen geschärfte Blick für deren *unterschiedliche* Bedürfnisse, Schwächen und Stärken als besonders Gewinn bringend für den koedukativen Unterricht angesehen.

Detail-Lesen an einem Text erproben

7 Bearbeitet den Text (Material 10), indem ihr nach folgenden Arbeitsschritten vorgeht:

– Durchlesen des Textes,
– Nachschlagen unbekannter Fachbegriffe/Fremdwörter,
– Klären schwieriger Stellen,
– zweites Lesen,
– Gliedern des Textes durch Schlagzeilen/Überschriften,
– Stichwortzettel anlegen,
– den Textinhalt mithilfe des Stichwortzettels schriftlich/mündlich wiedergeben.

Material 10: Die virtuelle Puppenstube

Mädchen haben eigene Spiele, auch am Rechner – etwa „Geheime Pfade" oder „Rocketts neue Schule" / von Leo Jacobs

Für Mädchen sind Computer gewöhnlich langweilige, allenfalls nützliche Werkzeuge. Auch wenn sie schon spielerisch Erfahrungen am Rechner gesammelt haben, verlieren Mädchen ihr Interesse gewöhnlich spätestens bis zum zwölften Lebensjahr. Die Computerbegeisterung ihrer männlichen Altersgenossen hingegen versiegt nicht – ein fortwährend erneuertes Angebot an Action-, Jagd- und Ballerspielen hält sie aufrecht.

Bisher fiel Software-Entwicklern an Spielzeug für Mädchen nicht viel ein. Erst seit dem vergangenen Jahr entsteht ein spezifisches Angebot. Knapp dreißig verschiedene CD-ROM-Spiele für Mädchen sind im vergangenen Jahr in den USA erschienen – bei über 2000 aktuell am Markt verfügbaren Titeln. Die neuen Spiele richten sich durchweg an Mädchen im Alter von acht bis vierzehn Jahren. Nicht Branchenneulinge mit emanzipatorischem Anspruch wie GirlTech und Her Interactive setzten den Trend, sondern der Spielzeughersteller Mattel, Anbieter von Barbie.

Mit „Barbie Fashion Designer" können Mädchen am Bildschirm Puppenkostüme schneidern und sie auf einem speziellen Textilmaterial für Farbdrucker ausdrucken. Das Spiel war sofort ein Hit und wurde 1997 Bestseller des Jahres in der Kategorie Kinder-Software. 360 000-mal verkaufte sich die CD. Im vergangenen Herbst brachte Mattel vier weitere Barbiespiele heraus, von „Barbie Magic Hair Styler" bis „Adventures with Barbie – Ocean Discovery".

Andere Anbieter von Computerspielen für Mädchen bauen weniger auf Marketing und Markennamen als auf intensive Marktforschung. Welche Interessen haben Mädchen? Wie spielen sie gewöhnlich? Wie lässt sich dieses Spiel am Computer realisieren? Vier Jahre lang interviewte Brenda Laurel im Forschungsinstitut Interval Research mehr als tausend Mädchen im Alter zwischen acht und dreizehn Jahren und beobachtete sie beim Spiel. Dann gründete sie die Software-Firma Purple Moon.

Einige Ergebnisse von Brenda Laurels Forschungen stehen im Gegensatz zu gängigen Vorurteilen. Mädchen fühlten sich beispielsweise von den Gewaltszenen in Spielen wie „Doom" und „Quake" nicht sonderlich gestört. Sie verspürten eher Langeweile. „Mädchen halten so etwas für außerordentlich dumm", sagt die Forscherin, „immer wieder sterben und von vorne anfangen." Auch der Anreiz, die höchste Punktzahl zu erreichen, ödet sie offenbar an, obwohl Mädchen ein starkes Interesse an sozialen Hierarchien haben. „Bei Mädchen sind Konkurrenz und Wetteifern eher heimlich, und Kooperation wird allgemein höher bewertet als bei Jungen."

Im Licht solcher Forschungsergebnisse bemühte sich Purple Moon mit seinen ersten Titeln „Rockett's New School" und „Secret Paths of the Forest", die im Herbst erschienen sind, Mädchen ein gemeinsames Spielerlebnis zu verschaffen. Die Beschäftigung am Computer soll dem entsprechen, was Mädchen auf einem Spielplatz machen – oder auch in der Schule. In „Rockett's New School" übernimmt die Spielerin die Rolle einer neuen Schülerin und trifft für sie Entscheidungen: Wo soll Rockett im Klassenzimmer sitzen? Mit wem freundet sie sich an? Je nach Wahl nimmt die Handlung einen anderen Verlauf.

„Secret Paths" beschäftigt sich dagegen mit der privaten Fantasiewelt von Mädchen. Die Spielerin lernt sieben Charaktere kennen, mit denen sie sich über ernsthafte Themen wie Familienbeziehungen, Gefühle und Freundschaft auseinander setzen kann. Ein Mädchen in „Secret Paths" hat Probleme mit ihrer Schwester, ein anderes muss die Trennung der Eltern bewältigen. Die Geschichten, sagt Brenda Laurel, seien eine Synthese zu Erlebnissen, die sie während der Forschung gesammelt habe.

„Im Zentrum beider Spiele stehen Freundschaften und Beziehungen", erklärt Laurel. „Das sind die wichtigsten Anliegen von Mädchen zwischen acht und zwölf. Der Markterfolg von Purple Moons ersten Titeln bestätigt das Firmenkonzept. Obwohl beide Spiele erst im Oktober erschienen sind, gehörten sie 1997 in den USA zu den zwanzig bestverkauften Kindertiteln. Von „Rockett" wurden fast 63 000 Exemplare verkauft; von „Secret Paths" rund 38 000 – ein beachtlicher Erfolg.

Wie Purple Moon ging auch bei Laura Groppes Software-Firma Girl Games der Produktentwicklung eine lange Forschungsphase voraus. „Absolut niemand in der Spieleindustrie hatte eine Ahnung von den Wünschen und Bedürfnissen von Mädchen", sagt die Entwicklerin. „Als Zielgruppe werden Mädchen regelrecht gemieden, da sie, wie mir oft gesagt wurde, als flatterhafte Konsumenten gelten."

Mädchen und Jungen haben „schlicht und einfach unterschiedliche Auffassungen von Unterhaltung", stellte sich in zwei Jahren Feldforschung heraus. „Let's Talk About Me", Laura Groppes erstes Spiel, erlaubt den Spielerinnen, ein Tagebuch zu führen und die Kleidung für eine virtuelle Gestalt auszuwählen. Im Nachfolgetitel „Let's Talk About Me, Too" kommen Frisuren hinzu, außerdem Horoskope und Persönlichkeitstests – alles Themen, die Mädchen offenbar besonders aufregend finden.

Informationen sammeln und darstellen: Arbeitstechnik: Grafiken lesen

Arbeitstechnik: Grafiken lesen

Der „kleine Unterschied" beim Lohn
Durchschnittlicher Bruttomonatsverdienst 1993 in DM (alte Bundesländer)

Angestellte	Beamte	Arbeiter	Lehrlinge
Männer / Frauen	Männer / Frauen	Männer / Frauen	Männer / Frauen
5987 / 3670	4907 / 5057	4015 / 2540	979 / 905

Frauenverdienst in % des Männerverdienstes: 61 % / 103 / 63 / 92
Quelle: DIW

An der Renata-Realschule wurden gemäß ihren Wünschen in die Wahlpflichtkurse (WPK) eingeteilt (Übersicht über die Schuljahre 96/97 und 97/98):

Fach	Jungen	Mädchen
Werken/Technik	59	4
Sozialkunde	9	44
Mathematik	25	13
Kunst/Musik	7	30
Informatik	92	48
Hauswirtschaft	25	51
Biologie/Chemie	49	30
Französisch/Spanisch	30	59
Englisch	23	47
Arbeit/Wirtschaft	22	26

Der Ausbildungs-Fortschritt
Von je 100 Erwerbstätigen hatten einen berufsbildenden Abschluss

Männer: 1979: 78 | 1986: 83 | 1992: 89 (alte Bundesländer) | 1992: 96 (neue Bundesländer)
Frauen: 56 | 65 | 77 | 93
Quelle: BIBB/IAB

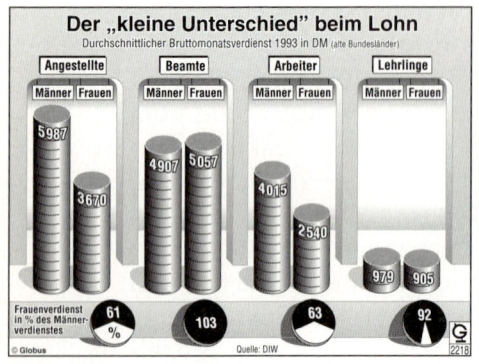

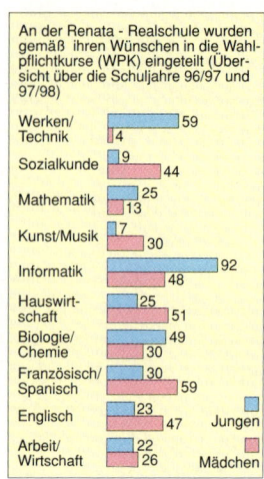

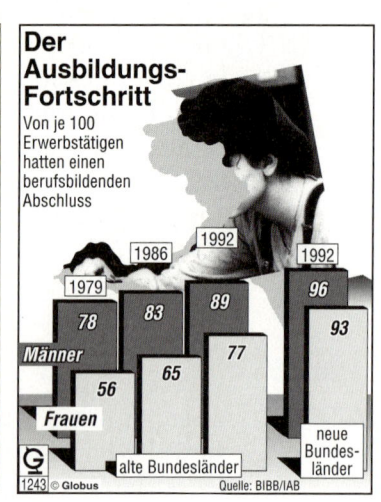

Nicht nur aus Texten, sondern auch aus Grafiken und Schaubildern kann man Informationen entnehmen.

1 Beantworte mithilfe der Grafiken folgende Fragen:
– In welcher Berufsgruppe erhalten Männer den höchsten Durchschnittsverdienst?
– In welcher die Frauen?
– In welchem Teil Deutschlands war der Ausbildungsstand der Mädchen besser?
– Wie ist die Fächeraufteilung zwischen Mädchen und Jungen an der Renata-Schule?

2 Kläre, welche Informationen die Grafiken außerdem liefern.

3 Gib den Grafiken eine Überschrift, die eine schnelle Orientierung ermöglichen.

4 Schreibe die Hauptaussagen der Grafiken in einem Kurztext auf.

5 Für welche der folgenden Arbeitsthemen wären die Grafiken eine Hilfe?

Ausbildung von Jungen und Mädchen – Mädchen und Neue Technologien – Benachteiligung von Frauen im Berufsleben – Emanzipation schreitet voran – Getrennter Unterricht in der Schule

TIPP
Grafiken liefern nicht nur Informationen, man kann sie auch gut zur Illustration von schriftlichen Arbeiten (Facharbeit/Wandzeitung/Infomappen) und gesprochenen Texten (Referat/Vortrag) einsetzen.

Informationen sammeln und darstellen: Referat vorbereiten und halten

Referat planen, aufschreiben, halten

Wie man sich Informationen besorgt, mit ihnen umgeht und sie verarbeitet, hast du an verschiedenen Stellen dieses Kapitels kennen gelernt.
Wenn du die Ergebnisse deiner Recherchen darstellen willst oder musst, ist das Referat eine häufig angewandte Methode.

Wer ein Referat vorbereitet, sollte die folgenden Ziele im Sinn behalten:
– die Zuhörer informieren,
– ihren Wissensstand erweitern,
– ihnen dabei helfen, sich zum gestellten Thema ein Urteil zu bilden …

Von der gestellten Aufgabe bis zum Vortrag – das ist ein langer Weg, auf dem du verschiedene Phasen durchläufst.

Phase 1: Recherchieren/Informationen sammeln/geeignete Materialien aufbereiten
Phase 2: Referat planen/Materialien ordnen bzw. zuordnen
Phase 3: Aufbau des Referates
Phase 4: Referat aufschreiben/Sprechvorlage erstellen
Phase 5: Anschauungsmaterialien vorbereiten
Phase 6: Vortrag üben/Probelauf
Phase 7: Referat halten

Die folgenden Übungen beziehen sich auf das Thema „Getrennter Unterricht für Jungen und Mädchen".

1. Sieh dir die Texte (Materialien 1 – 10) dieses Kapitels daraufhin an.

2. Welche eignen sich für das Thema?

3. Überlege, ob die Auswahl ausreichend ist.

4. Welche weiteren Informationsquellen kannst du noch nutzen?

Informationen sammeln und darstellen: Referat vorbereiten

Phase 2: Referat planen/Materialien ordnen bzw. zuordnen

Wenn du ausreichend Informationsmaterial gesammelt hast und das Material von dir bearbeitet wurde (vgl. Lesetechniken/Texte aufbereiten/Inhalte wiedergeben), wird sich für dein Referat ein Schwerpunkt ergeben.
In unserem Fall könnte er von deiner Stellung zur Ausgangsfrage abhängen.

5 Formuliere mögliche Standpunkte.

Nicht selten liefern aber auch die Textquellen einen solchen Schwerpunkt. Er ergibt sich dann, wenn zu einem bestimmten Aspekt eine Vielzahl von Informationen verfügbar sind. Beim Oberthema Mädchen/Jungen – Männer/Frauen könnte sich deshalb zum Beispiel der Schwerpunkt „Rollenverhalten" ergeben, beim Thema „Frauenbild/Männerbild" der Schwerpunkt „Werbung" oder der Schwerpunkt „Veränderungen in der Familie".

Neben dem Schwerpunkt wirst du im Laufe des Referates auch noch andere Punkte ansprechen müssen, denn es gibt bei diesem Thema ja auch eine Gegenposition zu deinem Standpunkt. Das vorhandene und bearbeitete Material wird nun diesen einzelnen Punkten zugeordnet. Diese Punkte/Aspekte kannst du auf kleine Zettel oder Karteikarten schreiben, mit ihrer Hilfe kannst du dann im nächsten Schritt zu einer Gliederung kommen.

Phase 3: Aufbau des Referates

– Wie fange ich an?
– Was soll im Hauptteil stehen?
– Wie beende ich meinen Vortrag?
– Mit welchen Materialien kann ich mein Referat anschaulicher gestalten?
– In welcher Reihenfolge will ich die einzelnen Punkte darstellen?
– Was soll ausführlicher behandelt werden? Was knapp?

All das sind Fragen, die mit dem Aufbau des Referates zu tun haben.
Jedes Referat gliedert sich in drei Teile, die du auch schon im Kapitel „Erörtern" kennen gelernt hast.

| Einleitung | Hauptteil | Schluss |

Informationen sammeln und darstellen: Referat vorbereiten

Die Einleitung soll die Zuhörer für dich und das Thema gewinnen. Sie sollen auf das Thema eingestimmt und neugierig gemacht werden. Dazu gibt es viele Möglichkeiten, die man auch als „Türöffner" bezeichnet:
– ein aktuelles Ereignis wird erzählt,
– einige interessante Fakten werden genannt,
– dem Zuhörer werden einige provozierende Fragen gestellt,
– an ein Ereignis der jüngsten Vergangenheit wird erinnert,
– eine Karikatur/ein Bild/eine Nachricht wird gezeigt und kurz kommentiert.

Hier sind einige Beispiele, wie jemand in das Thema eingeführt hat:

A Warum haben immer weniger Mädchen Lust, in der Computer-AG mitzuarbeiten? Warum sind die Mädchen im Sport immer die letzten, wenn gewählt wird? Sind Mädchen besser in der Schule? Sind die Jungen von Natur aus aggressiver? Haben Mädchen von Technik, Mathe und Computer wirklich keine Ahnung? Werden Mädchen im Unterricht vorgezogen?

B Bei meinen Recherchen zum Thema „Getrennter Unterricht für Jungen und Mädchen" bin ich auf folgende interessante Daten gestoßen:
Die Schulnoten von Mädchen sind im Durchschnitt besser als die der Jungen. Das gilt auch für die Fächer Mathematik, Physik und Chemie. Nur jedes 5. Mädchen aber wählt bei den Wahlpflichtkursen Computer oder ein naturwissenschaftliches Fach. Gemeinsamer Unterricht bevorzugt die Jungen. In fast allen Bundesländern gibt es Schulversuche, in denen getrennt nach Jungen/ Mädchen unterrichtet wird.

C

Ist das die Lösung unseres Problems, über das wir in der letzten Woche gestritten haben?
Computer für alle. Aber besondere Aufgaben für die Mädchen. Extra-Stoff für die Jungen?

Informationen sammeln und darstellen: Referat vorbereiten

6 Welche Art des „Türöffners" ist gewählt worden?

7 Wie bewertest du die Einleitung? Wird sie der gestellten Aufgabe gerecht?

8 Formuliere eine eigene Einleitung.

Mit einem Überleitungssatz schließt der einleitende Teil ab. Er soll zum Hauptteil überleiten. Solche Sätze könnten sein:

Auch wir haben in der Klasse ja schon über das Thema gestritten und deshalb will ich versuchen, euch einen Überblick über die verschiedenen Standpunkte zu geben.

Das waren Fragen, die ich mir bei der Planung des Referates auch gestellt habe. Ich hoffe euch im Verlaufe meines Referates einige davon beantworten zu können.

Damit komme ich nun zum Hauptteil meines Referates und will zu Beginn etwas zum Stand der aktuellen Diskussion sagen.

Im Hauptteil werden die wichtigen Informationen und Argumente behandelt. Hier kannst du die Punkte, die sich bei der Materialsichtung ergeben haben, ihrer Wichtigkeit nach geordnet darstellen. Am Ende dieses Teils erläuterst du dann den von dir gewählten Schwerpunkt ausführlich.

Bei der Vorbereitung zum Thema hat sich jemand folgende Karten angelegt:

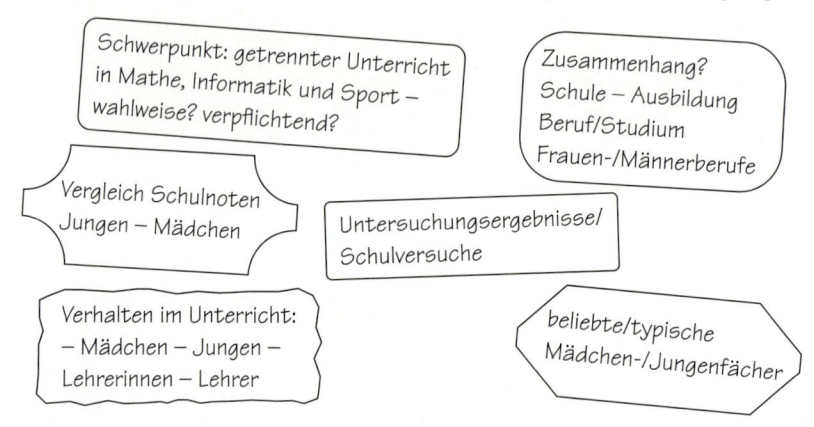

- Schwerpunkt: getrennter Unterricht in Mathe, Informatik und Sport – wahlweise? verpflichtend?
- Zusammenhang? Schule – Ausbildung Beruf/Studium Frauen-/Männerberufe
- Vergleich Schulnoten Jungen – Mädchen
- Untersuchungsergebnisse/ Schulversuche
- Verhalten im Unterricht: – Mädchen – Jungen – Lehrerinnen – Lehrer
- beliebte/typische Mädchen-/Jungenfächer

9 In welcher Reihenfolge würdest du die Karten ordnen?

10 Vergleicht eure Lösungen.

11 Fallen dir andere oder weitere Punkte ein, die in das Referat eingefügt werden müssten?

Informationen sammeln und darstellen: Referat

Der Schluss soll dein Referat abrunden. Du kannst dabei noch einmal die wichtigsten Ergebnisse zusammenfassen, eine eigene Stellungnahme abgeben oder deine Zuhörer mit einbeziehen und ansprechen.

Wenn ich alles das, was ich euch im Laufe meines Referates dargestellt habe, zusammenfasse, dann ergibt sich folgendes Bild: Auch an unserer Schule und in unserer Klasse ist es so, dass es in der Regel die Jungen sind, die sich in den Vordergrund spielen. Die glauben, sie seien in Informatik, Mathe und Physik die Kings. Deshalb haben die Mädchen nicht selten auch Nachteile. Nur denke ich, dass es keine Lösung sein kann, uns wieder wie vor 40 oder 50 Jahren getrennt zu unterrichten. Ich glaube, dass wir nur gemeinsam versuchen können, eine Lösung dieses Problems zu finden. Und darüber sollten wir anschließend einmal reden.

12 Wie ist diese Rede abgeschlossen? Für welche Methode hat die oder der Vortragende sich entschlossen?

13 Bewerte diesen Schlussteil. Ist er gelungen? Hast du Verbesserungsvorschläge?

14 Wie würdest du das Thema „Getrennter Unterricht – eine neue Chance für die Mädchen" beenden?

15 Formuliere einige abschließende Sätze. Nimm darin Stellung, wie du das Problem des getrennten Unterrichts lösen würdest.

Phase 4: Referat aufschreiben/Redevorlage erstellen

Referate kann man schriftlich ausformulieren und dann „vom Blatt" ablesen. Am Anfang wirst du vielleicht diese Methode vorziehen, weil sie dir eine gewisse Sicherheit gibt und du dich so gegen das Vergessen weitgehend absichern kannst. So entsteht ein Redemanuskript. Es unterscheidet sich dann nicht wesentlich von jeder anderen schriftlichen Darstellungsart.

Eine weitere Möglichkeit stellt die Verwendung von Karteikarten dar, auf denen nur die Notizen stehen, die du dir bei der Gliederung bereits gemacht hast. (s. Seite 120).

Die Redevorlage, eine Art **Referat-Fahrplan,** stellt eine weitere Möglichkeit dar, sich eine Gedächtnisstütze für den Vortrag zu schaffen.

Referat zum Thema: Getrennter Unterricht für Jungen und Mädchen

Einführung	
Situation an unserer Schule AG-Meldungen + Wahlpflichtkurse Diskussion zum Thema in der letzten Verfügungsstunde Gliederung vorstellen	Folie – Taglichtschreiber
Hauptteil	

1. Schule früher
   – früher getrennt
   – dann Koedukation
 	
   Gründe dafür / dagegen
   Erfolg	

2. Neue Forderung: getrennt in einigen Fächern
   – Gründe / Begründungen
   – welche Fächer
   – für wen?
   – Versuche/Ergebnisse
	Tafelanschrieb (vorher!!!!)
	
	Zitat: grüne Karte 1

3. Umfrageergebnis in unserem Jahrgang	Computergrafik – Folie
4. …	…
5. …	…
Schluss	

16 Wodurch unterscheidet sich dieser Zettel von einer Stichwortsammlung?

17 Welche Hilfsmittel will die Referentin einsetzen?

18 Wie hat sie ihre Materialien geordnet?

19 Denke über Vor- und Nachteile der einzelnen Methoden nach.

20 Lege dir für dein Referat einen übersichtlichen Stichwortzettel an. Ordne ihn nach deinen Gliederungspunkten.

Ziel ist immer, dass du dein Referat frei vorträgst.

Informationen sammeln und darstellen: Referat

Phase 5: Materialien vorbereiten – Medien und Anschauungsmaterial

Es gibt verschiedene Möglichkeiten, Gedanken, Ideen und Inhalte „sichtbar" und „einprägsam" zu machen:

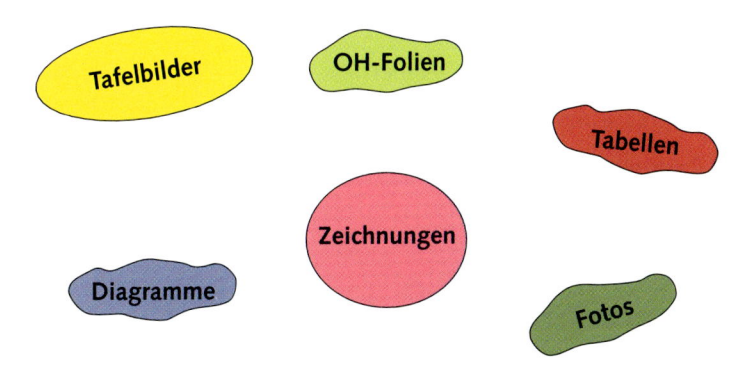

- Tafelbilder
- OH-Folien
- Tabellen
- Zeichnungen
- Diagramme
- Fotos

Dazu kann man verschiedene Medien nutzen:
Taglichtschreiber   Kopierer   Computer + Drucker   Plakatkarton + Stifte

Bei selbst gestalteten Materialien ist die Übersichtlichkeit und Anordnung wichtig, wenn sie sich nicht negativ von gelieferten unterscheiden sollen. Das gilt auch für Tafelbilder.

Markiere auf deinem Stichwortzettel, deiner Vorlage oder in deinem Manuskript, wo du welche Materialien einsetzen willst.

Phase 6: Vortrag üben/Probelauf

Zur Probe kann man das Referat gut auf eine Kassette sprechen oder einer Klassenkameradin bzw. einem Klassenkameraden vorsprechen. Dabei kann man überprüfen, wie man spricht, wie man auf einen kritischen Zuhörer wirkt und ob der geplante Ablauf auch so möglich ist. Gleichzeitig kann man auch die Materialien, die man einsetzen will, sinnvoll ordnen, damit später nichts schief geht.

Phase 7: Referat halten

Hier sind einige Tipps, die dir beim Vortrag helfen können:

– Beginne erst, wenn alle Zuhörer ruhig sind.

– Stelle das Thema zu Beginn vor.

– Stehe möglichst, während du referierst.

– Versuche ruhig und entspannt zu wirken.

– Lege Pausen ein, damit die Zuhörer folgen können.

– Sprich deutlich und langsam.

– Vermeide zu lange Sätze.

– Nimm immer wieder mit den Zuhörern Blickkontakt auf.

– Wechsle bei der Präsentation der Anschauungsmaterialien den Platz.

– Versuche möglichst frei zu sprechen.

– Wiederhole wichtige Begriffe und Einzelheiten.

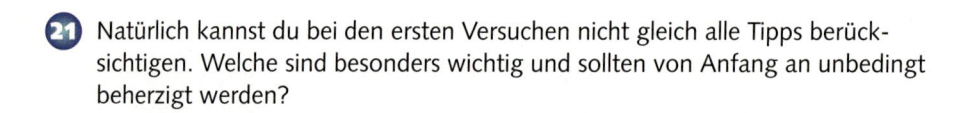

21 Natürlich kannst du bei den ersten Versuchen nicht gleich alle Tipps berücksichtigen. Welche sind besonders wichtig und sollten von Anfang an unbedingt beherzigt werden?

TIPP

Zitieren:
Wenn du während deines Referates eine Stelle aus einem Buch oder einer andren Textquelle wörtlich wiedergeben willst, nennt man das *Zitieren*. Um deutlich zu machen, dass dies nicht deine eigenen Worte sind, musst du deinen Zuhörern einen Hinweis darauf geben.

Das ist möglich durch Hinweise wie:

In der Zeitung „Die Zeit" habe ich den Text „Die virtuelle Puppenstube" gefunden:

Dort ist zu lesen   oder   **Dort wird gesagt**

oder: **Ich zitiere**   ....   und dann folgt das Zitat.

oder **Zitatanfang:**   ....   dann folgt das Zitat   ....   **Zitatende**

Informationen sammeln und darstellen: Weitere Ideen zum Thema Referat

IDEENBÖRSE: Neue Themen – mehr Methoden

Stichwort: Sprache
- Sprichwörter sammeln
- Texte sammeln – sexistischen Sprachgebrauch untersuchen
- Wandzeitung

Stichwort: Rollen
- Bilder untersuchen früher/heute: Rollenverhalten
- Witze sammeln – Kabarett spielen
- Situationen suchen, in denen sich Mädchen/Frauen/Jungen/Männer anders, ungewohnt verhalten – solche Situationen aufschreiben und/oder spielen
- Eine Ausstellung zusammenstellen zum Thema: Typisch, typisch
- Collagenwand erstellen

Stichwort: Familienarbeit
- Zeitschriftenartikel sammeln
- Umfragen vorbereiten und durchführen
- Texte schreiben oder nachgestalten
- Karikaturen sammeln / selber zeichnen
- Gesetzestexte untersuchen

Stichwort: Schulalltag
- Unterrichtsbeobachtungen
- Umfragen
- Untersuchungen selbst durchführen
- getrennten Unterricht erproben
- Videotakes drehen
- Fotoserie
- Hörspiel (Feature) erstellen

Stichwort: andere Themen
- Gefährdete Tiere
- Alte Menschen
- Arbeitslosigkeit
- Bedrohte Umwelt
- Veränderungen in Europa
- Fremd sein – Zusammenleben mit Ausländern

Stichwort: Methoden
Texte sammeln, Textsammlungen anlegen, Texte bebildern, Video drehen, Hörbild erstellen, Wandzeitung, Collagenwand, Podiumsdiskussion vorbereiten, Kommentar/Statement schreiben

Erörtern

Internet – vernetzte Welt – Freiheit ohne Grenzen?

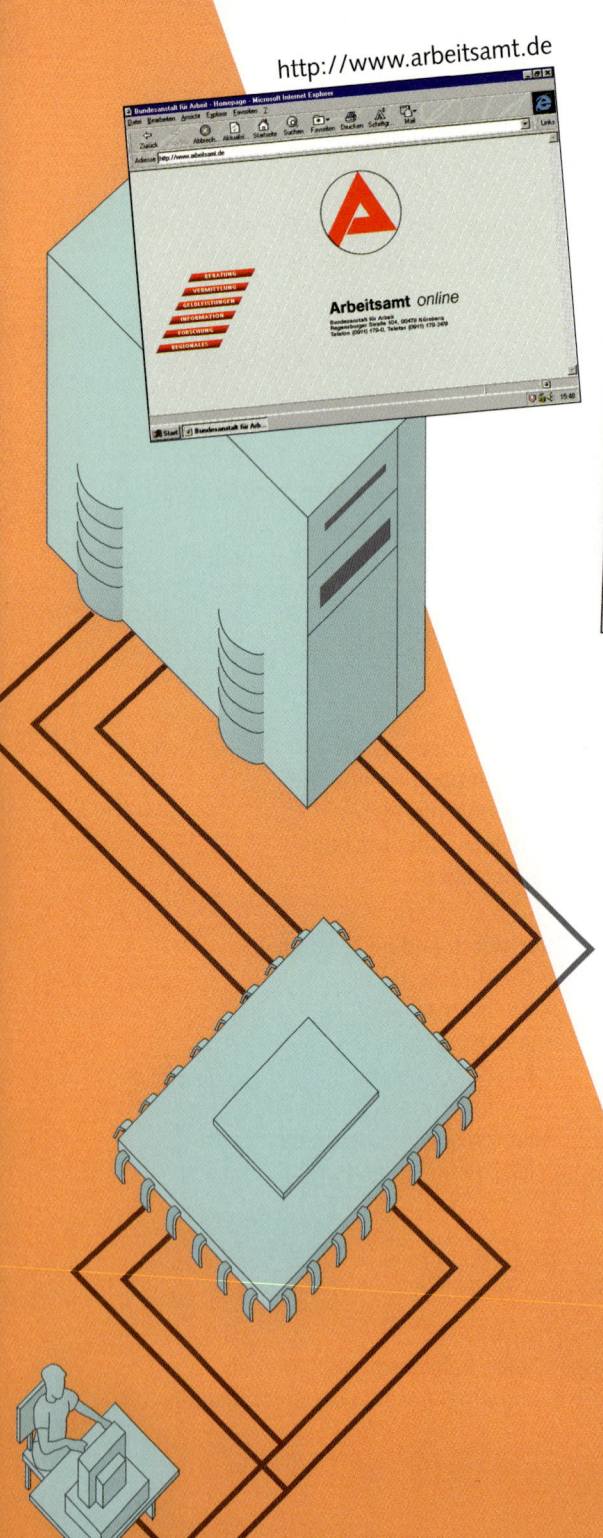

http://www.arbeitsamt.de

Grundgesetz Art. 5:

Jeder hat das Recht seine Meinung in Wort, Schrift und Bild frei zu äußern und zu verbreiten und sich aus allgemein zugänglichen Quellen ungehindert zu unterrichten ...

... Jugendliche sind vor sittengefährdenden oder verfassungsfeindlichen Angeboten zu schützen ...

So etwa könnte ein Paragraph des Jugendschutzgesetzes lauten, der sich auf Gefährdungen Jugendlicher durch das Internet bezieht.

Erörtern: Über eigene Erfahrungen berichten

INTERNET – DATENAUTOBAHN – TELELEARNING – SCHULEN ANS NETZ – WWW – ONLINE – SURFEN – CHAT – NEWSGROUP – PROVIDER – ...

Immer häufiger stoßen wir im Alltag auf diese Begriffe, die vielen Menschen noch vor wenigen Jahren als Geheimsprache einer kleinen „computerbesessenen" Minderheit erschienen.
Der Computer und seine Vernetzung im und mit dem Internet eröffnet Möglichkeiten, die Funk und Fernsehen, Radio, Telefon und Fax weit übertreffen. Was bedeuten die neuen Medien für die jungen Menschen – für Schüler und Schülerinnen – von heute?
Ist die allgegenwärtige Präsenz und rasante Verbreitung des Computers und damit der Zugang zum Internet bedenkenlos positiv zu bewerten?
Gilt es, junge Menschen vorrangig – quasi als 4. Grundfertigkeit neben Lesen, Schreiben, Rechnen – auch „medienkompetent" zu machen, damit sie den neuen Medien nicht hilflos ausgeliefert sind?
...
Es gibt viele Meinungen zum Thema, Befürworter und Gegner der Vernetzung.

„Wir klicken uns ein ..."

1. Berichtet über eure eigenen Erfahrungen mit dem Internet oder über Menschen, die häufig damit zu tun haben.

2. Besucht ein Internet-Café oder andere Orte, an denen Menschen übers Netz miteinander in Kontakt treten. Beobachtet die Menschen. Sprecht darüber.

3. Interviewt regelmäßige Netznutzer, was sie über „Chancen und Gefahren" des Netzes zu sagen haben. Sprecht in der Klasse über die Antworten.

4. Sammelt Informationen aus Zeitschriften (z. B. Fachzeitschriften für PC-Nutzer) oder fragt direkt nach bei http://www.san-ev.de Schulen ans Netz, Initiative des Bundesministeriums für Bildung, Wissenschaft, Forschung und Technologie und der deutschen Telekom, Adresse: Schulen ans Netz, Oberkasseler Str. 2, 53227 Bonn.

Erörtern: Meinungen schriftlich äußern

Leserbrief/Kommentar

„Schulen flächendeckend ans Netz – so schnell wie möglich!"

1 Welche Meinung vertretet ihr spontan zu dieser Forderung? Erstellt ein Meinungsbild eurer Klasse.

2 Stellt euer Meinungsbild grafisch dar. Zählt zunächst aus:
Stimmen eindeutig dafür, Stimmen eindeutig dagegen, unentschlossen.

Wenn möglich, benutzt ein Computerprogramm zur Erstellung der Grafik.

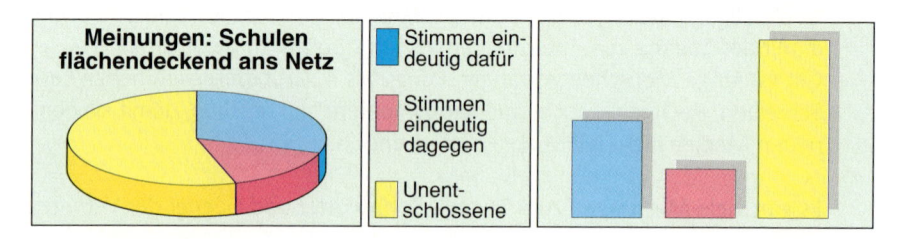

3 Führt auch ebensolche Umfragen in den Nachbarklassen durch. Haltet auch diese Ergebnisse optisch (Wandzeitung?) fest.

4 **Nach** diesem Kapitel solltet ihr in eurer Klasse die Umfrage wiederholen und die Ergebnisse miteinander vergleichen.

Alle Schulen ans Netz?

Ihren gestrigen Bericht über die Neuausstattung unserer hiesigen Realschule möchte ich nicht ganz kommentarlos hinnehmen. Als Vater einer Tochter, die zurzeit die betreffende Schule in der 8. Klasse besucht, kann ich laut Ihrem Bericht wohl endlich beruhigt sein: Mein rechtschreib-
5 schwaches Kind wird fortan fehlerlos schreiben – dank der rechtschreibüberprüfenden Software! Hoffentlich darf sie dann das Testdiktat in ihrem Lehrstellenbewerbungsverfahren auch mit Computer schreiben ...
Für – man höre und staune – 32.000 DM (Euro?) sind Geräte ange-
10 schafft, Räume dafür umgebaut worden – sogar ein Internetanschluss wurde spendiert. Der frisst nun weiter: monatlich! Allerdings: Geld für neue Lehrer bei einer Unterrichtsversorgung von derzeit 92% an dieser Schule scheint nicht frei zu sein. Da schaue ich als besorgter Vater in die Gesichter der betagten Lehrerschaft und frage mich, welcher der gestan-
15 denen Pädagogen wohl bereit sein wird, anstrengende Fortbildungen auf sich zu nehmen, um unsere Kinder mit der neuen Technik vertraut zu machen. Aber für die Computer war das Geld erst mal da.

Erörtern: Meinungen schriftlich äußern

Was damit gemacht wird, scheint dem spendablen Schulträger weniger wichtig zu sein. Wollte man sich ein Denkmal setzen? Oder vielleicht auf Stimmenfang für die nächste Kommunalwahl gehen? Verschwendung von Steuergeldern nenne ich das.

Im Internet surfen, Kontakt mit Schulen in aller Welt aufnehmen – schön und gut. Erst neulich berichtete mir meine Tochter von den mutwilligen Zerstörungen an der Schule, von den Pöbeleien der Schüler untereinander, von dem rüden Umgangston, der in der Klasse und auf dem Schulhof herrscht – aber mit der Welt kommunizieren! Wie fortschrittlich! Das soll wohl ein Beitrag zur Friedenserziehung sein? Dass ich nicht lache! Bei den Schülern **hier** sollte man anfangen, bei den Menschen, die sich nicht durch einen Mausklick löschen lassen – wie es uns die neuen Medien so schön vormachen. Ich meine, in drei Bereichen haben wir Nachholbedarf: bei der schlichten Erlernung der Kulturtechniken Lesen, Schreiben und Rechnen; bei der Einstellung einer ausreichenden Anzahl fähiger Pädagogen; bei der Schaffung einer lernfreundlichen Umgebung. Alles andere ist politische Schönmalerei und Übertünchung bestehender Probleme.

Curt Wächter

5 Welche Einstellung hat der Vater zu den Veränderungen in der Schule seiner Tochter? Formuliere sie in einem Satz.

6 Liste die Argumente, die der Vater nennt, auf. Teile dabei ein in solche, die eher sachlich und solche, die eher emotional formuliert sind.

7 Welche Beispiele bringt der Vater, um seine Argumente zu stützen?

8 Untersuche den oben abgedruckten Leserbrief außerdem unter folgenden Gesichtspunkten:

– Worauf bezieht sich der Schreiber in seinem Leserbrief?
– Welchen Bezug hat der Leserbriefschreiber zu dem Geschehen?
– Lobt oder tadelt er getroffene Entscheidungen?
– Relativiert er seine Einstellung (findet er auch positive Aspekte im Geschehen) oder lässt er grundsätzlich nur seine Meinung zu?

Oft löst ein Leserbrief eine ganze Reihe von weiteren Leserbriefen aus, die sich aufeinander beziehen.

9 Versuche in einem kurzen Leserbrief die Gegenposition zu der Meinung des Vaters einzunehmen.

„Geheime" Kundendaten im Internet frei zugänglich

Mehr als 200 Spieler bei Nordwestdeutscher und Süddeutscher Klassenlotterie betroffen

Kunden der Süddeutschen (SKL) und der Nordwestdeutschen Klassenlotterie (NKL) sollten ihre Kreditkartenabrechnung prüfen: Durch einen Computerfehler waren persönliche Kundendaten im Internet frei zugänglich – für Datenräuber wie „ein Sechser im Lotto".

Hamburg/München (gri). Durch den Fehler des Betreibers einer großen Lotterie-Annahmestelle in Kiel waren Daten von NKL-Kunden im Internet abrufbar. Die Spieler hatten über das Netz Lose bestellt und dazu ihre Kreditkartendaten, Telefonnummer und Anschrift angegeben. Statt unzugänglich gespeichert und verschlüsselt zu werden, waren die Daten öffentlich abrufbar. Ein ähnlicher Fehler unterlief einem SKL-Vertriebspartner in München.

Kreditkartennummern sind im Datennetz heiß gehandelte Ware. Die Daten konnten nach einem Bericht der Münchner Fachzeitschrift „Internet World" für mindestens sieben Tage von jedermann abgerufen werden. Für kriminelle Netzsurfer ist ein solches Nummernverzeichnis „wie ein Sechser im Lotto", meint Chefredakteur Peter Klein. Er hält einen hohen Schaden für möglich: „Zwischen einhunderttausend und fünf Millionen Mark ist alles drin."

Betroffen sind rund 180 Kunden der NKL sowie 27 Lotteriespieler bei der SKL aus Deutschland und der Schweiz. Ob ihre Daten bereits missbraucht wurden, ist unklar. „Niemand weiß, ob sie abgerufen wurden und jetzt irgendwo herumgeistern", sagte SKL-Direktor Gerhard Rumbach am Donnerstag. Die Kunden würden jetzt per Brief aufgefordert, künftige Kreditkartenabrechnungen „im Auge zu behalten".

Die NKL weist die Alleinschuld für die Panne dem Kieler Unternehmer zu. Auf seine Vertriebsmethoden habe die Direktion „keinen Einfluss", hieß es. Von den rund 100 Vertriebspartnern der NKL bieten noch zwölf andere Online-Losbestellung an. „Wir haben diese sofort aufgefordert, ihre Software auf Sicherheitsmängel zu überprüfen", sagte NKL-Sprecher Peter Sandberg am Mittwoch. In zwei Wochen werde die NKL die Software ihrer Partner erneut prüfen lassen. Die SKL hat rund 180 Vertriebspartner, von denen 15 Online-Angebote unterhalten. Auch diese werden überprüft.

Neben den Vertriebspartnern bietet auch die NKL-Zentrale selbst Losbestellung per Internet und Kreditkarte (Adresse: http://www.nkl-lotterie.de). Bei diesem Angebot würden die Daten jedoch dreifach verschlüsselt, heißt es in einer Stellungnahme. Ein Zugriff Dritter sei „nicht möglich".

Schadenersatzansprüche von betroffenen Lottospielern fürchten weder NKL-Sprecher Sandberg noch SKL-Direktor Rumbach. Es sei unwahrscheinlich, dass kriminelle Datendiebe das Verzeichnis entdeckt hätten, meint Rumbach. „Falls doch Schäden entstanden sind, muss der entsprechende Vertriebspartner dafür aufkommen." Trotz des Imageschadens für die Lotterien durch die Panne werden die Betreiber der Annahmestellen rechtlich nicht belangt.

---

10 Sprecht über den Inhalt des Zeitungsartikels. Sind euch ähnliche Meldungen bekannt?

Erörtern: Kommentar

Der Kommentar

Selbst schuld

Niemand kann mehr behaupten, von den Warnungen über einen allzu unbedarften Umgang mit Privatdaten im Internet nichts gewusst zu haben. Datenschützer und Ver-
5 braucherverbände kritisieren seit Jahren Sicherheitsmängel. Wer dennoch Kreditkartennummern angibt, ist selbst schuld. Schäden durch den Missbrauch von Kartendaten sind
10 vermeidbar.

Verantwortung trifft aber auch die Firmen, die das Kreditkartensystem im Netz zur Abrechnung anbieten. Sie suggerieren ihren Kunden Sicher-
15 heit – zu Unrecht. Das Internet ist offen wie ein Buch und durchlässig wie Maschendraht. Bis sich das ändert: Privatdaten gehören nicht ins
20 Netz!

Imre Grimm

11 Lies den Kommentar und vergleiche ihn mit dem Zeitungsbericht.
Beachte insbesondere:

- Die Wirkung der Überschrift.
- Bezieht sich der Kommentar direkt auf den Vorfall oder verallgemeinert er?
- Wer wird verantwortlich gemacht: im Zeitungsbericht, im Kommentar?
- Vergleiche die Länge des Berichtes und die des Kommentars miteinander. Erkläre die Unterschiede.
- Untersuche die Sprache beider Artikel. Ordne die Begriffe
sachlich, einseitig, berichtend, argumentierend, appellierend, informierend, anklagend, aufklärend ... zu.
- Wie endet der Kommentar und welche Wirkung wird dadurch erzielt?

Erörtern: Einen Kommentar verfassen

Der folgende Zeitungsartikel berichtet von der Verbreitung krimineller Inhalte über das Internet.

Pornographie im Internet – wer ist strafbar?

Münchener Gericht verurteilt früheren Chef von Compuserve/ Experten: Richter hat keine Ahnung vom Computernetz

VON BRUNO BRAUER

Felix Somm ist außer sich. [...] Der Grund für die Empörung des 34-Jährigen: Das Amtsgericht München hat den ehemaligen Geschäftsführer des Online-Dienstes „Compuserve-Deutschland" soeben zu einer Haftstrafe von zwei Jahren verurteilt, die gegen eine Zahlung von 100 000 Mark zur Bewährung ausgesetzt wird.

Amtsrichter Wilhelm Hubbert warf dem Verurteilten vor, er habe es 1996 in mindestens 13 Fällen zugelassen, dass eindeutig pornographische und Gewalt verherrlichende Bilder über die Computer seiner Firma „bis ins letzte Kinderzimmer" übertragen wurden.

Es ist das erste Strafurteil dieser Art gegen einen Computernetzbetreiber. Bislang waren die Online-Firmen noch immer mit dem Argument durchgedrungen, sie könnten nichts dafür, was sich in ihren Netzen abspiele; ebenso wenig könne man die Telekom dafür verurteilen, wenn über ihr Netz beispielsweise Straftaten verabredet werden.

Richter Hubbert hat sich mit seinem Schuldspruch sogar über die Einschätzung der Staatsanwaltschaft hinweggesetzt, die genauso wie die Verteidigung einen Freispruch für Felix Somm gefordert hatte. Anklagevertreter Franz von Hunoltstein hatte sich im Laufe des mehr als einjährigen Verfahrens von Fachleuten überzeugen lassen, dass Somm und sein Unternehmen genau wie alle anderen Online-Anbieter keine zumutbare Möglichkeit gehabt hätten, Pornographie und Gewalt aus den Schmuddelecken des Internets herauszufiltern.

Das sah Richter Hubbert anders. Compuserve, einer der größten Online-Anbieter der Welt, habe sehr wohl die Chance gehabt, obszönes Material von seinen Servern zu verbannen. Die Expertenmeinung, das Internet sei nicht kontrollierbar, nannte er „einfach falsch". [...] Die Argumente der Verteidiger könnten nur bei Leuten wirken, die überhaupt keine Ahnung hätten.

[...] Die Verteidiger wollen jetzt das Urteil in der nächsthöheren Instanz anfechten. Das Amtsgericht, so ihr Argument, habe das im vergangenen Jahr in Kraft getretene „Teledienstgesetz" ignoriert. Danach sind „Diensteanbieter für fremde Inhalte, zu denen sie lediglich den Zugang vermitteln, nicht verantwortlich." Oder, wie es einmal ein führender Experte formuliert hat: „Beim Vertrieb pornographischer Zeitschriften bestrafen wir ja auch nicht den Briefträger."

Medienkenner befürchten nach dem Münchener Urteil bleibenden Schaden für die deutsche Wirtschaft, sollte die Entscheidung Bestand haben. [...]

12 Sprecht zunächst über den Artikel.

13 Versucht einen eigenen kurzen Kommentar dazu zu verfassen.

ZUM MERKEN

Der **Leserbrief** ist eine Form des **Kommentars**. Jemand bezieht sich auf einen Vorfall oder einen Bericht darüber und nimmt Stellung. Oft enthält der Kommentar eine politische Wertung. Die eigene Meinung wird dabei deutlich hervorgehoben. Der Name des Verfassers, der Verfasserin ist immer angegeben.

Erörtern: Sich informieren – eine Materialsammlung anlegen

Texte zu Vorzügen und Risiken des Internet

Bevor man ein Thema schriftlich erörtert, muss man sich mit ihm auseinander setzen.
Erster Schritt:
- **Stoff sammeln**

Zweiter Schritt:
- **Die Pro- und Kontra-Argumente mit ihren Beispielen herausarbeiten**

Dritter Schritt:
- **Mithilfe der gefundenen Standpunkte eine eigene Meinung bilden.**

Im Folgenden findet ihr einige Texte, die sich mit dem Thema „Neue Medien – Chancen und Gefahren" beschäftigen. Bearbeitet sie so, wie ihr es im Kapitel „Argumentieren/Diskutieren" (S. 12 – 27) und „Informationen sammeln …" (S. 100 – 125) gelernt habt.

1 Legt zu jedem Text eine Stichwortsammlung an. Am besten ist es, wenn ihr dabei arbeitsteilig vorgeht.

Text 1: Verbotenes im Internet

Lange Jahre lagerten auf einer amerikanischen Mailbox umfangreiche Programme zum Bau von Bomben, Hacken von Telefonanlagen und Terroristen-Handbücher. Die Polizei hat auch schon Adressen mit detaillierten Angaben zum Knacken von Kreditkartennummern gefunden.
5 Rechts- und Linksradikale benutzen eigene Netze zu Abstimmungen ihrer Aktionen sowie zur Verteilung von Propagandamaterial und sogar schwarzen Listen, auf denen mutmaßliche Gegner mit Adresse und Rufnummer gespeichert sind. Der Handel mit Menschen und Waren wird online via E-Mail abgesprochen [...].
10 Der wirtschaftliche Schaden durch online angebotener, aber schwarz hergestellter Computerprogramme geht jedes Jahr in die Milliarden. Die Business Software Alliance (BSA) berichtet jedes Jahr in langen Aufstellungen über alle nur denkbaren Fälle von Software-Piraterie, in die auch namhafte Unternehmen, Hotelketten und Bundesbehörden verwickelt
15 sind. Selbst durch die straffesten Kontrollen von Regierungsrechnern oder privat betriebenen Mailboxen rutschen immer wieder verbotene oder indizierte Programme auf die Festplatte, mit denen sich der Betreiber strafbar macht. Zwar listet die Bundesprüfstelle für jugendgefährdende Schriften mehrmals im Jahr genau auf, welche Bücher, Filme und
20 eben auch Computerprogramme verboten sind. Aber niemand kann verhindern, dass zum Beispiel wegen nazistischer Darstellungen indizierte Spiele einer Mailbox unter einem anderen, unverfänglichen Titel aufgeladen werden. Schon warnen immer mehr Politiker davor, „was in unserem schönen chaotischen Internet passiert". [...]

Text 2: Internet – im Klassenzimmer um die Welt

Andrea Pahl

Jeder, der schon im Internet gesurft ist, weiß, wie schnell einen die Faszination des CYBERSPACE in ihren Bann zieht. Grenzenlos bewegt man sich durch eine unübersehbare Flut von Informationen und sieht die Welt auf dem Monitor seines PCs zusammenschrumpfen.
5 Man kann mit Menschen überall in der Welt kommunizieren und in kürzester Zeit Informationen austauschen. Wer einmal die romantische Stimmung im Rechnerraum einer Universität erlebt hat, wo sich Studierende mit ihren Freundinnen und Freunden in fernen Ländern mithilfe von E-Mail unterhalten, der wird auch beim Internet nie von einem
10 menschenfeindlichen Medium sprechen. Oder doch? Genau in diesem Raum kann man nämlich auch sehen, wie Menschen stundenlang fasziniert auf einen Bildschirm starren und kaum auf die Idee kommen, direkt ein Wort miteinander zu wechseln. An diesem Beispiel zeigt sich schon ein wesentlicher Diskussionspunkt zum Thema Internet. Ist es
15 nun eine Bereicherung für die menschliche Kommunikation oder führt es dazu, dass die direkten zwischenmenschlichen Kontakte noch mehr reduziert werden, da jeder viel einfacher und unverbindlicher über den Computer mit der Welt kommunizieren kann?
Was sich hinter dem Begriff „Medienkompetenz" verbirgt, darüber muss
20 sicher noch reichlich diskutiert werden. Problematisch ist dabei, dass auch viele Erwachsene sich mit der Entwicklung auf dem Informationssektor etwas überfordert fühlen und keiner so recht weiß, wie sich dieser Bereich in den nächsten Jahrzehnten entwickelt. Gerade beim Internet liegen die Faszination und das Erschrecken über die Informa-
25 tionsflut sehr dicht beieinander. Die unglaubliche Schnelligkeit des Informationsaustausches sowie die Interaktivität des Internets stehen einem immer kürzeren Aktualitätswert der Meldungen gegenüber, da sie ständig wieder von neuen Informationen eingeholt werden. Trotzdem sind die Möglichkeiten, die diese Form der Kommunikation und des In-
30 formationsaustausches bietet, einfach beeindruckend.

Erörtern: Sich informieren – eine Materialsammlung anlegen

Text 3: www

Wer heute mit einer technischen Grundausstattung von deutlich unter 10 000 DM in der Lage ist, seine Dienstleistungen auch weltweit anzubieten, hat künftig Möglichkeiten, die Kleinstunternehmen bisher versagt waren. Dabei verliert der eigene Standort immer mehr an Bedeutung. Es ist nicht mehr wichtig, ob ein Unternehmer in Tokio oder einem kleinen Nest in Nevada sitzt. In der so genannten „globale(n) Stadt" der Datennetze, genau genommen ist es nur ein „globales Dorf", spielen Entfernungen und Zeitunterschiede keine Rolle mehr. Und das ist die Chance auch für kleine, kreative Unternehmen.

Ein bereits Realität gewordenes Beispiel kommt aus Schottland, wo die Hochebenen und Inseln EU-anerkannt zu den benachteiligten Regionen gehörten. Das war einmal. „Die fortgeschrittene Telekommunikation wird dem Würgegriff, in dem die Städte seit 200 Jahren die wirtschaftliche Entwicklung gehalten haben, ein Ende bereiten", sagt Ian Robertson, Hauptgeschäftsführer der Wirtschaftsförderer Highlands und Islands Enterprise in Schottland. Der Deutsche Karl Hummel hat den Schritt bereits getan. Er verlegte seine Veranstaltungfirma Prisma von München in das kleine Dörfchen Grantown südlich von Inverness. Starthilfe gab es auch für Hummel und seine Mitarbeiter, die immerhin 40 bis 60 Seminare und Konferenzen im Jahr für bis zu 2000 Teilnehmer organisieren. Zu den Kunden zählen unter anderem BMW, Porsche, Siemens, Lufthansa und Hewlett Packard. Hummel: „Obwohl wir hier in den Highlands sind, sind wir für unsere Kunden praktisch nebenan." Das sehen auch immer mehr Großkunden so. Sie richten in Schottland, nicht zuletzt wegen der niedrigen Löhne und der Beihilfen, vermehrt ihre Kundenbetreuungszentren oder Telefonmarketingzentren ein. Viele von ihnen arbeiten rund um die Uhr, da sie oft amerikanische Auftraggeber oder Kunden haben. Das erste so genannte „Call Center" war 1990 von McQueen Ltd. in der Nähe von Edinburgh eröffnet worden. Es betreut mit immerhin etwa 200 Beschäftigten europaweit die Kunden amerikanischer Softwareunternehmen. Das größte „Call Center" mit 1800 Mitarbeitern betreibt der britische Satellitensender SKB in Dunfermline und Livingstone. Derzeit dürften rund 10 000 Schotten ihren Lebensunterhalt am Telefonnetz verdienen.

Aber nicht nur Telefonarbeit wird von Schottland aus in alle Welt erledigt. Jim Baikie sitzt auf einer der Orkney-Inseln nördlich von Schottland und ist von Beruf Illustrator. Er zeichnet unter anderem für DC Comics in New York und liefert über das Internet keinen Geringeren als Cartoon-Charakter No. 1, Batman, ab.

Erörtern: Sich informieren – eine Materialsammlung anlegen

Text 4: Wie Kinder sicher surfen

Die virtuelle Welt ist nicht besser als die reale: Wenn Kinder sich in die Online-Welt begeben, ist Vorsicht geboten. Eltern können ihre Kinder beim Stöbern in den Netzen vor pornographischen Bildern oder rechtsradikalen Pamphleten bewahren. So lassen sich in den Online-Diensten
5 AOL **(Kennwort: Kindersicherung)** und CompuServe **(Go Eltern)** bestimmte Newsgroups, Chaträume und Internet-Anbieter sperren. Spezial-Software wie Surfwatch ermöglicht dies im Internet; eine Art Selbstkontrolle wie bei Kinofilmen steht erst am Anfang. Einschränken lässt sich auch die Benutzung des elterlichen Computers. Das Programm
10 „Launch Pad" von Berkeley Systems präsentiert nach dem Einschalten des PC eine kindgerechte Oberfläche, von der aus sich ausgewählte Programme bequem starten lassen. Der Rest der Festplatte ist nur nach Eingabe eines Passwortes zugänglich.

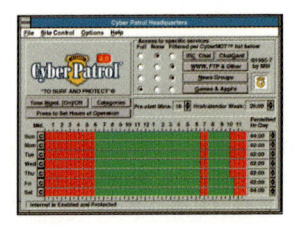

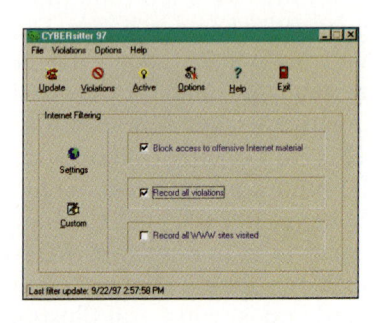

Sperrsoftware „Surfwatch", Cybersitter, Cyberpatrol, Rating-System „Safe Surf"

Nun kannst du beginnen, dein angesammeltes Wissen (Stoffsammlung) nach Pro- und Kontra-Argumenten zu ordnen.
Das Ziel ist: Auf der Basis der strukturierten Stoffsammlung eine Erörterung zum Thema „Chancen und Gefahren des Internet" zu schreiben.
Zur Vorgehensweise findest du auf den folgenden Seiten einige Hilfen.

Erörtern: Die Stoffsammlung strukturieren

Eine Gliederung erarbeiten

Pro- und Kontra-Argumente finden

Bevor du deine Erörterung erarbeitest, kannst du an einem ähnlichen Thema üben, wie man eine Erörterung aufbaut.
Sieh dir noch einmal den Leserbrief von S. 128 f. an, sein Thema soll hier wieder aufgegriffen werden. Im Folgenden zeigen wir dir, wie
– Argumente geordnet und aufgebaut werden,
– eine Erörterung angefertigt wird.

Schulen ans Netz

pro	Thematischer Schwerpunkt: Ist das finanzierbar?	kontra
– große Spendenbereitschaft durch Sponsoren: Eltern, Firmen; – Schulbehörden/Fortbildungsmaßnahmen des Bildungsministeriums fördern Projekte dieser Art; – Investitionen zahlen sich in der Zukunft aus; – …		– Aufgrund von Geldmangel bei den Schulträgern werden keine Computer mehr angeschafft; – fehlende Kompetenz der Lehrer; – laufende Kosten (Gebühren) belasten die Schuletats; – Hard- und Software veralten viel zu schnell; – …

❶ Suche weitere Argumente.

Erörtern: Die Stoffsammlung strukturieren

Schulen ans Netz

> **Thematischer Schwerpunkt:**
>
> Auswirkungen auf Beruf und Ausbildung

2 Ordne die aufgeführten Argumente in Pro und Kontra.

- Schon heute ist fast jeder Arbeitsplatz in irgendeiner Form mit Arbeit am PC verbunden.
- Arbeit mit dem PC wird immer benutzerfreundlicher – es bedarf keiner besonderen Schulung mehr.
- Einige Ausbildungsberufe kommen heute und wohl auch zukünftig ohne die neuen Techniken aus.
- Eignungstests beziehen sich in der Regel eher auf Grundfertigkeiten wie Rechtschreiben, Rechnen und logisches Denken – weniger auf Fertigkeiten im Umgang mit neuen Medien.
- Schüler bringen schon große Kenntnisse im Umgang mit neuen Medien mit in die Schule. Sie sind motiviert, in diesem Bereich und mit den neuen Techniken zu lernen.
- Die Wirtschaft sucht zunehmend Menschen mit fundierten Kenntnissen im Bereich neuer Medien.
- Überqualifizierung der Schüler in diesem Bereich führt zu erhöhter Frustration, wenn kein Ausbildungsplatz gefunden wird.
- Schwächere Schüler verlieren zunehmend den Überblick in der Informationsflut, z. B. des Internet. Sie sollten lieber in sinnvoller Freizeitgestaltung im Sport- und Bewegungsbereich geschult werden.
- Ausbildungsplatzangebote und Bewerbungsverfahren werden zunehmend über das Internet abgewickelt.
- Es gibt Schüler, die zu Hause wenig Kontakt mit neuen Medien haben. Hier gilt es, Chancengleichheit durch die Schule zu schaffen.
- ...

3 Ergänze diese Sammlung.

Weitere thematische Schwerpunkte zum Thema „Schulen ans Netz" sind denkbar (z. B.: Konkurrenzfähigkeit mit anderen Ländern, ...).

4 Finde weitere Schwerpunkte.

Erörtern: Schriftlich erörtern

Die Argumentationskette

Versuche nun, deine eigene Meinung zu einem der thematischen Schwerpunkte schriftlich darzustellen.
Die Abfolge der Argumente sollte strukturiert, d. h. sinnvoll geordnet sein. Man nennt diesen Vorgang auch **gliedern**.
Wenn du nur einen Standpunkt (Pro *oder* Kontra) vertrittst, heißt das **lineare Erörterung**.

1 Überlege, welchen Standpunkt du einnehmen möchtest: Pro oder Kontra.

2 Welche Anordnung deiner Argumente hältst du für zweckmäßig?
– Mit dem stärksten beginnen, um gleich seine Wichtigkeit herauszustellen?
– Das stärkste zum Schluss, damit es dem Leser in Erinnerung bleibt und dein Schlusswort überzeugender ist?

3 Ordne die Argumente zu dem von dir gewählten thematischen Schwerpunkt.

Argumente sollen aufeinander aufbauen und eine **Argumentationskette** bilden. Einige sprachliche Formulierungen helfen dir, Argumente geschickt miteinander zu verbinden.

Argumentationskette

Zunächst einmal …
Argument 1 + Beispiel

Betonen möchte ich aber auch …
Argument 2

deshalb ist anzunehmen, dass …
Argument 3 + Beispiel 1 + Beispiel 2

nicht zuletzt …
Argument 4 + Beispiel

Darum fasse ich zusammen …

Sprachliche Mittel/Wendungen

– zunächst einmal
– besonders betonen möchte ich

– noch bedeutsamer ist
– erwähnenswert ist auch
– außerdem
– näher erläutern möchte ich
– mir erscheint Folgendes wichtig
– nicht zu vergessen
– wir alle wissen/kennen doch
– es ist unumstritten
– ich zeige das an einem eindrucksvollen Beispiel
– aber weil das so ist, meine ich
– folglich
– von größter Bedeutung ist
– einerseits/andererseits
– ich fasse also zusammen
– um meine Begründung abzurunden
– nicht zuletzt
– …

4 Schreibe nun zu einem der thematischen Schwerpunkte eine Argumentationskette auf.

Erörtern: Einleitung/Schluss

Einleiten und Schließen einer Erörterung

Es gibt verschiedene Möglichkeiten, eine Erörterung zu beginnen:
- mit einer Information einleiten,
- persönliche Betroffenheit darstellen,
- mit einem Aufsehen erregenden Vorfall beginnen,
- mit einer Provokation einsteigen.
- ...

Zwei Schülerbeispiele zeigen die unterschiedlichen Möglichkeiten, eine Erörterung einzuleiten:

Internet-Café in der Schule – ein Vorbild?

Viele Schulen haben bereits einen Internetzugang, ja, sie haben oft schon eine eigene Homepage in das Netz eingespeist. Deutschland gehört bei dieser Entwicklung zwar nicht zu den Vorreitern, für weiterführende Schulen scheint sich aber ein Trend in diese Richtung abzuzeichnen: Internetzugang wird Standard. Bisher war er meist
5 einem bestimmten Fachbereich, z. B. der Informatik oder der Mathematik, zugeordnet, zu dem Schüler nur begrenzt Zutritt hatten. Eine Schule in Wuppertal ging einen neuen Weg. Auf Initiative der dortigen Schülerschaft wurde der Internetzugang in der von den Schülern selbst verwalteten Schülercafeteria im Keller der Schule aufgebaut. Diese erfreut sich nun einer zunehmenden Beliebtheit – von Schülern und Lehrern.
10 Hat dieses Beispiel Vorbildcharakter? Dies gilt es genauer zu untersuchen.

Internet-Café in der Schule – ein Vorbild?

Zunächst wollte ich es nicht glauben, als ich die Meldung in der Regionalzeitung las: Eine Schule unseres Ortes hatte ihren Internetzugang in die Cafeteria verlegt und somit allen Schülern und Lehrern ohne jede Kontrolle geöffnet. Das ist unglaublich, bedenkt man die Gefahren, die damit vor allem für jüngere Schüler verbunden sind!

❶ Welche Art des Einstiegs haben der Schreiber/die Schreiberin gewählt?

❷ Wie beurteilst du den Übergang zur eigentlichen Argumentation am Ende der Einleitung?

❸ Schreibe eine eigene Einleitung zu dem von dir gewählten thematischen Schwerpunkt.

Erörtern: Einleitung/Schluss

Internet-Café

Ebenso wichtig wie die Einleitung deiner Erörterung ist der Schluss. Hier kommt es darauf an, die eigene Meinung noch einmal besonders pointiert (auf den Punkt gebracht) darzulegen.

Hier werden zwei weitere Schülertexte als Beispiel vorgestellt:

Nach diesen Überlegungen muss ich feststellen, dass es heutzutage nötig ist, dass jede Schule einen Internetanschluss hat. Jeder Schüler und jede Schülerin soll Zugang zu einem Internetanschluss haben. Und das ist doch am besten z. B. in einer Schulcafeteria möglich.

Aufgrund des Gesagten kann ich nur davor warnen, jedem den Zugang zum Internet zu ermöglichen. Die Gefahr, dass jüngere Schülerinnen und Schüler im Internet surfen und an falsche Angebote geraten, ist einfach zu groß.

4 Beurteile diese beiden Schlüsse.

Erörtern: Schülertexte untersuchen

Schüler erörtern aktuelle Fragen

Ein Schüler hat sich den Themenschwerpunkt „Grundschulen ans Netz" gewählt. Hier ist sein Text:

Schülerbeispiel 1

Grundschulen ans Netz?

Meine kleine Schwester, die in die 2. Klasse geht, erzählte neulich, dass der Vater eines Mitschülers ihrer Klasse einen nagelneuen PC mit Internetmodem in die Klasse gestellt hätte. Alle Kinder wären begeistert. Ich habe mich allerdings gefragt, was so kleine Kinder mit einem Internetanschluss sollen.

5 Einen Internetanschluss für eine 2. Klasse halte ich für übertrieben. Die Möglichkeiten, die der Zugang zum Netz älteren Schülern bietet, können diese kleinen Schüler noch gar nicht richtig nutzen. Sie können doch noch kaum richtig lesen und schreiben. Das können sie zwar auch mithilfe des PC lernen, jedoch kaum mit Angeboten aus dem Internet. Auch das Kontaktaufnehmen
10 mit anderen Klassen über das Netz setzt voraus, dass man relativ sicher und schnell lesen und schreiben kann – sonst dauert das alles doch viel zu lange.
Außerdem haben junge Kinder noch einen großen Bewegungsdrang. Wenn sie lange still sitzen – und das tun sie sicher, wenn sie fasziniert vom Surfen
15 sind – ist ihre Lust zu toben hinterher bestimmt kaum zu bremsen.
Ein weiterer bedeutender Punkt dagegen ist, dass es sicher Streit in der Klasse geben wird, wer wie lange im Netz sein darf. Der Computer wäre ein dauernder Unruhestifter. Es ist auch fraglich, ob die Mädchen sich überhaupt gegen die Jungen durchsetzen könnten, um genauso oft zu surfen wie sie.
20 Ferner ist wohl unumstritten, dass im Netz Angebote zu finden sind, die für Kinder gefährlich sein könnten. Ich denke nur an die vielen Sexangebote oder vielleicht auch Informationen und Werbung für brutale Filme.
Dagegen gibt es für Kinder dieser Altersstufe außer der Spielzeugwerbung doch kaum Angebote, von denen sie wirklichen Nutzen hätten.
25 Nicht zuletzt sollte man überlegen, wie Lehrer die Versuche ihrer Schüler im Netz kontrollieren wollen. Junge Computerspezialisten machen doch so manchem älteren Lehrer am PC etwas vor. Vielleicht surfen sie in schädlichen Angeboten, während der Lehrer gerade mit anderen Kindern am anderen Ende der Klasse beschäftigt ist? Soll denn der Lehrer dauernd hinter dem Schüler stehen, der gerade am PC arbeitet?

30 Nach diesen Überlegungen finde ich, dass einmal wieder die Wahl des goldenen Mittelweges das Beste für alle wäre. Es soll schon ein Computer in der Grundschulklasse stehen, aber einer mit geeigneter Lernsoftware. Einen Internetanschluss für die Grundschule halte ich aber für überflüssig.

Erörtern: Schülertexte untersuchen

1 Untersuche diese Erörterung mithilfe der folgenden Checkliste.

Checkliste

– **Wie wird die Erörterung eingeleitet?**
  - Motiviert die Einleitung zum Lesen der Erörterung?
  - Ist die Einleitung
    – informierend,
    – provozierend,
    – wird von persönlicher Betroffenheit berichtet,
    – ein Beispiel vorgestellt?
  - Weitere Möglichkeiten wären:
    – Wird ein wichtiger Begriff (der Zentralbegriff) einleitend geklärt?
    – Wird eine allgemeine Einsicht/Feststellung aufgegriffen?
  - Ist die Einleitung sachlich und noch frei von eigener Meinung?

– **Wie wird zum Hauptteil der Erörterung übergeleitet?**
  - Mit einer Feststellung oder allgemeinen Antwort?
  - Mit einer das Thema genauer formulierenden Aufgabenstellung?
  - Mit einer Frage?
  - Ist es ein gleitender Übergang oder eine Provokation?

– **Wie ist der erörternde Teil/die Argumentsammlung aufgebaut?**
  - Wie sind die Argumente angeordnet? Vom starken zum schwächeren oder vom schwächeren Argument zum stärksten?
  - Welche Argumente werden nur aufgezählt, welche werden erläutert?
  - Wo werden Beispiele genannt?
  - Wird nur eine Position (pro oder kontra) erörtert oder werden beide Standpunkte gegeneinander abgewogen?

– **Wie schließt die Erörterung?**
  - Ist der Schluss überzeugend?
  - Wird die eigene Meinung des Schreibers ganz deutlich?
  - Wird ein Ausblick gegeben auf die Zukunft, ein Hinweis auf mögliche Folgen?

Schülerbeispiel 2

Leben in virtuellen Welten – Chance oder Gefahr?

Der Markt der Computerspiele boomt. Besonderen Zuwachs verzeichnen die so genannten virtuellen Computerspiele. Virtuell bedeutet, dass mithilfe von Bildern (z. B. in 3-D-Sicht) und Geräuschen Welten und Lebewesen vorgegaukelt werden, die es in Wirklichkeit nicht gibt oder geben kann. Offenbar üben
5 diese Spiele eine große Faszination auf Jugendliche unseres Alters und Erwachsene aus. Das ist ein Grund, sich mit den Möglichkeiten und Gefahren von virtuellen Computerspielen auseinander zu setzen.

Es gibt viele gute Argumente, die vor allem das Positive virtueller Computeranimation hervorheben. Man sollte sich nur einmal gut gemachte wissen-
10 schaftliche Lehrprogramme auf dem PC anschauen. Es ist z. B. überwältigend, quasi als kleines Blutströpfchen in den Blutkreislauf eines Körpers eingeschleust zu werden und eine Reise durch den Körper zu unternehmen. Das Gleiche gilt für alle Bereiche der Naturwissenschaften. Aber auch gesellschaftliche und geschichtliche Ereignisse werden besser verständlich und
15 realer, je wirklichkeitsnäher sie virtuell dargestellt werden. Der Computer gibt die Möglichkeit, in Geschichte und Geschichten einzugreifen. So gibt es beispielsweise ein Spiel, bei dem man eine römische Stadt bauen und mit allen nur erdenklichen Bauwerken von der Therme bis zum Aquädukt ausstatten kann. Sind die Einwohner der Stadt mit dem „Architekten" nicht zufrieden,
20 kommt es zu Aufständen oder anderen Katastrophen. Bestenfalls wird dem Imperator ein Denkmal gesetzt. Man kann gefahrlos eingreifen, Alternativen ausprobieren oder sogar Katastrophen herbeiführen – ohne Folgen für die wirklichen Menschen.
Die moderne Wirtschaft, z. B. die Architektur und die Modeindustrie, ist ohne
25 Computerhilfe (CAD = Computer aid Design) nicht mehr denkbar. Man plant und richtet seine Wohnung ein, ohne komplizierte Zeichnungen oder gar schweres Schleppen von Möbeln. Dasselbe gilt für das Erfinden und Entwerfen moderner Geräte oder Maschinen. Hier wird viel Geld und Material gespart: Zunächst entsteht das neue Auto auf dem Bildschirm – hier testet
30 man sein Fahrverhalten und anderes, danach wird es erst gebaut.
Ein besonderer Vorteil gerade auch für Schüler ist es, nach dem täglichen Schulstress in eine andere Welt abtauchen zu können, die man selbst gebastelt hat. In solchen simulierten Welten kann man Straßen, Wege, Parks und Wohnviertel errichten. Man kann Personen erfinden, ihnen Namen, Charak-
35 tereigenschaften und Vorlieben zuordnen. In diesen Welten gibt es nur Wesen und Dinge, die der eigenen Fantasie entspringen und angenehm sind. Oder man lässt seine Aggressionen auf dem Bildschirm heraus. Mithilfe der Technik ist Fantasie greifbarer, realer geworden. Anders als das passive Fernseh- oder Videogucken ermöglichen Computerprogramme aktive Teilnahme, ja
40 Kreativität.

Erörtern: Schülertexte untersuchen

Allerdings haben Wissenschaftler herausgefunden, dass das Spielen und Leben in virtuellen Welten wohl doch nicht so ganz ohne Gefahren ist. Ich bleibe bei dem Beispiel des alltagsgestressten Jugendlichen. Beobachtet man ihn beim Abtauchen in seine virtuelle Welt, sieht man, dass sein Kopf und zehn seiner Finger aktiv sind – was ist mit dem Rest? Er sitzt! Ebenso wie er bereits sechs Stunden oder mehr in der Schule gesessen hat. Körperlichen Ausgleich oder Gleichgewicht von Kopf und Körper können virtuelle Spiele nicht bieten. Gerade bei jüngeren Menschen kann das fatale Folgen haben, wie z. B. Haltungs- und Augenschäden durch zu langes Sitzen vor dem Bildschirm.

Ein zweites Problem ist die Einsamkeit. Meist ist man allein – auch wenn man sich virtuell in Menschenmassen tummelt. Hier sehe ich eine besondere Gefahr für Jugendliche, die z. B. wegen ihres Andersseins (vielleicht Pickel oder unmoderne Kleidung) keinen Anschluss finden. Es könnte sein, dass sie irgendwann ihre virtuelle Welt als viel besser erleben als die wirkliche. Die Computerwelt ist lenkbar und kontrollierbar – Reaktionen realer Menschen kann man schwer beeinflussen. Menschen machen es sich gern einfach und schon ist die Sucht vorprogrammiert. Bis Eltern darauf kommen, dass Computerspiele zur Sucht werden können wie Alkohol oder andere Drogen, ist es vielleicht zu spät.

Nicht alle Computerspiele sind schön. Es gibt grausame und ekelhafte unter ihnen. Morden und Sterben im Spiel ist jedoch nicht weiter tragisch, kurze Zeit später ist man wieder auferstanden. Wie auch bei manchen Gewaltfilmen im Fernsehen kann es passieren, dass man nicht mehr zwischen Scheinwelt und Wirklichkeit unterscheiden kann. Vor kurzem stand in der Zeitung, dass in Amerika ein Schüler, der sehr häufig Gewaltfilme gesehen hatte, in der Schule Amok lief und dabei viele seiner Klassenkameraden und seine Lehrerin getötet hat. Wenn man anders als im Fernsehen in den Computerspielen auch noch selbst aktiv werden kann, könnten gefährdete Jugendliche sich vielleicht noch stärker und unangreifbar fühlen.

Leichtgläubige, einfach gestrickte Persönlichkeiten sind hier in ernsthafter Gefahr. Angenommen, man trifft sich im Internet in einer selbst geschaffenen Welt. Wie leicht ist es, leichtgläubige Jugendliche mit falschen Informationen und „real" scheinenden Bildern zu verführen? Hier werden noch große Gefahren auf uns zukommen.

Wenn ich nun am Ende die Chancen und die Gefahren miteinander vergleiche, meine ich, das die gefährliche Seite der „Virtuellen Welten" ganz schön groß ist. Darum bin ich auch gegen das Spielen und Verkaufen zumindest von gewalttätigen Spielen. Wer Kindern und Jugendlichen diese Spiele trotzdem schenkt oder sie damit spielen lässt, sollte bestraft werden. Ich würde meinen Kindern so etwas jedenfalls strikt verbieten. Gute und lehrreiche virtuelle Computerspiele finde ich jedoch wichtig zum Lernen. Auch die Wirtschaft kommt ohne Virtualität nicht mehr aus. Ein bewusster Einsatz der neuen Technologien wird sicher helfen, die Gefahren zu erkennen und zu mindern.

2 Beurteile auch diese Erörterung mithilfe der Checkliste von Seite 143.

Erörtern: Schülertexte untersuchen

ZUM MERKEN

Aufbau einer Erörterung:

Eine Erörterung will Leser oder Hörer von der eigenen Meinung überzeugen.

Überschrift:
Sie sollte das Thema/die Kernfrage der Erörterung knapp und präzise benennen.

Einleitung:
Je nach Art der Argumentation und dem angesprochenen Adressatenkreis kann sie informierend oder provozierend sein. Auch ein Beispiel, eigene Betroffenheit, Klärung eines wichtigen Begriffs oder eine allgemeine Einsicht können in das Thema einführen.
Ein Überleitungssatz macht den Leser auf die eigentliche Erörterung gespannt.

Hauptteil:
Es gibt grundsätzlich zwei Arten einer Erörterung. Die **lineare** Erörterung setzt sich allein mit einer Sichtweite (pro oder kontra) des Themas auseinander.
Die **dialektische** Erörterung berücksichtigt beide Sichtweisen. Der eigene Standpunkt sollte durch überzeugende Argumente belegt werden. Meistens wird der eigene Standpunkt im zweiten Teil des Hauptteils erörtert.
Argumente werden in einer Argumentationskette vorgebracht und ausformuliert. Sie werden durch Beispiele und Fakten belegt. Diese machen eine Erörterung interessant und können unter Umständen den Leser dazu bringen, der Meinung des Schreibers zuzustimmen. In der Regel beginnt man mit dem schwächeren Argument und endet mit dem überzeugendsten.

Schluss:
Der eigene Standpunkt wird zusammengefasst. Die eigene Meinung wird nun noch einmal ganz deutlich formuliert. Je nach Adressat kann die Erörterung enden mit:
– einer Zusammenfassung der Standpunkte,
– dem Vorschlag einer Lösung,
– einem Kompromissvorschlag,
– einer offenen Frage,
– einem Ausblick auf die Zukunft, einem Hinweis auf mögliche Folgen.

Du hast nun im Wesentlichen erfahren, worauf es bei einer Erörterung ankommt. Bevor du die folgende Aufgabe bearbeitest, solltest du dir noch einmal die Texte der Seiten 133 – 136 durchlesen oder dir eigene aktuelle Texte zum Thema suchen.

3 Verliert eure Umfrage nicht aus dem Blick (Aufgabe 4, S. 128).

4 Schreibe eine Erörterung zum Thema „Chancen und Gefahren des Internet".

Erörtern: Projektideen

Ideenbörse: Noch mehr kontroverse Themen

Das Risiko ist tragbar!

Das Risiko ist zu groß!

Tempo 100 rettet Leben und hilft der Natur.

Freie Fahrt für freie Bürger!

Bastelt selbst Collagen nach diesem Muster. Hängt sie in der Klasse aus, sodass ihr einen ganzen Katalog zu möglichen Erörterungsthemen habt.

Pro und kontra Wehrpflicht – Zivildienst zur Regel machen?

Wieder Atombombenversuch in Indien

Grüne: Eltern sollen Grundschüler betreuen
Vorschlag zur Finanzierung der Vollen Halbtagsschule

Sammelt über einen längeren Zeitraum Zeitungsausschnitte, Informationen, Broschüren und Ähnliches zu bestimmten Themen. Sammelt in Mappen, die im Klassenraum ausliegen.

Sammelt Leserbriefe, untersucht sie und schreibt selbst welche.

148 Projekt: Sich bewerben

Fragen über Fragen!!!

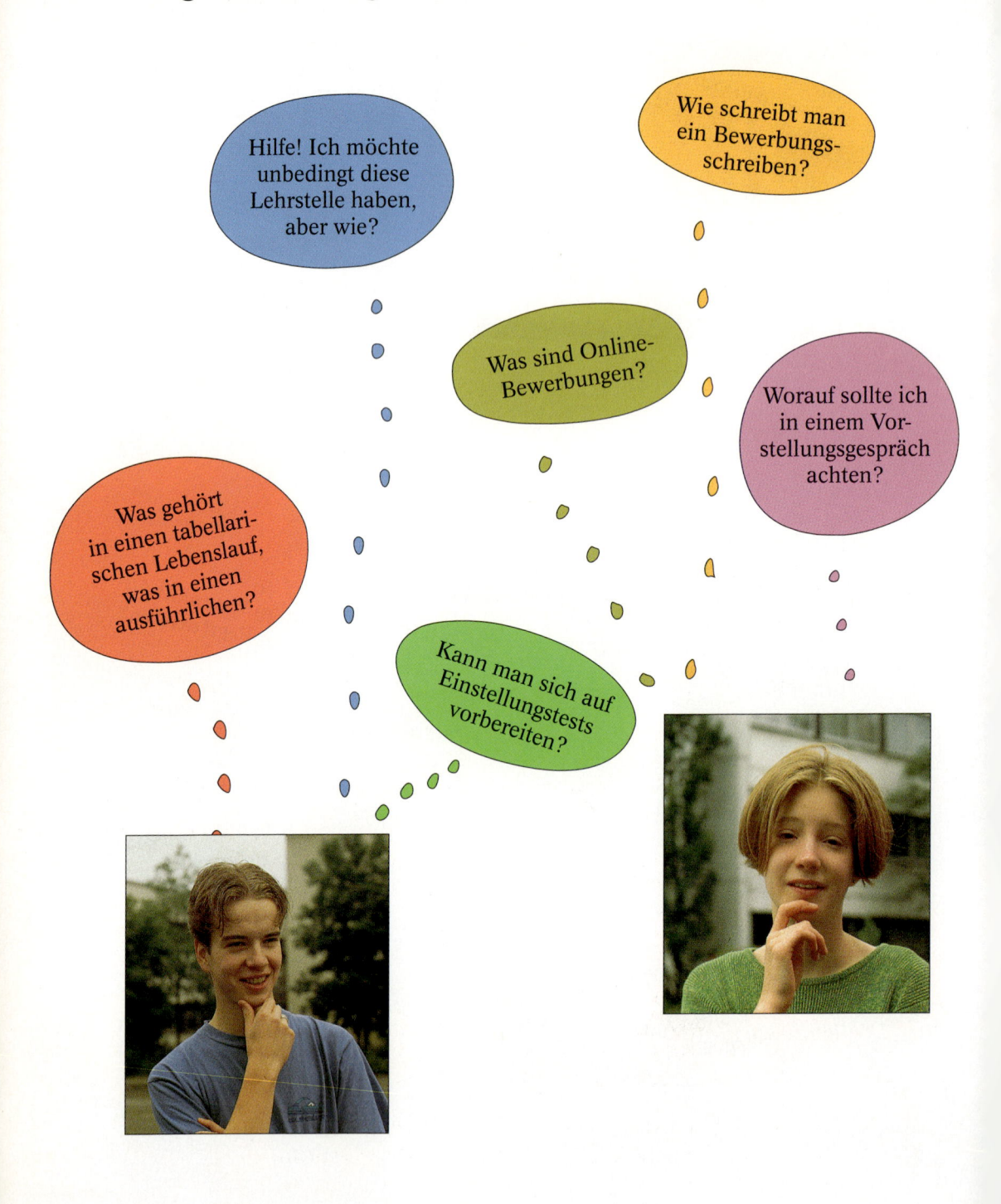

- Hilfe! Ich möchte unbedingt diese Lehrstelle haben, aber wie?
- Wie schreibt man ein Bewerbungsschreiben?
- Was sind Online-Bewerbungen?
- Worauf sollte ich in einem Vorstellungsgespräch achten?
- Was gehört in einen tabellarischen Lebenslauf, was in einen ausführlichen?
- Kann man sich auf Einstellungstests vorbereiten?

Projekt: Sich bewerben: Interview mit einem Ausbildungsleiter

Interview mit dem Ausbildungsleiter einer Sparkasse

Startklar (*St.*) führte das folgende Interview durch:

St.: Herr Weber, jedes Jahr bewerben sich viele Realschülerinnen und Realschüler bei Ihrer Sparkasse um eine Lehrstelle als Bankkauffrau/Bankkaufmann.
Was waren die häufigsten Gründe, die zu einer Ablehnung von Bewerbern geführt haben?

Aus- und Fortbildungsleiter der Nienburger Sparkasse, Holger Weber

Die Gründe sind vielfältig. Zunächst sind natürlich schlechte Schulnoten ein wichtiger Ablehnungsgrund. Aber auch unvollständige oder unsorgfältige Bewerbungsunterlagen führen dazu, dass ein Bewerber nicht zur Vorstellung eingeladen wird.

St.: Gibt es typische Fehler, die bei den Bewerbungsunterlagen auftreten?

Ja, immer wieder wundert man sich darüber, dass manche Bewerber sich nicht klarmachen, wie viel Aufschluss die äußerliche Aufmachung einer Bewerbungsmappe über den Bewerber gibt. Typische Fehler sind z. B. ein Schwarzweißfoto statt eines Farbfotos, Rechtschreib- und Zeichensetzungsfehler im Bewerbungsanschreiben, mit Schreibmaschine auf kariertem Papier zu schreiben, rausgerissene Blockseiten mit „Mäusekante", DIN-A4-Unterlagen in einem DIN-A6-Umschlag verpackt, eine unordentliche Handschrift.

St.: Welche Rolle spielen die Schulzeugnisse, speziell auch die Deutschnote?

Diese Frage ist schwer zu beantworten. Es gibt kein System, nach dem man prozentual beziffern kann, wie viele Bewerber an den Schulnoten gescheitert sind. Auch Schüler mit guten Noten sind gescheitert, weil z. B. ihr Sozialverhalten auffällig war oder weil sie keine verkäuferischen Fähigkeiten besaßen. Schüler mit schlechteren Noten, d. h. mit der Note Vier, nicht mit der Note fünf, wurden auch schon eingestellt, wenn die übrigen Fähigkeiten gut ausgeprägt waren. Grundsätzlich werden die Deutschnote und die Mathematiknote besonders gewichtet. Auch bei den Berufseignungstests sind diese beiden Noten ja die interessantesten.

St.: Wenn die erste Hürde geschafft ist, werden die ausgewählten Bewerber zu einem Einstellungstest gebeten. Können Sie einige Schwerpunkte dieser Tests nennen?

Projekt: Sich bewerben: Interview mit einem Ausbildungsleiter

So verfahren die meisten Sparkassen. Sie laden zu den Tests meistens alle Bewerber aus der Region ein. Die Sparkasse Nienburg verzichtet aber auf Einstellungstests, sondern setzt ein praxisorientiertes Auswahlverfahren ein. D. h., dass die Bewerber mit speziellen Übungen, z. B. Rollenspielen, in denen sie etwas verkaufen müssen, auf ihre praktische Eignung hin überprüft werden. Schwerpunkte sind verkäuferische Fähigkeiten, Geschick im Umgang mit Menschen, das Überprüfen der Deutschkenntnisse durch das Schreiben eines Aufsatzes.

St.: Verzichten Sie also ganz auf das herkömmliche Vorstellungsgespräch?

Nein, das ist bei uns im praxisorientierten Verfahren enthalten.

St.: Welche Verhaltensweisen führen zu einer Ablehnung des Bewerbers?

Die fehlende Identifikation mit der Aufgabe. Viele Bewerber wissen gar nicht, was für Tätigkeiten in einer Sparkasse durchgeführt werden. Die Fragen, die den Bewerbern gestellt werden, dienen dazu, sich ein Bild von ihnen zu machen. Negative Wirkung erzielen eine schlaffe Körperhaltung, fehlender Blickkontakt mit den Gesprächspartnern, zu signalisieren, dass wenig Interesse besteht. Ich versuche immer, mir den Bewerber am Schalter vorzustellen, wenn er mit einem Kunden Kontakt aufnehmen muss.

St.: Spielt auch das Aussehen bei der Ablehnung eine Rolle?

Da sind wir heutzutage ziemlich tolerant. Grundsätzlich gefällt uns ungepflegtes Äußeres nicht, z. B. fettige Haare, ungeputzte Schuhe etc. Aber auch extreme Kleidung wie ein superkurzer Minirock, Fransenjeans oder besonders herausgeputzte junge Leute kommen nicht gut an.

Vielen Dank für das Gespräch.

1 Aus diesem Interview könnt ihr eine Menge Tipps für eine erfolgreiche Bewerbung ableiten. Sucht sie heraus und notiert sie auf einer Wandzeitung, die ihr im Laufe dieses Projekts ständig ergänzen könnt:

> **Tipps für eine erfolgreiche Bewerbung**
>
> **Farbfoto für die Bewerbungsunterlagen**
>
> ...
> ...

Interview mit einer Berufsberaterin

St.: Frau Schulze, bevor sich Schüler für einen Ausbildungsberuf entscheiden, nehmen sie in der Regel Kontakt mit der Berufsberatung des Arbeitsamtes auf. Welche Aufgaben hat die Berufsberatung?

Im BIZ finden die Schüler alle Informationen, die sie zur Berufsfindung benötigen. Die Berufsberatung gibt Hilfen zur Selbsthilfe, sie informiert und berät. Wir gehen in die Klassen als Ergänzung zum Arbeitslehreunterricht. Dann finden Einzelberatungen statt, um herauszufinden, welchen Weg der Einzelne gehen will, welche Begabungen und Interessen da sind, damit gemeinsam ein Berufswunsch erarbeitet werden kann. Zusätzlich gibt es Fachdienste, den ärztlichen Dienst, der bei gesundheitlichen Problemen (z. B. Allergien) einbezogen werden kann, und den psychologischen Dienst für Berufswahltests und psychologische Eignungsuntersuchungen.

Karin Schulze, Berufsberaterin des Arbeitsamtes Nienburg

St.: Auch wenn das Arbeitsamt bei der Suche nach einem Ausbildungsplatz behilflich ist, gibt es leicht oder schwer zu vermittelnde Jugendliche. Welche Voraussetzungen erfüllt jemand, der problemlos zu vermitteln ist?

Derjenige hat sich intensiv mit seinem Berufswunsch beschäftigt, z. B. durch ein Praktikum und durch Informationen des BIZ. Er ist informiert über Anforderungen des Berufes, über die Ausbildung und über Tätigkeiten. Der ideale Bewerber hat gute Schulnoten mit Schwerpunkten in berufsrelevanten Fächern. Die Hauptfächer Deutsch und Mathematik werden bei den meisten Berufen als besonders wichtig angesehen. Der ideale Bewerber ist aktiv, schreibt nicht nur 50 Bewerbungen, die er wahllos verschickt, sondern wendet sich gezielt an Ausbildungsbetriebe, bei denen er vorher geklärt hat, ob ein Ausbildungsplatz zur Verfügung steht. Auch ist es oft sehr wichtig, sich bei Betrieben persönlich vorzustellen, vor allem, wenn es sich um kleinere, z. B. handwerkliche Betriebe handelt. Er kann anbieten, ein Praktikum abzuleisten, um auch seine eigene Person in das Bewerbungsverfahren mit einzubringen.

St.: Gibt es Tipps für besonders ansprechende Bewerbungsmappen?

Der optische Eindruck muss gut sein, d. h. jeder sollte seine Bewerbung Korrektur lesen und beurteilen lassen, ob die Bewerbung ansprechend ist oder nicht. Unbedingt ein gutes Farbfoto vom Fotografen verwenden, nicht aus dem Automaten! Natürlich müssen die Bewerbungsunterlagen fehlerfrei sein. Es ist richtig, sich bei einer schriftlichen Bewerbung an ein Muster zu halten, aber trotzdem ist Kreativität gefragt, um einen individuellen Eindruck zu hinterlassen.

St.: Wie können sich Jugendliche auf einen Einstellungstest vorbereiten?

Da kann man viel tun. Es gibt Bücher, mit denen man üben kann. Die Berufsberatung bietet Seminare für Bewerbungstrainings an. Eine Vorbereitung ist wichtig, um für die Ernstsituation besser gerüstet zu sein. Die Schüler müssen wissen, welche Testformen vorkommen können und dass es anders ist als in der Schule.

St.: Worauf sollten Jugendliche bei Vorstellungsgesprächen achten?

Sie sollten sich zunächst gut vorbereiten: sich über den Betrieb informieren durch Hausprospekte oder Leute, die dort arbeiten, oder bei den zuständigen Stellen wie Handwerkskammern, Industrie- und Handelskammern; eigene Fragen vorbereiten, wobei die Frage nach der Ausbildungsvergütung nicht die erste sein sollte. Sie sollten aber keine Fragen stellen, die man schon vorher im BIZ beantwortet bekommt, z. B. zur Dauer der Ausbildung.
Sie sollten ausgeschlafen sein, gefrühstückt haben, um die aufregende Situation auch körperlich durchzustehen. Die Kleidung muss sauber und ordentlich sein. Jeder Bewerber sollte auf Fragen zum Beruf vorbereitet sein. Optimal ist es, natürlich aufzutreten, nicht zu schauspielern, denn der Profi ist das Gegenüber.
Gut zuzuhören und Blickkontakt mit dem Gesprächspartner aufzunehmen, ist ganz wichtig. Man sollte nicht herumreden, sondern auf gestellte Fragen antworten und sich nicht ‚jeden Wurm aus der Nase ziehen lassen'. Jeder, der sich vorstellt, sollte in ganzen Sätzen sprechen mit möglichst ausführlichen Angaben. Tipp: Je mehr man redet, desto weniger kann man gefragt werden. Über Hobbys sollte man nur sprechen, wenn man etwas dazu zu sagen hat. Eine beliebte Fangfrage ist z. B. beim Hobby ‚Lesen': Welches Buch lesen Sie denn gerade?

St.: Was empfehlen Sie Schülern, die Schwierigkeiten haben, eine Ausbildungsstelle zu finden?

Die Schüler sollten möglichst Alternativen entwickeln und sich nicht nur auf einen Traumberuf festlegen. Sie sollen versuchen, selber die Gründe für häufige Ablehnungen herauszufinden: z. B. schwache Schulnoten, schlechte Bewerbungsunterlagen, zu wenig Eigeninitiative, zu wenig Ausbildungsstellen. Sie sollten zur Berufsberatung gehen, um andere Wege zu finden, nicht erst, wenn die Schulentlassung ansteht, sondern früh genug, um alternative Wege erarbeiten zu können.

St.: Vielen Dank für das Gespräch.

1 Vergleicht die Empfehlungen der Berufsberaterin mit euren Tipps und ergänzt sie.

Projekt: Sich bewerben: Bewerbungsmappe

Die Bewerbungsmappe

Deine Bewerbungsunterlagen sind deine **Visitenkarte**.
Jemand, der dich in der Regel nicht kennt, bekommt einen ersten Eindruck von dir.
Verwende also darauf viel Sorgfalt, oft entscheidet schon der erste Eindruck.

Bewerbung

Farbfoto

Bei Ihnen
bewirbt sich

Petra Schmidt
Breiter Weg 10
31582 Nienburg

Was gehört in ein Bewerbungsschreiben?

In einem Bewerbungsschreiben soll deutlich werden, warum der Bewerber/die Bewerberin für die ausgeschriebene Stelle **besonders geeignet** ist.

> Sparkasse Nienburg/Weser bietet Ausbildungsplatz
> für Bankkauffrau / Bankkaufmann zum 1. August …
> Realschulabschluss oder Abitur sind Voraussetzung.
> Übliche Bewerbungsunterlagen an
> Sparkasse Nienburg/Weser
> z. Hd. Herrn Weber
> Goetheplatz 4, 31582 Nienburg

Petra Schmidt Nienburg, 10.01.1999
Breiter Weg 10
31582 Nienburg

Sparkasse Nienburg/Weser
z. Hd. Herrn Weber
Goetheplatz 4

31582 Nienburg

Bewerbung um einen Ausbildungsplatz als Bankkauffrau

Sehr geehrte Damen und Herren,

durch Ihre Anzeige in der Zeitung habe ich erfahren, dass Sie einen Ausbildungsplatz für den Beruf Bankkauffrau zu besetzen haben.
Deshalb möchte ich mich bei Ihnen bewerben.
Zurzeit besuche ich die Realschule Langendamm und werde sie voraussichtlich nach dem nächsten Schuljahr mit dem Realschulabschluss verlassen. Mein Praktikum habe ich in der Kreissparkasse in Nienburg abgeleistet.
Der Umgang mit Computern und anderen technischen Geräten macht mir Spaß. Zusätzliche Informationen habe ich mir im BIZ und darüber hinaus durch andere Medien verschafft.

Ich würde mich freuen, wenn Sie mich zu einem Vorstellungsgespräch einladen würden.

Mit freundlichen Grüßen

Petra Schmidt

Projekt: Sich bewerben: Bewerbungsschreiben

Peter Schmidt   Haßbergen, 10.01.1999
Ziegeleistraße 16b
31626 Haßbergen
Tel.: 05021 / 45123

Sparkasse Nienburg/Weser
z. Hd. Herrn Weber
Goetheplatz 4

31582 Nienburg

Bewerbung um einen Ausbildungsplatz als Bankkaufmann

Sehr geehrter Herr Weber!

Meine Eltern sind bei Ihnen langjährige Kunden, und daher bewerbe ich mich um einen Ausbildungsplatz als Bankkaufmann in Ihrem Haus.

Zurzeit besuche ich die Realschule Langendamm, die ich im kommenden Jahr mit dem Realschulabschluss verlassen werde.
Ich habe mich in den letzten Monaten intensiv über den Beruf des Bankkaufmanns informiert, und außerdem habe ich ein dreiwöchiges Praktikum in der Geschäftsstelle Haßbergen absolviert. Da mein Vater ebenfalls Bankkaufmann ist, konnte er mir nützliche Informationen zur Ausbildung und zu Aufgaben in diesem Beruf geben.
Gern beschäftigte ich mich mit Menschen. Tätigkeiten wie Planen, Organisieren und Kalkulieren habe ich als Kassenwart unseres Sportclubs immer mit großem Engagement übernommen.

Ich würde mich freuen, wenn Sie mich zu einem Vorstellungsgespräch einladen würden.

Eine beglaubigte Fotokopie des letzten Zeugnisses, ein Passbild und mein Lebenslauf in tabellarischer Form liegen bei.

Mit freundlichen Grüßen

Peter Schmidt

❶ Vergleicht beide Bewerbungsschreiben (Gemeinsamkeiten/Unterschiede).

❷ Haltet ihr einen der beiden Bewerber für geeigneter als den anderen? Begründet eure Entscheidung mit Textstellen.

❸ Stellt mithilfe der beiden Texte zusammen, welche Angaben in ein Bewerbungsschreiben gehören.

Häufige Fehler in Bewerbungsschreiben

Hier findest du häufige Ausdrucks- und Grammatikfehler in Bewerbungsschreiben:

Achtung, Fehler!!!

a Bezüglich Ihrer Annonce bewerbe ich mich bei Ihnen als Bankkauffrau.

b Als Anlagen füge ich meinen Lebenslauf mit Passfoto und meine letzten Zeugniskopien bei.

c In diesem Bewerbungsschreiben füge ich meinen Lebenslauf, meine letzten zwei Zeugnisse und ein Passfoto bei.

d Bezüglich des Zeitungsartikels vom … möchte ich mich bei Ihnen um einen Ausbildungsplatz bewerben.

e Im Bezug auf Ihre Zeitungsannonce …

f Anhand Ihrer Zeitungsannonce habe ich vor, mich bei Ihnen um einen Ausbildungsplatz als Bankkaufmann zu bewerben.

g Bewerbung für einen Ausbildungsplatz als Bankkauffrau

1 Schreibe die korrigierten Sätze in dein Heft.

Ein Rechtschreibfehler kommt besonders oft in Bewerbungsschreiben vor:

Vorsicht, Fehler!!!

h Ich habe mich in den letzten Monaten intensiv über ihre Bank informiert.

i Wenn sie mir die Gelegenheit zu einem Vorstellungsgespräch geben würden, würde ich mich sehr freuen.

j Über die Möglichkeit zu einem Vorstellungsgespräch bei ihnen würde ich mich sehr freuen.

2 Formuliere die Rechtschreibregel, gegen die verstoßen wurde.

> Der Zoo Hannover sucht Auszubildende für den Beruf des Tierpflegers/der Tierpflegerin.
> Interessenten wenden sich bitte an Herrn Koch,
> Zoologischer Garten, Adenauerallee 3,
> 30175 Hannover

3 Verfasse ein Bewerbungsschreiben zu dieser Zeitungsannonce. Die Tipps auf der nächsten Seite helfen dir dabei.

Projekt: Sich bewerben: Bewerbungsschreiben

Tipps für ein erfolgreiches Bewerbungsschreiben

Formales:

- schreibt auf weißem, unliniertem DIN A4-Papier
- ordnet euer Schreiben formal übersichtlich an
- achtet auf eine saubere einwandfreie äußere Form des Schreibens (Schreibmaschine, besser noch PC benutzen)
- überprüft, ob Rechtschreibung und Zeichensetzung fehlerlos sind
- lasst links und rechts ca. 3 cm Rand
- formuliert in höflichem, sachlichem Stil
- stellt euer Anliegen klar und knapp dar
- fügt einen Absatz (Leerzeile) nach jedem wichtigen Gedanken ein

Inhaltliches:

- stimmt das Bewerbungsschreiben speziell auf den Ausbildungsplatz und den jeweiligen Betrieb ab (nicht bei mehreren Bewerbungen einfach nur die Anschrift ändern)
- schreibt euren Namen, Vornamen, eure Anschrift, Telefonnummer mit Vorwahl
- vergesst nicht die Ortsangabe und das Datum des Bewerbungsschreibens
- nennt die vollständige Anschrift des Betriebes, nach Möglichkeit auch schon einen Ansprechpartner
- fügt die Betreffzeile darunter (Bewerbung um einen Ausbildungsplatz als …)
- verwendet die persönliche Anrede, wenn die Ansprechpartnerin/der Ansprechpartner bekannt ist, sonst: *Sehr geehrte Damen und Herren*
- erläutert in der Einleitung euer Anliegen (Anlass der Bewerbung, z. B. aufgrund eines Zeitungsinserates oder durch Information der Berufsberatung des Arbeitsamtes oder Hinweis auf telefonische Kontaktaufnahme)
- stellt eure derzeitige Situation kurz dar (Schule, voraussichtlicher Abschluss, frühestmöglicher Eintrittstermin)
- **Schwerpunkt des Bewerbungsschreibens:**
  Begründung für euer Interesse an der gewünschten Lehrstelle
- bittet um ein persönliches Vorstellungsgespräch
- zählt die Anlagen hier oder am Schluss des Schreibens auf
- schließt mit der Grußformel (*Mit freundlichen Grüßen/Freundliche Grüße*)
- setzt eure Unterschrift (handschriftlich) unter das Schreiben (Vor- und Nachname)

Der tabellarische Lebenslauf

Zu jeder schriftlichen Bewerbung gehört ein Lebenslauf. Üblich ist in der Regel ein tabellarischer Lebenslauf, durch den man mit einem Blick die wichtigsten Daten des Bewerbers in chronologischer Reihenfolge erfassen kann:

Tabellarischer Lebenslauf

Name, Vorname:	Schmidt, Petra
Anschrift:	Breiter Weg 10 31582 Nienburg
Telefon:	0 50 21/4 51 23
Geburtsdatum/-ort:	02.04.1984, Hameln
Eltern:	Ernst Schmidt Elke Schmidt, geb. Weymann
Geschwister:	ein jüngerer Bruder
Schulbesuch:	1990 – 1994 Friedrich-Ebert-Grundschule, Nienburg 1994 – 1996 Orientierungsstufe II; Nienburg seit 1996 Besuch der Realschule Langendamm, Nienburg
Voraussichtlicher Schulabschluss:	2000 Realschulabschluss
Lieblingsfächer:	Deutsch, Mathematik
Besondere Kenntnisse:	Teilnahme am Französischunterricht, Teilnahme an Informatikkursen, Praktikum in der Kreissparkasse Nienburg
Hobbys:	Computer, Lesen

Nienburg, 10.01.1999

Petra Schmidt

1 Schreibe nun nach diesem Muster deinen eigenen tabellarischen Lebenslauf. Benutze nach Möglichkeit dazu den PC oder eine Schreibmaschine. Der Lebenslauf muss eigenhändig unterschrieben werden.

Projekt: Sich bewerben: Lebenslauf

Der ausführliche Lebenslauf

Manche Betriebe verlangen einen ausführlichen Lebenslauf.
Dazu müsst ihr die stichpunktartig aufgeführten Punkte des tabellarischen Lebenslaufes ausformulieren. Ein ausführlicher Lebenslauf muss in der Regel handschriftlich angefertigt werden.

> Haben Sie Lust, in einem jungen, aufgeschlossenen Team einer erfolgreichen Bank mitzuarbeiten? Wir bieten Ausbildungsplätze zur Bankkauffrau/ Bankkaufmann. Bewerbungen mit den üblichen Unterlagen sowie einem ausführlichen Lebenslauf richten Sie bitte an …

Lebenslauf

Mein Name ist Petra Schmidt, und ich wurde am 02.04.1984 in Hameln geboren. Mein Vater heißt Ernst Schmidt und ist Bankkaufmann, meine Mutter Elke Schmidt, geb. Weymann, Industriekauffrau. Außerdem habe ich noch einen jüngeren Bruder.

Ungeschickter Anfang: besser mit dem Geburtsdatum beginnen und den Namen weglassen
Besser: Meine Eltern sind der Bankkaufmann … und seine Ehefrau …

Von 1990 bis 1994 besuchte ich die Friedrich-Ebert-Grundschule in Nienburg. Danach wurde ich von 1994 bis 1996 an der Orientierungsstufe 2 in Nienburg unterrichtet. Meine Lieblingsfächer sind Deutsch und Mathematik. Zurzeit bin ich Schülerin der Realschule Langendamm, die ich voraussichtlich im Jahr 2000 verlassen werde.

Falsche Reihenfolge
Der Schulabschluss fehlt

In meiner Freizeit habe ich an Informatikkursen teilgenommen und Französischkenntnisse erworben. Zu meinen Hobbys zählen der Umgang mit dem Computer und Lesen.

Du hast das Betriebspraktikum bei der Bank nicht erwähnt

Nienburg, 10.01.1999

Petra Schmidt

1 Die Deutschlehrerin hat einige Stellen des ausführlichen Lebenslaufs markiert, an denen der Ausdruck verbessert werden muss oder etwas unvollständig ist. Schreibe den Lebenslauf noch einmal neu. Vergleiche mit deinen Klassenkameraden, denn es gibt zahlreiche Möglichkeiten, einen Sachverhalt zu formulieren.

2 Forme deinen eigenen tabellarischen Lebenslauf in einen ausführlichen um. Vermeide dabei Ausdruckswiederholungen.

Online: Die E-Mail-Bewerbung

Die E-Mail-Bewerbung

Paul Maisberger, ist Geschäftsführer von Maisberger & Partner, Gesellschaft für strategische Unternehmenskommunikation, München.

Wie verbreitet sind Online-Bewerbungen?

Viele Unternehmen bieten bei Stellenanzeigen mittlerweile eine E-Mail-Adresse als Kontakt an.

Wie sollte eine E-Mail-Bewerbung aussehen?

Ich empfehle, sie wie eine Kurzbewerbung aufzubauen. Das heißt: ein knappes Anschreiben, einen kurzen Lebenslauf. Nicht auf drei Seiten, wie man es auf Papier machen würde. Die E-Mail-Bewerbung muss kürzer und gezielter sein.

Sollte man auch ein gescanntes Foto mitschicken?

Auf jeden Fall. Möglichst ein extrem freundliches Foto. Da gelten die gleichen Regeln wie bei einer normalen Bewerbung.

Wo sollte man sich online bewerben?

Bei Firmen zum Beispiel, die mit den neuen Medien zu tun haben. Mit einer E-Mail zeigt der Bewerber, dass für ihn der Umgang mit neuen Medien selbstverständlich ist. Man darf aber nicht vergessen, der nächste Schritt ist das Vorstellungsgespräch. Letztendlich muss sich der Bewerber hier dann richtig präsentieren.

Sind E-Mail-Bewerbungen die Zukunft?

Nein. Das halte ich für zu technologiegläubig. Die einen werden die Möglichkeit nutzen, die anderen nicht. Ich würde jedem Bewerber empfehlen, beide Wege zu gehen.

1 Beantwortet mithilfe des Interviews folgende Fragen:
– Wann sollte man sich online bewerben?
– Welche Unterschiede gibt es zur normalen Bewerbung?

Projekt: Sich bewerben: Einstellungstests

Sich über Einstellungstests informieren

Viele Betriebe führen Einstellungstests durch, die über die Zeugnisnoten hinaus Auskunft über die Kenntnisse eines Bewerbers liefern sollen. Häufig werden besonders die Bereiche Deutsch, Mathematik und Allgemeinwissen sowie die Konzentrationsfähigkeit getestet.
Einige oft verwendete Aufgabentypen findet ihr auf den nächsten Seiten. Probiert sie aus und haltet euch genau an die Testanweisungen!
Sie sind einem der wesentlichsten Bücher entnommen, mit deren Hilfe man sich auf Einstellungstests vorbereiten kann (genaue Quellenangabe s. Seite 222).

1 Versucht die folgenden Aufgaben zu lösen.

Allgemeinwissen

Staat und Politik
a) Welche Staatsform hat die Bundesrepublik Deutschland?
b) Wer wählt in der Bundesrepublik Deutschland den Bundespräsidenten?
c) Wer wählt in der Bundesrepublik Deutschland den Bundeskanzler?
d) Wer ernennt in der Bundesrepublik Deutschland die Bundesminister?
e) In welcher Stadt hat das Bundesverfassungsgericht seinen Sitz?
f) Von welchen Ländern sind die folgenden Städte Sitz der jeweiligen Landesregierungen?
1. Berlin – 2. Bremen – 3. Dresden – 4. Düsseldorf – 5. Erfurt – 6. Hamburg – 7. Hannover – 8. Kiel – 9. Magdeburg – 10. Mainz – 11. München – 12. Potsdam – 13. Saarbrücken – 14. Schwerin – 15. Stuttgart – 16. Wiesbaden
g) Wo haben die Vereinten Nationen (UNO) ihren Sitz?
h) Welche der vier skandinavischen Staaten Dänemark, Finnland, Norwegen und Schweden gehören der NATO nicht an?
i) Wer wählt in den Vereinigten Staaten von Amerika (USA) den Präsidenten?

Geschichte
a) In welchem Jahr war die Machtergreifung Hitlers?
b) Wann begann und wann endete der Zweite Weltkrieg?
c) In welchem Jahr begann die Französische Revolution?
d) In welcher Stadt wurde Karl Marx geboren?
e) Durch wen wurde in welchem Jahr das Deutsche Reich gegründet?

Erdkunde
a) Welches Meer liegt zwischen Europa und Afrika?
b) In welchem Erdteil liegt Ägypten?

c) In welches Meer mündet die Donau?
d) In welchem Land liegt das Atlasgebirge?
e) Wie heißt die Hauptstadt von Australien?

Literatur
a) Wer schrieb den ‚Faust'?
b) Wer schrieb das Theaterstück ‚Die Räuber'?
c) Wer schrieb den Roman ‚Die Blechtrommel'?
d) Wer schrieb das Theaterstück ‚Macbeth'?
e) Wer schrieb den Roman ‚Der Zauberberg'?

Allgemeine Fähigkeiten

Dreiersystem
Im uns vertrauten Dezimalsystem stehen uns 10 Ziffern zur Verfügung, um eine Zahl darzustellen. Die Bedeutung einer Ziffer hängt dabei davon ab, an welcher Stelle sie innerhalb der Zahl steht.
So bedeuten die Ziffern 4, 7, 0 und 3 in der Zahl 4703:
die 3 steht für 3 · 1 oder 3 · 10^0 ($10^0 = 1$)
die 0 steht für 0 · 10 oder 0 · 10^1 ($10^1 = 10$)
die 7 steht für 7 · 100 oder 7 · 10^2 ($10^2 = 10 \cdot 10$)
die 4 steht für 4 · 1000 oder 4 · 10^3 ($10^3 = 10 \cdot 10 \cdot 10$)
Hätten wir nur die 3 Ziffern 0, 1 und 2 zur Verfügung, so könnten wir ganz ähnlich jede beliebige Zahl darstellen. Im Dreiersystem bedeuten dann die Ziffern der Zahl 2102 von rechts nach links:
die 2 steht für 2 · 1 oder 2 · 3^0 ($3^0 = 1$)
die 0 steht für 0 · 3 oder 0 · 3^1 ($3^1 = 3$)
die 1 steht für 1 · 9 oder 1 · 3^2 ($3^2 = 3 \cdot 3$)
die 2 steht für 2 · 27 oder 2 · 3^3 ($3^3 = 3 \cdot 3 \cdot 3$)
Umgewandelt in das Dezimalsystem erhalten wir:
2 · 1 + 0 · 3 + 1 · 9 + 2 · 27 = 2 + 0 + 9 + 54 = 65

Die fortlaufenden Zahlen im Dreiersystem lauten:
1   2   10   11   12   20   21   22
Wie lauten die nächsten fünf Zahlen?

Wie müssen die folgenden im Dreiersystem geschriebenen Zahlen im Zehnersystem lauten?
a) 120   b) 1001   c) 1212

Textaufgaben
Ein Schleppkahn wird von 8 Kränen in 12 Stunden mit Kohle gefüllt. Wie viele Stunden brauchen dann 6 Kräne dazu?
Wenn Michael und Stefanie ihr Geld zusammenlegen, haben sie 60 DM. Wie viel DM hat Michael beigesteuert, wenn er 18 DM weniger gespart hat als Stefanie?

Projekt: Sich bewerben: Einstellungstests

Wortbedeutung
Suchen Sie zu dem vorgegebenen Wort unter den vier Lösungsvorschlägen ein zweites aus, das die gleiche oder eine ähnliche Bedeutung hat.

11) schnell
    a) reißend   b) zornig   c) rasch   d) fahrend
12) Experiment
    a) Beweis   b) Versuch   c) Wissenschaft   d) Experte
13) benetzen
    a) einfangen   b) fischen   c) anfeuchten   d) verbinden

Sprichwörter
Zu einem Sprichwort soll ein zweites gesucht werden, das ungefähr den gleichen Sinn hat.

21) Wo ein Wille ist, da ist auch ein Weg.
    a) Unrecht Gut gedeihet nicht.
    b) Kleider machen Leute.
    c) Wer will, der kann.
    d) Wo ein Anfang ist, muss auch ein Ende sein.
22) Wie man sich bettet, so liegt man.
    a) Wer lange liegt, muss rosten.
    b) Wie man in den Wald hineinruft, so schallt es zurück.
    c) Alte Liebe rostet nicht.
    d) In den Eimer geht nicht mehr, als er fassen kann.
23) Ein Löffel voll Tat ist besser als ein Scheffel voll Rat.
    a) Reden ist Silber, Schweigen ist Gold.
    b) Gute Worte ohne Taten sind Binsen ohne Rohr.
    c) Schlechter Arbeiter wird nie gutes Werkzeug finden.
    d) Man soll den Tag nicht vor dem Abend loben.

Wortauswahl
Von fünf Begriffen haben vier etwas gemeinsam. Ein Begriff passt nicht zu den anderen. Kreuzen Sie diesen an.

31) a) Urlaub   b) Ferien   c) Feiertag   d) Arbeitstag   e) Wochenende
32) a) Quadrat   b) Würfel   c) Kreis   d) Ellipse   e) Rechteck
33) a) Mittag   b) Nacht   c) Uhr   d) Jahr   e) Monat

Tatsache oder Meinung?
Sie sollen Aussagen danach beurteilen, ob es sich um eine Tatsache handelt oder lediglich um eine Meinung. Kreuzen Sie „Tatsache" nur dann an, wenn es möglich wäre zu überprüfen, ob die Aussage richtig ist (zum Beispiel durch eine repräsentative Umfrage). Achten Sie hierzu auf die Form der Aussage und lassen Sie sich bei Ihrer Entscheidung nicht davon beeinflussen, ob Sie ihr persönlich zustimmen würden.

– Viele Mitbürger glauben, dass die menschliche Seele unsterblich sei.
– Urlaub ist am schönsten zu Hause.

– Gesundheit ist das wichtigste Gut.
– Häufig wird behauptet, dass Männer bessere Köche sind als Frauen.
– Es wird immer arme und reiche Länder auf dieser Erde geben.
– Manche Menschen halten die Diktatur für eine ideale Staatsform.

Rechtschreibtests kommen bei jeder Einstellungsprüfung vor. Dafür gibt es verschiedene Möglichkeiten neben dem normal diktierten Text, wie ihr es aus der Schule kennt.

Lückentexte
Der Text liegt den Bewerbern als Arbeitsblatt vor. Er wird vorgelesen, und von den Bewerbern sind nur die Lücken auszufüllen.

__a__ und Videogerät, CD-Spieler und __b__ haben längst Einzug ins __c__ gehalten. Trotzdem ist und bleibt das Schulbuch das Arbeitsmittel Nummer __d__. Vom ABC-Schützen bis zum __e__ braucht jeder Schüler Lehrbücher. Darum wetteifern die Verlage auch untereinander und lassen Jahr für Jahr gut __f__ neue Schulbuchtitel auf dem Markt erscheinen: Bücher für alle Schularten, für alle Fächer, für alle __g__. Selbst Fachleuten fällt da der Überblick schwer. Gott sei __h__ läuft die Sache mit den Schulbüchern für die Eltern dennoch problemlos. Sie __i__ weder __j__ wälzen noch __k__ im Buchladen. Nach den Sommerferien bringen ihre Kinder Taschen und Beutel voller Bücher von der Schule mit __l__.

Wörter in Normalschrift aufschreiben
2 Nehmt ein liniertes Blatt Papier und legt es neben das Sprachbuch.
Schreibt die Wörter der folgenden Geschichte, die in Großbuchstaben geschrieben sind, in Normalschrift nacheinander auf, indem ihr zuerst die Ziffer und dann das dazugehörige Wort schreibt:

Krankfeiern
Eigentlich hat (1) KRANKSEIN auch viel (2) ANGENEHMES. Man hatte Gerd (3) MONTAG MORGEN eingeliefert, und seitdem hatte er Zeit zum (4) NACHDENKEN. Von allen Seiten erfuhr er nur das (5) NETTESTE. Der Doktor war zwar immer in (6) EILE, aber sonst in (7) ORDNUNG. Die Schwester sorgte trotz allem (8) TRUBEL nicht nur für das (9) ÜBLICHE, sondern brachte ihm häufig etwas zum (10) SCHMÖKERN mit. Fürs (11) PLAUDERN blieb ihr zwar keine Zeit, dafür kam aber Gerds Frau (12) TÄGLICH und sorgte zugleich für (13) UNTERHALTUNG und (14) WOHLERGEHEN. Erst (15) GESTERN NACHMITTAG hatte sie ihm (16) SCHWARZWÄLDER KIRSCHTORTE mitgebracht, eine (17) NASCHEREI, auf die er sonst wegen der Kalorien (18) VERZICHTEN musste.
Nur von den Kollegen hätte sich Gerd mehr (19) ANTEILNAHME gewünscht. Natürlich war Fred dagewesen, aber er war der (20) ERSTE und blieb auch der (21) EINZIGE. Er hatte das Formular von der (22) SAARLÄNDISCHEN VERSICHERUNGSGRUPPE dabeigehabt. Aber

Projekt: Sich bewerben: Einstellungstests

was war mit den (23) ANDEREN? Glaubten sie etwa, er mache auf ihre (24) KOSTEN Urlaub? Schließlich war es kein (25) PERSÖNLICHES VERSAGEN, wenn er im (26) GEDRÄNGE an der Straßenbahn ins (27) STOLPERN geraten und (28) BÖSE gestürzt war. Heute war (29) SONNABEND […]

Zeichensetzung

3 In diesem Text sind dreißig Stellen durch runde Klammern gekennzeichnet. Entscheidet an jeder dieser durchnummerierten Stellen, ob ein Komma gesetzt werden muss oder nicht.
Schreibt die Ziffern, die ein Komma erfordern, auf ein Extrablatt:

Fraglos ist es die seltsamste Straße Ostbayerns. Auf 120 Kilometern Länge erstreckt sie sich (1) von Regensburg bis Pegnitz. Sie verläuft entlang des Ostrandes der Frankenalb (2) ist von Wäldern umzingelt (3) wird von Flüssen ummurmelt. Die Straße ist Montan-Geschichte (4) schlechthin (5) und sie lässt den Gast an ihrer uralten Historie Anteil haben. Längs ihres Weges (6) reihen sich Industriebauten (7) die als erhaltenswürdige Kulturdenkmäler erkannt wurden. Schlösser und Burgen säumen die Straße (8) selbstverständlich auch. Da aber die Geschichte der Menschheit (9) sich nicht ausschließlich in Schlössern abspielte (10) hoben die Bayern das Projekt „Bayerische Eisenstraße" aus der Taufe. Von Bergwäldern verborgene Schachtanlagen (11) an Flüssen erbaute Hammerwerke (12) Gewerkenhäuser (13) Arbeitersiedlungen (14) und die Schlösser der Hammerherren – das alles zeigt sich (15) dem erforschungswilligen Gast (16) der dieser eigenartigen Straße folgt. Die soll bald (17) durchgängig mit einem Symbolzeichen versehen sein (18) das auf die jeweiligen Sehenswürdigkeiten hinweist. In Erwägung gezogen werden unter anderem drei züngelnde Flammen (19) Symbol des mittelalterlichen Eisenwesens. 1987 wurde auch ein Industriedenkmal-Führer herausgegeben.
In Ostbayern wurde schon in grauer Vorzeit (20) Erzabbau betrieben. Für die Nasen der im 6. Jahrhundert eingewanderten Bajuwaren muss es in den Wäldern weniger nach Pilzen (21) als vielmehr nach Eisen gerochen haben. Zu ihrem Entschluss (22) sesshaft zu werden (23) mag die Überlegung beigetragen haben (24) dass man entlang der Flüsse Vils und Naab (25) zwar an allem möglichen (26) keinesfalls aber an Eisenmangel zu leiden hätte. Sie irrten nicht. Doch erst im 13. Jahrhundert (27) als die Wasserkraft der Flüsse genutzt wurde (28) um Blasebälge und mächtige Hämmer (29) für die Eisenhütten anzutreiben (30) begann der Aufstieg dieser bayerischen Region zu einem mitteleuropäischen Zentrum der Eisenindustrie.

Aufsatzthemen

Bei Verwaltungen und kaufmännischen Betrieben werden die Bewerber oft gebeten, einen Aufsatz zu schreiben, entweder einen Kurzaufsatz von ca. 15 Minuten oder bis zu einer Stunde. Die Ausdrucks- und die Argumentationsfähigkeit werden ebenso überprüft wie die Rechtschreibsicherheit. Die Themen können den verschiedensten Bereichen entstammen. Meist beziehen sie sich auf die Berufswahl oder auf Themen, die im Moment ‚in der Luft liegen'. Darauf könnt ihr euch am besten vorbereiten, **wenn ihr täglich die Zeitung lest und die Nachrichten im Fernsehen verfolgt.**

4 Probiert mehrere Themen aus. Zwingt euch, Zeitvorgaben einzuhalten!

Berufliche Themen:
– Was erwarte ich von meiner beruflichen Zukunft?
– Wie geht es nach der Ausbildung weiter?
– Welche Erwartungen habe ich an meine neue berufliche Tätigkeit?

Staat/Politik
– Entwicklungshilfe – Hilfe zur wirtschaftlichen Abhängigkeit?
– Bürgerinitiativen – werden die Parteien überflüssig?
– Hat Europa trotz der Unterschiedlichkeit seiner Mitgliedsländer eine Chance?
– Ist Deutschland auf dem Weg zum Einwanderungsland?

Gesellschaft
– Alkohol – unsere Droge Nummer 1
– Internet – haben Zeitung und Buch in der deutschen Familie noch eine Chance?
– Rentenversicherung – ist der Generationenvertrag überholt?
– Wie lange können wir es uns noch leisten, krank zu werden?

Umwelt
– Ist ein Ausstieg aus der Kernenergie zu erwarten?
– Kein gesamteuropäisches Umweltbewusstsein in Sicht?
– Hat der Wald aufgehört zu sterben, oder ist das Waldsterben kein Thema mehr?
– Die Autos verstopfen unsere Städte und Straßen – was nun?

Technik
– Gefährden Computer unsere Arbeitsplätze?
– Welchen Wert besitzt die Technik für den Menschen?
– Was bringt die Weltraumforschung?
– Kann uns die Technik bei der Lösung des Problems „Überbevölkerung" helfen?

Projekt: Sich bewerben: Einstellungstests

Wirtschaft/Verkehr
– Massentourismus – Fluch oder Segen?
– Sind wir mit unseren hohen Lohnkosten auf dem Weltmarkt noch konkurrenzfähig?
– Langzeitarbeitslosigkeit – welche Wege kann man gehen?
– Individualverkehr oder öffentliche Massenverkehrsmittel – wie sieht das Konzept der Zukunft aus?

Matrizen ergänzen

Die Matrizen setzen sich aus neun Quadraten zusammen. Von den neun Quadraten enthalten acht Quadrate Zeichen, die sich vom linken zum rechten und vom oberen zum unteren Quadrat nach einer Regel verändern. Das neunte Quadrat (unten rechts) ist leer. Welcher der vier Lösungsvorschläge gehört dort hinein?

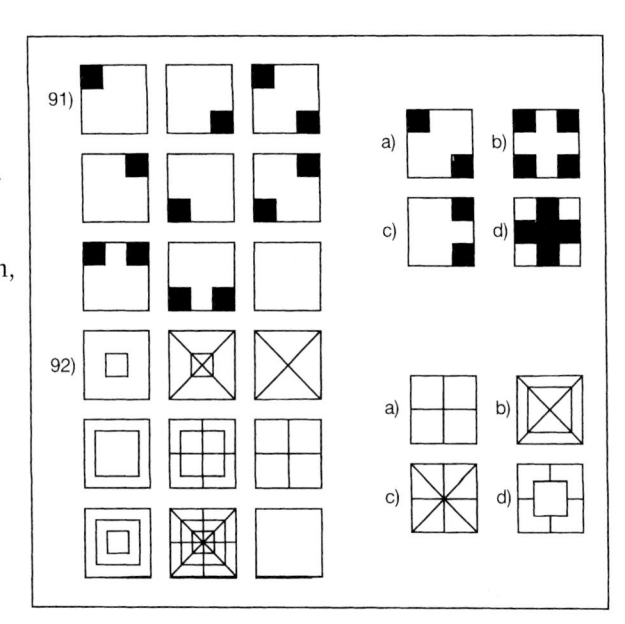

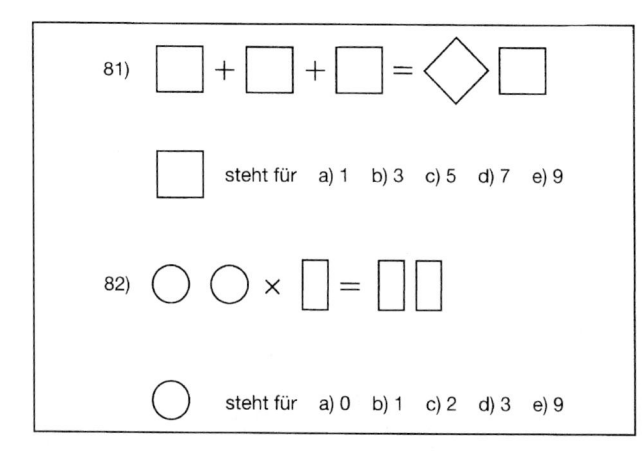

8. Symbol für Zahl

Es folgen ganz leichte Rechenaufgaben. Die einzige Schwierigkeit: Die Ziffern wurden durch Symbole ersetzt. Dasselbe Symbol innerhalb einer Aufgabe bedeutet immer dieselbe Ziffer. Stehen zwei Symbole nebeneinander, so bedeuten sie eine zweistellige Zahl.

81) ☐ + ☐ + ☐ = ◇☐

☐ steht für a) 1 b) 3 c) 5 d) 7 e) 9

82) ○ ○ × ☐ = ☐☐

○ steht für a) 0 b) 1 c) 2 d) 3 e) 9

Projekt: Sich bewerben: Vorstellungsgespräch

Das Vorstellungsgespräch

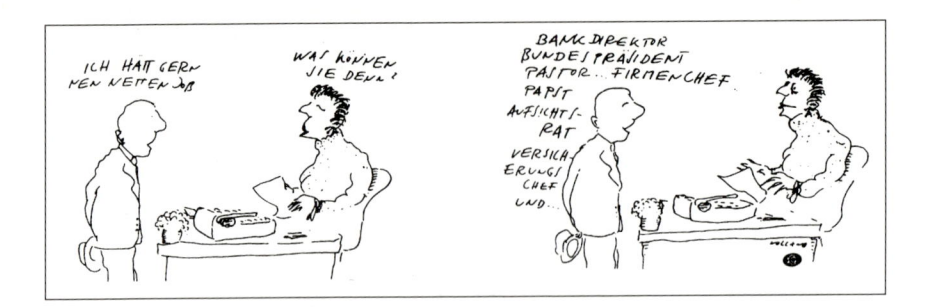

Ein Vorstellungsgespräch ist eine aufregende Sache. Ihr habt es aber selber in der Hand, ob ihr gut vorbereitet in die Situation hineingeht.

Der erste Eindruck:

- Gepflegtes Äußeres

- Passende Kleidung

- Pünktlichkeit

- Körpersprache

- Umgangsformen

❶ Erläutert die einzelnen Punkte.
Haben alle Klassenmitglieder die gleichen Vorstellungen? Ihr könnt ja noch einmal hier auf S. 152 nachlesen, was die Berufsberaterin zum Thema „Vorstellungsgespräch" meint.

❷ Stellt aus den einzelnen Hinweisen Empfehlungen zusammen.

Die „Sprache" unseres Körpers:

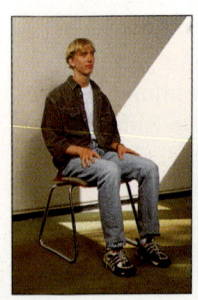

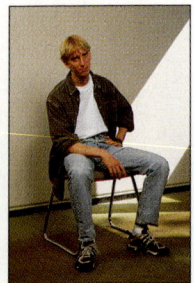

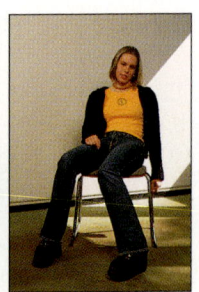

Projekt: **Sich bewerben**: Vorstellungsgespräch

Sich auf Fragen einstellen

Meistens sitzt ihr in einem Vorstellungsgespräch mehreren Personen gegenüber, die sich gemeinsam ein Bild von euch machen und den Personalchef bei seiner Entscheidung beraten. Der Personalchef hat bestimmte Erwartungen an den künftigen Azubi; danach richten sich die Fragen, die ihr beantworten müsst. Gleichzeitig werdet ihr aber auch in der Regel aufgefordert, eigene Fragen zu stellen.

Personalchefs erwarten Leistungswillen, geistige Wendigkeit, Anpassungsfähigkeit, Flexibilität, sicheres Auftreten und Teamgeist. Was im Einzelnen gefragt wird, hängt natürlich vom jeweiligen Gesprächspartner ab. Wer bereits Mitarbeiter oder ältere Azubis bei dem entsprechenden Unternehmen kennt, sollte sich vorher dort informieren. Unabhängig davon gibt es bestimmte Themen, die in Vorstellungsgesprächen immer wieder zur Sprache kommen:

- Gründe, warum man gerade diesen Beruf bei dem entsprechenden Unternehmen erlernen will,
- wie und wo man sich über den Beruf und/oder diese Ausbildung informiert hat,
- welche Zeitungen, Magazine und Bücher man regelmäßig liest,
- welche wichtigen politischen oder wirtschaftlichen Ereignisse zurzeit das Tagesgeschehen bestimmen,
- ob man sich auch bei anderen Firmen beworben hat,
- wie man seine Freizeit gestaltet (Hobbys, Interessen, ggf. welche Sportarten),
- Fragen zu zusätzlich im Lebenslauf angegebenen Qualifikationen/Kenntnissen und zu Lieblingsfächern in der Schule,
- Fragen nach der Berufstätigkeit von Eltern und Geschwistern,
- Fragen nach persönlichen Stärken und Schwächen,
- und schließlich: ob man selbst etwas über Betrieb oder Ausbildung erfragen möchte; mögliche Themen: Arbeitszeit, Ausbildungsvergütung, Dauer der Probezeit, Aufstiegsmöglichkeiten, Weiterbeschäftigungsmöglichkeiten nach Ende der Ausbildung. Jeder sollte sich vorher genau überlegen, welche Fragen er selbst stellen will.

„Und was können Sie noch?"

1 Stellt zu jedem Punkt einen möglichen Fragenkatalog zusammen.

2 Überlegt genau, welche Eigenschaften des Bewerbers jeweils bei der Beantwortung deutlich werden.

3 Was kann man an den Fragen ablesen, die ein Bewerber stellt? Formuliert auch sie.

Projekt: Sich bewerben: Vorstellungsgespräch

Eine Bewerbungssituation durchspielen

1 Spielt in einem Rollenspiel ein Vorstellungsgespräch, in dem dem Bewerber/der Bewerberin Fehler unterlaufen.

2 Mögliche Fehlerquellen könnten sein:
– zu spät kommen
– abgehetzt, uninteressiert wirken
– ungepflegtes Äußeres
– unhöflich
– die Gesprächspartner nicht ansehen
– in unvollständigen Sätzen sprechen
…
…
…

3 Beobachtet die Spieler genau. Notiert euch, warum ihr die Bewerber ablehnen würdet.

Tipp: Videokamera benutzen!

Ein realistisches Bewerbungsverfahren

Wendet nun an, was ihr bislang gelernt habt.
Ladet dazu einen Personalchef/eine Personalchefin (Vater/Mutter) ein, damit ihr ein Bewerbungsverfahren möglichst realistisch ausprobieren könnt.

4 Wählt aus Zeitungen Annoncen aus, auf die ihr euch bewerben könntet.

5 Schreibt dazu ein überzeugendes Bewerbungsschreiben mit einem tabellarischen Lebenslauf. Benutzt die Textverarbeitungsprogramme in eurer Schule.

6 Bereitet gruppenweise ein Vorstellungsgespräch vor. Tauscht während der Probe unbedingt mehrfach die Rollen, damit ihr euch in beide Seiten hineinversetzen könnt..

7 Der Personalchef/die Personalchefin prüft die Bewerbungsunterlagen und lädt zum Vorstellungsgespräch ein.

8 Führt die Vorstellungsgespräche durch; die übrigen Klassenmitglieder beobachten die Gespräche.

9 Wertet mit der Personalchefin/dem Personalchef die Gespräche aus.

Projekt: Sich bewerben: Tipps

Alles Gute!

Zum Schluss noch einmal einige allgemeine Tipps, über die ihr diskutieren solltet:

„Man kann nicht immer ‚fünf gerade sein lassen' und alles locker angehen, wie es der derzeitigen Jugendkultur oft entspricht. In diesen Zusammenhang gehören Stichworte wie SELBSTDISZIPLIN, ORDNUNGSSINN und ähnliche inzwischen diskreditierte Werte, die derzeit in der Rangskala sehr niedrig stehen."

„Die Jugendlichen sollten gelernt haben, NICHT BEI JEDEM MISSERFOLGSERLEBNIS ODER VORLÄUFIGEM AUSBLEIBEN DES ERFOLGES AUFZUGEBEN."

„JUGENDLICHE OHNE ABSCHLUSS haben kaum eine Chance, jemals ihren eigenen Lebensunterhalt zu verdienen … Die Abbrecher sind oft schlimmer dran als Sonderschüler."

„Die Bewerbungsunterlagen müssen individuell auf den Arbeitgeber abgestimmt werden, und sie müssen unbedingt sauber, lückenlos, chronologisch und vollständig sein."

„Beim Vorstellungsgespräch ist es wichtig, pünktlich und vor allem interessiert zu erscheinen."

„GROSSE LÜCKEN IM LEBENSLAUF" sind ein Nachteil für Bewerber. Man muss sie auf jeden Fall erklären können und notfalls schönreden.
So kann aus einem dreimonatigen Urlaub z. B. ein Sprachkurs werden."

„Einstellungstests sind kein Buch mit sieben Siegeln. Dazu kann man im Buchhandel zahlreiche Trainingsbücher kaufen und sich darauf vorbereiten."

Und nun:

Toi, toi, toi für eure Bewerbung!!!!!!!

Glossar zu Grammatik/Reflexion über Sprache – Zeichensetzung – Rechtschreiben – Nachschlagen

Wortarten auf einen Blick

Die Wörter eines Satzes lassen sich in zwei Gruppen aufteilen:

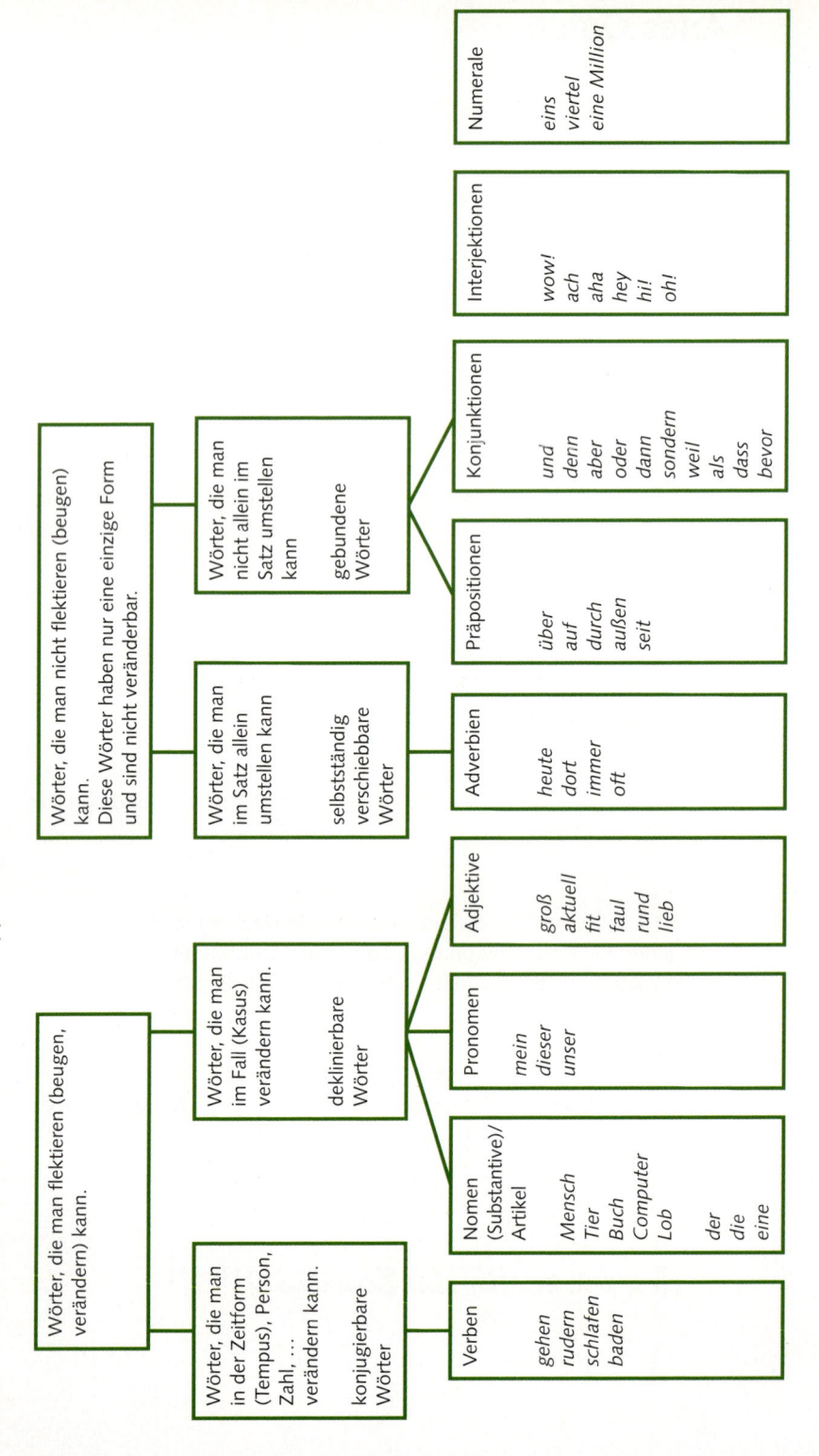

Wörter, die man flektieren (beugen, verändern) kann.

- **Wörter, die man in der Zeitform (Tempus), Person, Zahl, … verändern kann.**
  → konjugierbare Wörter
  - **Verben**
    gehen
    rudern
    schlafen
    baden

- **Wörter, die man im Fall (Kasus) verändern kann.**
  → deklinierbare Wörter
  - **Nomen (Substantive)/Artikel**
    Mensch
    Tier
    Buch
    Computer
    Lob

    der
    die
    eine
  - **Pronomen**
    mein
    dieser
    unser
  - **Adjektive**
    groß
    aktuell
    fit
    faul
    rund
    lieb

Wörter, die man nicht flektieren (beugen) kann. Diese Wörter haben nur eine einzige Form und sind nicht veränderbar.

- **Wörter, die man im Satz allein umstellen kann**
  → selbstständig verschiebbare Wörter
  - **Adverbien**
    heute
    dort
    immer
    oft

- **Wörter, die man nicht allein im Satz umstellen kann**
  → gebundene Wörter
  - **Präpositionen**
    über
    auf
    durch
    außen
    seit
  - **Konjunktionen**
    und
    denn
    aber
    oder
    dann
    sondern
    weil
    als
    dass
    bevor

- **Interjektionen**
  wow!
  ach
  aha
  hey
  hi!
  oh!

- **Numerale**
  eins
  viertel
  eine Million

Glossar: Grammatik

Das Verb

Die Funktion der Zeiten auf einen Blick

ZUM WIEDERHOLEN

Verben kann man in der Zeitform (Tempus), der Person, Zahl, Indikativ/Konjunktiv, Aktiv/Passiv verändern, man kann sie konjugieren:

Das Präsens
- Mit dem Präsens wird ausgedrückt, dass eine Tätigkeit oder ein Zustand gegenwärtig andauert, sich wiederholt oder allgemein gültig ist, zum Beispiel: *Ich schreibe gerade einen Brief. Sie spielt jeden Freitag Handball. Rauchen gefährdet die Gesundheit.*
- Das futurische Präsens wird häufig verwendet, um eine zukünftige Handlung auszudrücken, oft in Verbindung mit Zeitangaben, zum Beispiel: *In zwei Wochen fahren wir in den Urlaub.*
- Mit dem Präsens kann man auch ein historisches/vergangenes Geschehen ausdrücken. Dabei muss die Vergangenheitsbedeutung durch eine Zeitangabe ausgedrückt werden, zum Beispiel: *1946 wird der erste elektronische Großrechner entwickelt.*

Das Präteritum
Das Präteritum ist die Zeitform des schriftlichen Erzählens. Es verweist auf Vergangenes; auf etwas, das in der Vergangenheit abgeschlossen wurde, zum Beispiel: *Letzte Woche schaute ich mir den neuesten Film im Kino an.*

Das Perfekt
Das Perfekt stellt eine Verbindung von der Vergangenheit zur Gegenwart her, im mündlichen Sprachgebrauch wird es auch gern als Erzählzeit verwendet, zum Beispiel: *Tim hat mich vorhin besucht.*

Das Plusquamperfekt
Das Plusquamperfekt wird benutzt, um die zeitliche Abfolge zweier Vorgänge, die in der Vergangenheit liegen, voneinander abzugrenzen (häufig mit *nachdem*), zum Beispiel: *Nachdem er den Abwasch erledigt hatte, wickelte er das Baby.*

Das Futur I
Das Futur wird gebraucht, um eine zukünftige Handlung oder einen Zustand von der Gegenwart deutlich zu unterscheiden. Sonst steht das Präsens. Mit dem Futur wird auch häufig eine Vermutung oder Erwartung ausgedrückt, zum Beispiel: *Sie werden den Zug verpassen.*

Das Futur II
Das Futur II wird benutzt, um ein Geschehen auszudrücken, das zu einem zukünftigen Zeitpunkt beendet sein wird, zum Beispiel: *Nächstes Jahr wird er seine Ausbildung beendet haben.*

Welche Zeitform passt?

1 Seit einigen Monaten (Bankgeschäfte per Computer regeln…) _____.
2 Nachdem ich fünf Stunden am Computer (arbeiten…) _____, _____.
3 Bevor mir letztes Wochenende mein Computer (abstürzen…) _____, _____.
4 In 14 Tagen (im Internet surfen…) _____.
5 Unseren Mietwagen für den Urlaub (online buchen…) _____.
6 Nachdem ich einen Virus auf meinem Computer (entdecken…) _____, _____.
7 Seinen Freund (über das Internet kennen gelernt…) _____.
8 Demnächst (Homepage einrichten…) _____.
9 Nächstes Jahr um diese Zeit (in der Schule Computerraum ausbauen…) _____.
10 Während ich (ein neues Computerspiel ausprobieren…) _____, _____.

1 Vervollständige die Sätze, überlege, welche Zeitform du wählen willst.
In welchen Sätzen gibt es mehrere Möglichkeiten?

> verstehen 2x, geben 2x, beantworten, stellen können, übersetzen, zeigen, eingeben können, aufmerksam machen, beibringen, verfügen, mitteilen, sollen beginnen, wollen hinweisen, haben

Gorilla „erzählt" im Internet
Affe versteht 2000 Worte / Online-Konferenz mit Pflegerin

New York (ap). Ein Gorilla, der Zeichensprache _____, am kommenden Montag die erste Online-Konferenz zwischen Tier und Mensch im Internet _____. Das 26-jährige
5 Flachlandgorillaweibchen „Koko" _____ Fragen _____, die Kunden des Anbieters America Online (AOL) per E-Mail _____.
„Kokos" Betreuerin Francine Patterson _____
10 die Fragen für das Gorillaweibchen in Zeichensprache _____. Koko _____ ihrer Pflegerin die Antworten _____, damit diese sie anschließend _____. Bereits in den vergangenen Jahren _____ die Wissenschaftler immer wieder auf „Koko" _____. Der gelehrigen Goril-
15 ladame _____ bereits seit 25 Jahren die Amerikanische Zeichensprache _____. Sie _____ etwas mehr als 2000 englische Wörter und _____ über einen aktiven Sprachschatz von 500 Zeichen, _____ die Gorilla-Stiftung _____, in deren Forschungszentrum in San 20 Francisco die Internet-Veranstaltung am Montag 16 Uhr Ortszeit (1 Uhr MESZ Dienstag) _____.
Mit dem Projekt „Koko" _____ die Stiftung auf die Bedrohung der großen Menschenaffen in 25 ihren natürlichen Lebensräumen _____. Nähere Informationen _____ es über die Internet-Adresse http://www.gorilla.org. Zur Online-Konferenz selbst _____ aber nur AOL-Kunden Zugang. 30

2 Setze die Verben in der richtigen Zeitform in den Text.

3 Bestimme die Zeitformen.

Glossar: Grammatik

Aktiv – Passiv

ZUM WIEDERHOLEN

Das **Aktiv** ist die am häufigsten verwendete Handlungsform des Verbs. Die Handlung wird vom Täter (Handelnden) aus gesehen, z. B.: *Ich lese ein Buch. Der Junge schießt ein Tor.*
Beim **Passiv** wird die Handlung vom Betroffenen aus gesehen.
Man unterscheidet:
- das **Vorgangspassiv** – das Geschehen steht im Vordergrund, der Täter muss nicht unbedingt genannt werden (täterloses Passiv), z. B.:
Das Buch wurde (von mir) bereits zurückgegeben.
Das Tor wird vom Mittelstürmer erzielt.
Das Vorgangspassiv wird gebildet mit einer Personalform von *werden* und dem Partizip II.
- das **Zustandspassiv** – der erreichte Zustand, das Ergebnis steht im Vordergrund, z. B.:
Der Weg ist geschafft. Das Spiel war durchs Golden Goal gewonnen.
Das Zustandspassiv wird gebildet mit einer Personalform von *sein* und dem Partizip II.

Aktiv gegen Passivrauchen

Das Nichtraucherschutzgesetz ist am Bundestag gescheitert – nun sind Eigeninitiative und verantwortliches Handeln gefordert. Zahlreiche Studien zum Passivrauchen belegen heute eindeutig die schädlichen Folgen für „Mitraucher". Wissenschaftlicher Konsens besteht darüber, dass Passivrauchen bei Säuglingen und Kleinkindern Husten, rasselnd-pfeifendes Ausatmen (Bronchialasthma) sowie ein erhöhtes Infektionsrisiko der unteren Atemwege zur Folge haben kann. Eine groß angelegte Kinderstudie des DKFZ im Jahr 1996 ergab, dass Kinder in Raucherhaushalten – auch wenn nur ein Elternteil raucht – fast doppelt so häufig an Husten, Kopfschmerzen und Konzentrationsschwierigkeiten leiden und dreifach häufiger an Schlafstörungen als Kinder aus Nichtraucherhaushalten.

Gemäß Umfragen in Betrieben in Deutschland, anderen europäischen Ländern oder den USA wurden übrigens Nichtraucherschutzvereinbarungen am Arbeitsplatz durchweg als positive Maßnahmen empfunden, die das Betriebsklima ganz praktisch verbessern. Das Deutsche Krebsforschungszentrum hat bereits zehn Jahre Erfahrung mit solch dienstlichem Nichtraucherschutz: „In Räumen, die von allen Mitarbeitern genutzt werden, wird nicht geraucht", steht in der Dienstordnung. Kosten entstanden durch diese Regelung nicht.

4/98 Test

4 Bilde verschiedene Aktiv- und Passivsätze, die sich mit dem Thema des Zeitungsberichts beschäftigen.

5 In diesem Bericht sind Aktiv- und Passivsätze enthalten. Suche sie heraus. Versuche sie in die jeweils andere Form umzuwandeln.
Ist das bei allen Sätzen möglich?

6 Welcher Text gefällt dir besser?

Glossar: Grammatik

Indikativ – Konjunktiv – Imperativ

ZUM WIEDERHOLEN

Die verwendete Verbform zeigt an, wie die Handlung/das Geschehen vom Sprecher/Schreiber gesehen wird: Wird sie als tatsächlich (wirklich), möglich, erwünscht, erdacht oder nicht wirklich eingeschätzt? Danach richten sich die Aussageweisen in einem Satz, z. B.:
Indikativ (Wirklichkeitsform): *Er geht in die Schule.*
Sie fuhr mit dem Rad zum Sport.

Konjunktiv I (Möglichkeitsform): Er wird meist in der indirekten Rede und im indirekten Fragesatz verwendet, z. B.:
Die Schülersprecherin berichtete, alle Lehrer seien von der Projektidee begeistert. Er fragte, ob sie schon gegessen habe.

Konjunktiv II (Nichtwirklichkeitsform): Er wird verwendet, wenn ausgedrückt werden soll, dass etwas nicht wirklich, sondern nur erwünscht, gedacht oder vorgestellt (nicht verbürgt) ist. Er wird auch in der indirekten Rede verwendet, wenn Konjunktiv I und Indikativ identisch sind. Oft wird er, besonders im mündlichen Sprachgebrauch, mit *würde* umschrieben, z. B.:
Wenn ich richtig hingeschaut hätte, wäre mir der Fehler aufgefallen.
Sie sagten, sie hätten (statt haben) eifrig geprobt.
Wenn ich im Lotto gewinnen würde, würde ich einmal um die Welt reisen.

Imperativ (Befehlsform)
Zum Beispiel: Lauf nicht weg! Sprecht nicht miteinander!

Die ‚perfekte' Schule

7 Stelle eine Liste zusammen, was du an deiner Schule verändern würdest, wenn du Rektor/Rektorin wärst.
Wenn ich ▬ unserer Schule wäre, ▬

Unzufrieden

8 Dein Freund/ deine Freundin ist momentan sehr unzufrieden mit seinem/ihrem Leben. Ergänze die Sätze.

Er/Sie ist Auszubildende(r), aber er/sie wäre gern schon Meister/in in seinem/ihrem Beruf
– wenig verdienen –, aber ▬
– bei den Eltern wohnen –, aber ▬
– sehr früh aufstehen –, aber ▬
– nur ein Mofa, in einem großen Betrieb arbeiten, wenig Urlaub, nur ein Hobby, ▬

Glossar: Grammatik

Drei ‚wirkliche' Gedichte mit Konjunktiv

Verteidigung des Konjunktivs *Albert Janetschek*

Die Umfunktionierer
unserer Sprache
nennen ihn überflüssig
und veraltet

5 Sie plädieren
für seine Abschaffung
mit dem Hinweis
auf seine Schwierigkeit

Doch wie drückt man
(beispielsweise) 10
Wünsche aus
im Indikativ?

Könnten wir uns abfinden
mit einer Sprache
ohne Flügel? 15

9 Überlege dir Beispielsätze, die die Aussage der dritten Strophe stützen.

10 Was sind für dich die „Flügel" einer Sprache?

11 Im folgenden Gedicht sind bestimmte Verbformen weggelassen. Die in Klammern stehenden Formen im Indikativ geben euch Hinweise über die fehlenden Verbformen im Konjunktiv, die ihr einsetzen sollt.

Der eingebildet Kranke *Eugen Roth*

Ein Griesgram denkt mit trüber List,
Er ▇ krank. (was er nicht ist!)
Er ▇ nun, mit viel Verdruss,
Ins Bett hinein. (was er nicht muss!)
5 Er ▇, spräch der Doktor glatt,
Ein Darmgeschwür, (was er nicht hat!)
Er ▇ verzichten, jammervoll,
Aufs Rauchen ganz. (was er nicht soll!)
Und ▇, heißt es unbeirrt,
10 Doch sterben dran. (was er nicht wird!)
Der Mensch ▇, als gesunder Mann
Recht glücklich sein. (was er nicht kann!)
▇ glauben er nur einen Tag,
Dass ihm nichts fehlt. (was er nicht mag!)

Der Rauch *Bertolt Brecht*

Das kleine Haus unter Bäumen am See,
Vom Dach steigt Rauch.
Fehlte er,
Wie trostlos dann wären
Haus, Bäume und See.

12 Auch in diesem Gedicht wird der Konjunktiv in einem Bedingungssatz verwendet. Welche (nicht wirkliche) Frage stellt der Autor?

Glossar: Grammatik

Direkte und indirekte Rede auf einen Blick

ZUM WIEDER-HOLEN

Es gibt zwei Möglichkeiten, jemandem etwas mitzuteilen, was gesagt wurde:

direkte Rede
Die direkte Rede besteht aus Redeteil _____ und Begleitsatz ....
- .... : „ _____ ."
- „_____", ...
- „_____?", ...
- „_____!", ...
- „_____", ... , „ _____ ."

Frank behauptet: „Ich besitze keinen Fernseher."
„Ich habe Matthias vor dem Jugendzentrum gesehen", sagte Dilek.

indirekte Rede:
Die indirekte Rede steht in der Regel im Konjunktiv I:

Frank behauptet, er besitze keinen Fernseher.
Dilek sagte, sie habe Matthias vor dem Jugendzentrum getroffen.

Häufig wird anstatt des Konjunktiv I der Konjunktiv II benutzt; so spricht man in der Alltags-/Umgangssprache mit dem Konjunktiv II oder wenn sich der Konjunktiv I zu geziert oder zu gewählt anhört:
Daniela erzählt, sie sei (wäre) gestern im Stadion gewesen und habe (hätte) sich ein Fußballspiel angeschaut.

Vor dem Zeitungskiosk
Carlo Manzoni

Signor Veneranda blieb vor dem Zeitungskiosk stehen. Entschuldigen Sie sagte Signor Veneranda zum Zeitungshändler geben Sie mir eine Zeitung von gestern?
Eine Zeitung von gestern? sagte der Händler und suchte im Innern des
5 Häuschens herum da ist sie schon sagte er und reichte die Zeitung heraus.
Signor Veneranda nahm die Zeitung, schaute hinein und gab sie dem Mann zurück.
Die habe ich schon gelesen sagte Signor Veneranda.
10 Sie haben sie schon gelesen? fragte der Händler erstaunt ich habe keine anderen Zeitungen von gestern.
Ich habe keine anderen Zeitungen von Ihnen verlangt sagte Signor Veneranda ich habe genau diese gewollt.
Aber wenn Sie sie schon gelesen haben...? sagte der Zeitungshändler.

15 Eben, weil ich sie schon gelesen habe, gebe ich sie Ihnen zurück sagte Signor Veneranda. Ich bin keiner, der eine Zeitung zweimal liest.
Ja, aber stotterte der Händler, der nichts verstand.
Warum bitte haben Sie dann von mir eine Zeitung verlangt, die Sie schon gelesen haben?
20 Und warum soll man soll man nicht an einem Zeitungskiosk nach einer Zeitung fragen? sagte Signor Veneranda was sollte man denn, wenn's nach Ihnen ginge, verlangen, wenn nicht eine Zeitung?
Nichts … aber eine Zeitung von heute, statt eine von gestern … sagte der Zeitungshändler.
25 Gestern habe ich ja eine Zeitung von heute verlangt, das heißt von gestern, denn gestern war heute … sagte Signor Veneranda.
Aber heute stotterte der Zeitungshändler.
Heute ist's was anderes sagte Signor Veneranda heute kann ich doch nicht eine Zeitung von morgen verlangen, hab' ich Recht?
30 Aber … stotterte der Zeitungshändler, der nicht mehr wusste, was er sagen sollte ich verstehe kein Wort.
Da ist gar nichts zu verstehen sagte Signor Veneranda ich bin absolut im Recht: die Zeitung von gestern habe ich schon gelesen, deshalb gebe ich sie Ihnen zurück. Wenn ich sie noch einmal lesen würde, wäre es Ihr
35 gutes Recht zu protestieren.
Und Signor Veneranda grüßte höflich den Zeitungshändler und ging kopfschüttelnd seiner Wege.

14 Setze die Satzzeichen der wörtlichen Rede (Abschreiben/Folie).

15 Suche dir Sätze aus dem Text, die du in die indirekte Rede setzt und vergleiche die Wirkung.

Eine kurze Geschichte *Franz Hohler*

Kommst du den Kindern noch Gute Nacht sagen? rief die Frau ihrem Mann zu, als sie um acht Uhr aus dem Kinderzimmer kam.
Ja, rief der Mann aus seinem Arbeitszimmer, ich muss nur noch den Brief zu Ende schreiben.
5 Er kommt gleich, sagte die Mutter zu den Kindern, die beide noch aufgerichtet in ihren Betten saßen, weil sie dem Vater zeigen wollten, wie sie die Stofftiere angeordnet hatten.
Als der Vater mit dem Brief fertig war und ins Kinderzimmer trat, schliefen die Kinder schon.

16 Warum hat der Autor die Redezeichen im Text weggelassen?

17 Überprüft, ob es möglich ist, alle Sätze in die indirekte Rede zu setzen.

Wortarten für alle Fälle

Nomen, Pronomen, Artikel und Präposition

> **ZUM WIEDERHOLEN**
>
> Der Fall (Kasus) zeigt an, welche Funktion das Nomen oder Pronomen im Satz hat:
>
> Nominativ: Wer oder was?
> Genitiv: Wessen?
> Dativ: Wem?
> Akkusativ: Wen oder was?
>
> Viele Präpositionen fordern einen bestimmten Fall des nachfolgenden Satzgliedes:
>
> Akkusativ: *durch, für, gegen, ohne, ...*
> Dativ: *außer, bei, entgegen, fern, ...*
> Genitiv: *infolge, innerhalb, während, wegen, trotz ...*
>
> **Den Akkusativ oder den Dativ fordern:**
> *ab, an, auf, hinter, in, neben, über, unter, vor, zwischen ...*
> Werden diese Präpositionen mit lokaler Bedeutung gebraucht, drückt **der Akkusativ die Richtung** aus und **der Dativ den Ort.**
>
> *Unsere Wanderung führte uns auf den Deich.* (Akkusativ, Richtung: *wohin?*)
> *Wir treffen uns auf dem Deich.* (Dativ, Ort: *wo?*)

Sebastian kommt zu spät

Sebastian wurde wegen (sein Zuspätkommen) vom Lehrer angesprochen. Während (der dreiwöchige Urlaub) seiner Eltern, war er fast jeden Tag zu spät gekommen. Trotz (sein Vorhaben) pünktlich zum Unterricht zu kommen, gelang es ihm nicht. Nach dem morgendlichen Klingeln
5 (sein Wecker), gönnte sich Sebastian immer noch ein paar Minuten im Bett, schlief dann aber wieder ein. So auch an (dieser Morgen). Mit (die Drohung) (der Lehrer), seine Eltern zu benachrichtigen, versuchte dieser Sebastian zu (die Pünktlichkeit) zu bewegen. Dies war allerdings der letzte Tag (das Zuspätkommen), denn der Urlaub (seine Eltern) war
10 vorüber. Der Lehrer stellte mit Zufriedenheit fest, dass seine Drohung bezüglich (das Zuspätkommen) gewirkt hatte. Er hatte sich in (sein Schüler) getäuscht.

1 Setze die Wörter in Klammern in den richtigen Fall.

Glossar: Grammatik

Stimmt alles, was gedruckt ist?

Nicht immer können wir uns darauf verlassen, dass Schwarzes auf Weißem (Tatsache / wirklich) entspricht. (Information) stammen ausschließlich aus (Hand / zweite). Nicht in (Fall / jeder) ist deutlich, woher eine Nachricht kommt, und nicht immer muss das, was uns als (Tatsache / objektiv) serviert wird, auch stimmen. Parteien, Verbände, Interessengruppen und Politiker möchten uns von ihren Standpunkten überzeugen und verbreiten diese in den Medien.
Die Politiker haben längst gelernt, Pressepolitik zu betreiben. Pressesprecher halten Kontakt zu (Journalist / viel) und geben (Information / wichtig) an sie weiter. Ob dabei (Detail / wichtig) beschönigt oder sogar verschwiegen werden, ist für (Journalist) meist nur schwer herauszufinden. Auch wenn sie ihnen direkt begegnen, hilft es den Journalisten oft nicht weiter, obwohl sie in (Situation / solch) erfahren sind.
Medien verfolgen oft ein (Interesse / politisch). Manche Zeitungen oder Sender stehen einer (Partei / bestimmt) nahe und unterstützen sie, indem sie über die Politik der Partei ausführlich berichten. In Kommentaren und Leitartikeln geben die Redakteure ihre persönliche Stellungnahme zu einem Problem oder Ereignis ab. Diese sind eindeutig als Meinungsbeitrag (Journalist / bestimmt) gekennzeichnet. Das sollte der Leser berücksichtigen, wenn er sich für Kommentare in den Medien interessiert.
Auch im Fernsehen werden (Kommentar / persönlich) zu (Ereignis / politsch) gesendet. In diesen kann der Kommentar zum Beispiel auch vor (Entwicklung / bestimmt) warnen oder zu einer (Betrachtungsweise / differenziert) aufrufen.
(Meldung / politisch) dagegen enthalten keine Meinungsäußerungen (Redaktion / sie), damit sich der Leser eine eigene Meinung bilden kann. Die Meldungen müssen neutral verfasst sein. Zeitungen und Zeitschriften sind eine Ware, von der die Verlage möglichst viele Exemplare verkaufen wollen.
Viele Zeitungen bieten (Leser / sie) täglich eine Mischung von (Nachricht / politisch), Klatsch, Verbrechen und Sport. Viele von ihnen versuchen die Aufmerksamkeit der Käufer durch (Titelbild / auffallend) oder (Schlagzeile / zentimetergroß) zu wecken. Sie gehen davon aus, dass das Interesse der Leser an der Zeitung von deren Aufmachung abhängig ist. Natürlich ist nichts dagegen einzuwenden, dass Zeitungen und Zeitschriften auch unterhaltsam sind. Wer aber alles über das (Königshaus / britisch) weiß, doch nichts über Großbritannien, wer das Leben (Popstar / ein) in alle Einzelheiten verfolgt, sich aber nicht für (Ereignis / aktuell) interessiert, der weiß nur sehr wenig von (Problem / das) dieser Welt.

2 Setze in den Text die Wörter in Klammern in der richtigen Form ein.

Glossar: Grammatik

Satzglieder auf einen Blick

Satzglieder bestehen aus einem oder mehreren Wörtern. Satzglieder kann man umstellen. Ein grammatisch vollständiger Satz erfordert mindestens Subjekt und Prädikat.

Subjekt	Prädikat	Objekte	Adverbiale Bestimmungen
Nomen/Pronomen	Das Prädikat besteht aus einer Verbform.	**Dativ-Objekt** (wem?)	**Adverbial des Ortes** (wo? wohin? woher?)
Im Nominativ (Wer? Was?)	Es kann auch aus zwei Teilen bestehen (Verbklammer):	Der Fotoapparat gehört *dem Jungen*.	Peter fährt *nach Hause*.
Das **Telefon** klingelt *ununterbrochen*.	kommt	**Akkusativ-Objekt** (wen oder was?)	**Adverbial der Zeit** (wann? seit wann? wie lange? wie oft?)
	lief	Irina kauft *einen Walkman*.	*Nächste Woche* machen wir einen Ausflug.
	gegangen sein	**Genitiv-Objekt** (wessen?)	**Adverbial der Art und Weise** (wie?)
	kann kommen	Wir bedürfen *der Hilfe*.	Die Familie verreist *gern*.
	gelacht haben	**Präpositionales Objekt** (auf wen? über was?)	**Adverbial des Grundes** (warum? weshalb?)
		Ich bin *auf ihn* böse.	*Aus Angst* läuft er fort.
			Adverbial des Zwecks (wozu?)
			Zum Ausruhen legt er sich ins Bett.

Das Attribut ist Teil eines Satzgliedes. Man kann mit ihm Satzglieder erweitern.

Er brauchte einen *neuen** Computer und ärgerte sich über den *hohen* Preis.
Subj. Präd.   Akkusativ-Obj.   Prädikat   Präpos.-Obj.

Zum Erlernen einer Progammiersprache wird sie ihrem Freund morgen ein *interessantes* Buch schenken.
  Adverbial des Zwecks   Subj.   Dativ-Objekt   Adv. d. Zeit   Akkusativ-Objekt
                                              Prädikat (Verbklammer)

* Die kursiv gedruckten Wörter sind Attribute.

ZUM WIEDERHOLEN

Glossar: Grammatik

Grammatiküberprüfung mit dem Computer

Zu entdecken Fehler in der Rechtschreibung, ist der Computer längst nicht nur in der Lage. Er kann bereits grammatikalische Fehler heute erkennen. Es sich handelt um welches Dokument, ganz egal, der Computer kann überprüfen Änderungsvorschläge machen und die Gramma-
5   tik.
Dass Sie dieses auch richtig nutzen, wenn Sie mit diesem Hilfsmittel arbeiten, es ist sehr wichtig.
Für die steigende Intelligenz ausschlaggebend der Softwareprogramme ist die Erweiterung des Computermarktes.

❶ Überarbeite diesen Text.

❷ Bestimme die gemarkerten Satzglieder in den beiden folgenden Texten.

Ein netter Fernsehabend

Es war Freitag, und ich saß wieder einmal gelangweilt in meinem Zimmer. Krampfhaft überlegte ich, mit welcher Aktion ich mir die Zeit vertreiben könnte. Die erste Idee kam mir: Ich könnte mit Freunden losziehen. Nachdem ich endlich mein schnurloses Telefon gefunden hatte, hätte ich stundenlang auf irgendwel-
5   che Anrufbeantworter sprechen können. „Na toll, alle sind unterwegs", brummte ich enttäuscht vor mich hin. Also musste ich mir notgedrungen etwas anderes überlegen. Kreativ wie ich bin, schaltete ich den Fernseher an. Werbung! Gelangweilt zappte ich ein bisschen durch die Kanäle. Da hatte ich Glück, es flimmerte der Titel eines Films über den Bildschirm. „Klingt gar nicht schlecht", dach-
10 te ich, lehnte mich entspannt zurück und freute mich auf eine richtig seichte Schnulze.
Zwei Leute, offensichtlich ein Liebespaar, tanzten eng umschlungen in einem dunklen Lokal, eine Großaufnahme. Plötzlich flogen Müsliflocken in große Schalen und glückliche Kinderaugen erstrahlten, während die dazugehörenden Mün-
15 der Vitaminbonbons lutschten. Ich nutzte die Zeit, ging schnell zur Toilette und nahm mir aus der Küche eine Tüte Chips und etwas zu trinken mit. Als ich vor dem Fernseher ankam, lief dort noch Werbung in eigener Sache. Inzwischen hatte ich schon wieder vergessen, wie der Film eigentlich hieß.
Zum Glück wurde der Titel eingeblendet, als es endlich weiterging. Wie erwartet,
20 konnte ich der Geschichte leicht folgen. Es war das Übliche: Liebe, Eifersucht, Intrige und Verzweiflung. Das alles spielte natürlich in Häusern, die ich mir niemals werde leisten können. Plötzlich verschluckte ich mich, weil mir einer der Chips im Hals stecken blieb. Gerade war es noch eine schöne Romanze, als auf einmal der Hauptdarsteller völlig unmotiviert durch die Gegend ballerte. „Wo hat der denn
25 jetzt so schnell die ganze Ausrüstung her?", fragte ich mich verzweifelt. Aber wahrscheinlich interessierte das gar nicht. Einige Minuten guckte ich gebannt auf die Szene. Endlich war es vorbei. Erschöpft sank ich in den Sessel zurück. Jetzt konnte ich mich wieder beruhigen, denn die Guten waren gerächt. Gleich sollte noch ein guter Krimi anfangen …

Schon im Kindergarten sind die Kleinen aggressiv
Erzieher beklagen Vereinsamung und zu viel Fernsehkonsum

Wachsende Gewalt unter Schülern bereitet schon seit längerem Sorge. Schon Dreijährige verhalten sich zunehmend brutal gegenüber Spielkameraden. Dies ergab eine dpa-Umfrage. „Das Klima in den Kindergärten ist rauer geworden", berichten Pädagogen. Als Gründe nennen
5 Erzieherinnen und Verantwortliche die Vereinsamung von Kindern. Als weitere Ursache wird der unkontrollierte Fernsehkonsum von Gewaltstreifen genannt. […] Es gibt messbare Symptome der Gewalt. In Baden-Württemberg stieg nach Angaben von Peter Scherer von der Liga der Freien Wohlfahrtspflege die Zahl der zerbrochenen Brillen in Kinder-
10 gärten in den vergangenen zehn Jahren um das 400fache. Darüber hinaus werden immer mehr Unfälle durch grobe Schubsereien gemeldet.
Der Frieden in der Kinderstube wird auch durch das Wegnehmen von Spielzeug, die Unfähigkeit zu teilen oder einen ruppigen Umgangston gestört. Schimpfworte gehören zum Wortschatz vieler kleiner Kinder,
15 berichtet der Experte für Kindergartenpädagogik, Heinz Lothar Fichtner. Nach Angaben des Sozialministeriums im Saarland fällt ein Drittel bis ein Viertel der Vorschulkinder durch Verhaltensstörungen auf. Die Mädchen und Jungen spiegeln damit ihr gesellschaftliches Umfeld wider. Ein Kinderparadies gibt es für sie nicht.
20 Die Ursache sehen Experten in mangelnder Zuwendung der Eltern, Scheidung, Überforderung von allein erziehenden Müttern und Vätern, in der großen Zahl der Einzelkinder oder in Arbeitslosigkeit, Verarmung und Wohnungsnot.
Als typisches Problemkind von heute gilt der „kleine Tyrann", dem keine
25 Grenzen gesetzt sind und der ein Nein nicht hinnehmen kann.

3 Erkläre die unterschiedliche Wirkung beider Texte.

4 Suche weitere, dir bekannte Satzglieder heraus.

Das Satzteilanbauspiel

5 Notiert euch einen Satz, der lediglich aus Subjekt und Prädikat besteht. Versucht nun, diesen Satz mit möglichst vielen Satzgliedern und Attributen zu erweitern.

Katrin liest.
Katrin liest eine Illustrierte.
Katrin liest im Wohnzimmer eine Illustrierte.
Katrin liest im Wohnzimmer ihrer Eltern eine Illustrierte.
Die rothaarige Katrin liest im Zimmer ihrer Eltern eine Illustrierte.

Glossar: Grammatik

Gliedsätze auf einen Blick

ZUM WIEDERHOLEN

Es gibt verschiedene Arten von Gliedsätzen.
Sie werden unterschieden in:

Konjunktionalsätze, die durch eine Konjunktion eingeleitet werden:
- kausal (Grund): *da, weil, zumal, …*
- temporal (Zeit): *seitdem, als, bis, nachdem, …*
- final (Zweck): *damit, dass, …*
- modal (Art und Weise): *indem, wie, …*
- konsekutiv (Folge): *sodass, dass, …*
- konzessiv (Einräumung): *obwohl, obgleich, trotzdem, …*
- konditional (Bedingung): *wenn, falls, …*

Relativsatz, der durch ein Relativpronomen (*der, die, das, welcher, welche, welches*) eingeleitet wird:
Der Brief, **der** heute Morgen in der Post lag, brachte gute Neuigkeiten.
Der See, **welcher** in der Nähe eines Industriegebietes liegt, ist stark verschmutzt.

Interrogativsatz, der durch ein Fragewort *warum, wo, wieso, welchen, …* eingeleitet wird:
Die Eltern fragen, **wo** sie den Abend verbringe.
Die Clique diskutierte, **warum** der Lehrer ihnen diesen Film empfohlen hatte.

Infinitivgruppe: Sie kann einen Gliedsatz ersetzen, z. B.:
Sie freut sich, das Spiel gewonnen zu haben.
Die Infinitivgruppe ersetzt einen *dass*-Satz: *Sie freut sich, dass sie das Spiel gewonnen hat.*

Partizipialgruppe: Auch sie ersetzt einen Gliedsatz, z. B.:
Von der langen Reise ermüdet, wartete sie nur noch auf die Ankunft.
Die Partizipialgruppe ersetzt einen *weil*-Satz: *Weil sie von der langen Reise ermüdet war, wartete sie nur noch auf die Ankunft.*

Zur Kommasetzung bei Infinitiv- und Partizipialgruppen, vgl. S. 187/193.

Ich brauche einen Computer (final) ▬. Neue Technologien in der Schule sind sinnvoll (kausal) ▬. Ich schließe mich ans Internet an (konzessiv) ▬.
Es gibt viele Gründe für einen Farbdrucker (konditional) ▬. Computerspiele erfreuen sich allgemeiner Beliebtheit (modal) ▬. Viele Menschen sind Neuen Technologien gegenüber skeptisch (konsekutiv) ▬.
Ich habe meinen Computer abgeschafft (temporal) ▬.

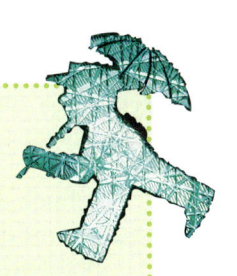

① Ergänze die Sätze mit geeigneten Konjunktionalsätzen.

② Formuliert weitere Sätze und lasst eure Mitschülerinnen und Mitschüler die Art der Konjunktionalsätze bestimmen.

Über das Tagebuch der Anne Frank

Anne Franks großes Ziel war es, eine berühmte Schriftstellerin zu werden, und dieses Ziel hat sie, ohne dass sie es ahnen konnte, erreicht, weil das „Tagebuch der Anne Frank" ein Symbol für das Schicksal
5 geworden ist, das Millionen von Juden während der Nazizeit erlitten haben.
Hierbei ist es Miep Gies zu verdanken, dass Annes Aufzeichnungen erhalten sind, weil sie das Tagebuch aufbewahrte und es nach dem Krieg Otto Frank,
10 Annes Vater, gab, als klar war, dass er als einziger der Familie das Konzentrationslager überlebt hatte.
Otto Frank, der 1980 starb, hat das Tagebuch bearbeitet und teilweise gekürzt, sodass dieses Buch nicht die Originalaufzeichnungen Anne Franks sind, aber seit einigen Jahren gibt
15 es eine Neuübersetzung des Originalmanuskripts von Mirjam Pressler, die, ebenso wie Otto Frank, auf das Schicksal der Juden aufmerksam machen wollte.

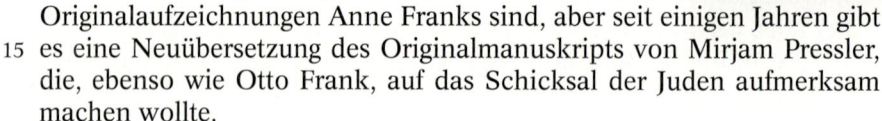

3 Überarbeite den Text so, dass die Gliedsatzkonstruktionen aufgehoben werden.

Die Welle *Morton Rhue*

Benn Ross war nicht ganz sicher was aus der Welle werden sollte. Was als bloßes Experiment im Geschichtsunterricht begonnen hatte war zu einer Bewegung geworden die sich jetzt auch außerhalb der Klasse fortentwickelte. Daraus ergaben sich manche unerwartete Ereignisse.
5 Zunächst einmal nahm die Zahl der Teilnehmer an seinem Geschichtskurs zu weil alle Schüler die gerade Freistunden hatten an der Welle teilhaben wollten. Die Werbung neuer Mitglieder war offenbar viel erfolgreicher verlaufen als er sich hatte träumen lassen.
10 Manchmal ließ der Andrang ihn sogar befürchten, dass Schüler andere Stunden schwänzten um zu seinem Geschichtsunterricht zu kommen.
Seltsamerweise blieben die Schüler im Stoff nicht etwa zurück weil Zeit für Zeremonien und das
15 Aufsagen der Grundsätze verwendet wurde; vielmehr schienen alle den Stoff eher schneller zu bewältigen als zuvor. Die neue Arbeitsweise – das schnelle Fragen und Antworten – die die Welle eingeführt hatte trug dazu bei dass man schon bald
20 bis zum Eintritt Japans in den Zweiten Weltkrieg vorankam.

4 Setze die Kommas und bestimme die Art der Gliedsätze.

Glossar: Zeichensetzung

Kommaregeln auf einen Blick

Das Komma muss gesetzt werden

in Satzgefügen

– **zwischen Hauptsatz und Glied(Neben)satz:**
Als wir fertig waren, war es bereits 22.00 Uhr.

– **zwischen Glied-(Neben-)sätzen, die voneinander abhängen:**
Ich erschrak, als ich bemerkte, dass mein Lehrer, der vor mir stand, meinen Spickzettel bemerkt hatte.

bei Aufzählungen

– **von gleichrangigen, unverbundenen Wörtern oder Wortgruppen:**
Er konnte morgens, mittags, abends, nachts große Mengen essen.

– **von gleichrangigen, unverbundenen Sätzen: (Haupt- und Glied(Neben)sätzen)**
Der Schiedsrichter pfiff, ich passte den Ball zu Werner, er schoss aufs Tor, 1:0 für uns.
Er kam, aber er war wieder zu spät.
Wir müssen Energie sparen, weil die Rohstoffe weniger werden, weil die Umwelt belastet wird, weil das Wasser immer weniger wird.

– **vor Konjunktionen, die einen Gegensatz ausdrücken**
(aber, jedoch, doch, sondern)
Er kam nicht, sondern Paolo.

bei Einschüben und nachgestellten Erläuterungen

– Apposition:
Kirsten Boie, die bekannte Autorin, hat ein neues Buch veröffentlicht.

– Parenthese:
Mein Auto, es ist erst vier Jahre alt, rostet schon.

– nachgestellte Erläuterung:
Ich spiele gern Karten, besonders gern Doppelkopf.

bei Anreden und Ausrufen

Beate, komm bitte her!
Ach nein, das habe ich nicht erwartet.

zur Vermeidung von Missverständnissen,

häufig bei Infinitivsätzen oder Partizipialgruppen:
Wir empfahlen, ihm nichts zu verraten.
Wir empfahlen ihm, nichts zu verraten.

Ein Komma kann gesetzt werden

bei kurzen, formelhaften Nebensätzen:

Wenn möglich(,) werde ich kommen.

zur Verdeutlichung der Gliederung von langen Sätzen, besonders

zwischen Hauptsätzen, die mit *und bzw. oder* verbunden sind,
wenn dadurch die Lesbarkeit verbessert wird.

Vorgestern besuchte ich meinen Freund Erwin(,) und mein Bruder ging zur gleichen Zeit mit meiner Mutter ins Kino (,) um sich den Film ‚Titanic' anzusehen.

Glossar: Zeichensetzung

Computerspiele und Virtual Reality

Computer überall

Heute High-Tech, morgen veraltet

was gestern noch galt, ist heute schon alt die Entwicklung im computerbereich geht rasend schnell vorwärts in immer mehr haushalten stehen immer schnellere computer kann man heute ohne solche geräte überhaupt noch zurechtkommen klar ist, dass es in der arbeitswelt ohne pc
5 nur noch wenige arbeitsplätze gibt wer für sich privat einen neuen computer anschaffen will, sollte genau wissen, wofür er ihn nutzen will erst dann sollte man preis und leistung vergleichen jedenfalls heißt es: aufpassen nicht das billigste angebot ist auch immer das günstigste

1 Schreibe den Text in der richtigen Schreibweise auf. Gliedere den Text durch Satzschlusszeichen.

ZUM WIEDERHOLEN

Mit **Satzzeichen** werden Texte gegliedert, dadurch werden besondere Aussageabsichten kenntlich gemacht und bestimmte Wirkungen erreicht.
Es gibt Zeichen am Ende eines Satzes, die dessen Aussage verdeutlichen:
Punkt   = Aussage
Fragezeichen   = Frage
Ausrufezeichen   = Ausruf, Befehl
Es gibt Zeichen im Satzinneren: Komma, Semikolon, Gedankenstrich, Klammer, Doppelpunkt, Anführungszeichen.

2 Erfinde bei allen folgenden Aufgaben für deine Mitschülerinnen und Mitschüler weitere Beispielsätze und Übungsmöglichkeiten.

Glossar: Zeichensetzung

Hörende Computer

Um die Arbeit am Computer zu erleichtern werden in wenigen Jahren Rechner die auf die Stimme ihres Benutzers hören die Tastaturen auf denen wir heute noch schreiben ablösen. Schon heute sind die hörenden Computer mit denen vielerorts gearbeitet wird so zuverlässig dass
5 sie untrainierte Maschinenschreiber beim Testdiktat übertreffen. Die Sprachsteuerung von Haushaltsgeräten wie Stereoanlagen Fernseher Mikrowellenherden scheint ebenfalls nur eine Frage von Jahren zu sein. Moderne Spracherkennungsverfahren erlauben ein flüssiges Textdiktieren. Der Computer wandelt dabei die gesprochene Sprache in ein elek-
10 trisches Signal um danach in digitale Daten.
Weil in der Datensammlung Laute in den verschiedensten Variationen vorhanden sind durchsucht das Programm seine Datenbank ein Lexikon das aus ca. 280 000 Wörtern besteht. Hier ist zu jedem Wort die Abfolge von Lauten gespeichert. Dann wird eine weitere Datenbank befragt die
15 Angaben über die Häufigkeit von Wortfolgen in Sätzen enthält. Dies geschieht in Bruchteilen von Sekunden sodass blitzschnell der ins Mikrofon gesprochene Text auf dem Bildschirm erscheint.

3 Dieser Text enthält alle Fälle der Kommasetzung, die du bis jetzt kennst.

4 Setze in den Text die fehlenden Kommas ein (abschreiben, Folie).

Erkläre, warum die Kommas gesetzt werden müssen.
Hast du damit Schwierigkeiten, findest du auf den nächsten Seiten Übungsmöglichkeiten zur Zeichensetzung.

ZUM WIEDERHOLEN

Glieder einer Aufzählung werden durch Kommas getrennt, wenn sie nicht durch **und** bzw. **oder** verbunden sind. Diese Regel gilt für die Aufzählung von Wörtern, Wortgruppen, Satzgliedern und Sätzen.

5 Ergänze die Sätze durch Aufzählungen. Denke an die Kommasetzung.

‚Computern'
- Man kann einen Computer mit ▬▬ bedienen.
- Der Computer dient zur Erstellung von ▬▬.
- Viele Leute ▬▬ den Computer andere ▬▬ ihn.
- Die Möglichkeiten, die ein Computer bietet, lernt man durch ▬▬ kennen.
- Die modernen PC bieten die Möglichkeit dass man ▬▬ dass man ▬▬ dass man ▬▬.

– Fotos herstellen
– lieben
– Maus
– fernsehen
– Tabellen
– Zeichnungen
– Zusammenarbeit mit anderen
– Joystick
– Texten
– fürchten
– Üben
– Lesen des Handbuches
– Musik hören
– Tastatur

Glossar: Zeichensetzung

> **ZUM WIEDERHOLEN**
>
> **Satzgefüge** bestehen aus Haupt- und mindestens einem Gliedsatz. Gliedsätze müssen durch Komma vom Hauptsatz getrennt werden, eingeschobene Gliedsätze durch paariges Komma.
> Gliedsätze können durch:
> - Relativpronomen (*der, die, das, welcher, welche, welches,* auch in Verbindung mit Präposition),
> - Konjunktionen (*weil, obwohl, als, wenn, während, nachdem, dass* ...) und Fragewörter (*was, wer*) eingeleitet werden.
>
> Gliedsätze (Relativsätze, Konjunktionalsätze) erkennt man, außer an den einleitenden Wörtern, an der finiten Stellung des konjugierten Verbs, d. h. das Prädikat steht am Satzende.
> Aber: Bei nicht eingeleiteten Gliedsätzen steht das konjugierte Verb an erster oder zweiter Stelle (vgl. hier, S. 194, Z. 2; S. 207, Z. 4).

Im Internet surfen

- Das Internet steht bereits vielen zur Verfügung. Das Internet bietet viele Informationsmöglichkeiten.
- Das Internet ist weltweit zugänglich. Man kann damit Informationen um den ganzen Globus schicken.
- Ein ISDN-Telefonanschluss ermöglicht den Zugang zum Internet. Viele Haushalte in Deutschland haben schon einen solchen Anschluss.
- Man kann Ergänzungen zu Programmen auf die eigene Festplatte laden. Viele dieser Programmergänzungen sind im Internet abrufbar.

6 Stelle zwischen den Sätzen eine Verknüpfung mithilfe eines Relativsatzes her.

Aus der Geschichte des Computers

- Der erste elektronische Rechner – erfinden – groß wie eine Fabrikhalle
- Transistor – entwickeln – Computer bauen
- Die Computer zu groß – neue Bauteile schaffen
- Anfangs sehr teuer und langsam – viele begeisterte Anwender
- Computer heute kleiner und schneller – viele neue Möglichkeiten für Benutzer
- Die Entwicklung weitergeht – vom computerisierten Zeitalter sprechen

7 Bilde aus den Stichworten Satzgefüge mithilfe passender Konjunktionen.

Glossar: Zeichensetzung

> **ZUM WIEDERHOLEN**
>
> Probleme, besonders in der Rechtschreibung, bereitet schon immer die Unterscheidung von *dass, sodass* (Konjunktion), leitet Konjunktionalsatz ein, und *das* (Relativpronomen), leitet Relativsatz ein; außerdem gibt es noch den Artikel und das Demonstrativpronomen *das*.
> Wenn ich *das* durch *welches* ersetzen kann, ist es das Relativpronomen.
> Kann ich diese Ersatzprobe nicht durchführen, muss es die Konjunktion sein.

Der Computer als Spielgefährte

Weltweit zählt ▬▬▬ Spielegeschäft zu den wachstumsstärksten Bereichen der Softwareindustrie ▬▬▬ die Branche in diesem Jahr mehr als zehn Milliarden
5 Dollar umsetzt.
In Deutschland sind die Spieler so aktiv ▬▬▬ hier der zweitgrößte Markt auf der Welt entstanden ist. ▬▬▬ Spieleangebot ▬▬▬ fast unüberschaubar geworden ist,
10 umfasst zur Zeit rund 20 000 Titel.
Neue Spiele kommen so schnell auf den Markt ▬▬▬ die Preise immer niedriger werden ▬▬▬ die Spiele am Ende verramscht werden.
15 Kein Wunder ▬▬▬ viele Eltern nicht mehr durchblicken und ▬▬▬ Treiben ihrer Kinder vor dem Monitor mit größter Skepsis betrachten. Sie können sich nicht vorstellen ▬▬▬ ▬▬▬ für ihre Kinder gesund sein soll. Sie fürchten ▬▬▬ sie den Umgang mit anderen verlernen. ▬▬▬ aber ist nicht der Fall, Eltern müssen lernen ▬▬▬ die Technik
20 neue Spielwelten geschaffen hat. Aber dennoch sollten Eltern darauf achten ▬▬▬ ihre Kinder nicht den ganzen Tag vor dem Computer verbringen. Sie sollten stattdessen ▬▬▬ Gespräch suchen und Interesse für ▬▬▬ zeigen, was ihre Kinder beschäftigt. Zumeist zeigt sich ▬▬▬ ein Computer nach einiger Zeit zum ‚normalen' Spielzeug wird. Wenn
25 ▬▬▬ nicht eintrifft, sollte man für ▬▬▬ Benutzen des Computers Zeiten vereinbaren. ▬▬▬ maßloses Spielen am Computer nicht gut ist ▬▬▬ liegt wohl auf der Hand.

8 Setze den Artikel, die Pronomen, die Konjunktion richtig ein und ergänze die Kommas (Folie, Abschrift).

9 Überarbeitet den Text („entdas(s)t" ihn).

Glossar: Zeichensetzung

ZUM WIEDERHOLEN

Die Apposition ist ein nachgestelltes Attribut, das durch paariges Komma abgegrenzt wird, am Satzende auch durch einfaches Komma. Nachgestellte Erläuterungen, die mit *also, das heißt (d. h.), nämlich, und zwar, zum Beispiel (z. B.), beziehungsweise (bzw.), unter anderem (u. a.)* eingeleitet werden, müssen ebenfalls durch Komma abgetrennt werden.
Beispiel: *Windows,* **d. h. Fenster,** *war 1998 das bekannteste Betriebssystem.*

Chronik der Computerentwicklung

1946 wird der erste elektronische Großrechner (altair 8800) an der University of Pennsylvania entwickelt.

1960 ersetzen elektronische Großrechner die mechanischen Rechenmaschinen.

1975 wird in den USA der erste Bausatz eines Heimcomputers verkauft.

1984 stellt Apple den Macintosh-Computer vor.

1990 wird das Windows-Betriebssystem eingeführt.

1992 wird der World-Wide-Web-Standard verabschiedet.

1994 entwickelt Netscape den Navigator.

1998 ....

2001 ....

die erste grafische Oberfläche

erfunden von Microsoft

WWW

der führende Browser für das WWW

10 Bilde mithilfe der Bilder und Zusatzinformationen Sätze mit Appositionen oder nachgestellten Erläuterungen.

Glossar: Zeichensetzung

„Kann-Kommas"

ZUM WIEDERHOLEN
Vor Infinitivsätzen mit *zu* kannst du ein Komma setzen.
Manchmal musst du ein Komma setzen, um den Sinn des Satzes zu verdeutlichen.
Beispiel: *Der Lehrer versprach, der Schülerin schnell zu helfen.*
Der Lehrer versprach der Schülerin, schnell zu helfen.

Das Komma entscheidet
Nach dem Erdbeben wurde es nötig für die Menschen zu handeln.
Die Absicht des Lehrers war nicht zu kritisieren.
Drei Schüler empfahlen dem Neuen zu helfen.
Ich freue mich nicht ins Krankenhaus zu kommen.

Entscheide, an welcher Stelle du ein Komma setzt.

11 **Mailboxen**
Heute ist es ganz
einfach/bequem/leicht .....

Man benötigt/braucht/
muss besitzen/
ein Modem, einen PC, einen
Telefonanschluss .....

– einen Partner in Australien erreichen
– online einkaufen
– Bankgeschäfte tätigen
– Kontoauszüge anfordern
– auf Datenreise gehen
– Reisen buchen

12 Bilde Infinitivsätze mit *zu* oder *um zu*.

ZUM WIEDERHOLEN
Werden zwei oder mehr Hauptsätze durch *und* bzw. *oder* aufgezählt (Satzverbindung, Satzreihe), **kann vor dem *und/oder*** ein Komma gesetzt werden, um die Gliederung des Gesamtsatzes zu verdeutlichen.

Im Internet
Der weltweite Verbund von Datennetzen ist das Internet und täglich wächst die Zahl der Nutzer und auch die Zahl der Anbieter wird immer größer. Mittlerweile haben viele Städte und Dörfer ihre eigene Homepage und die meisten Verlage und Zeitungen bieten ihren Lesern Infor-
5 mationen an. Jeder kann zu bestimmten Themen Infopakete abrufen und damit für den Beruf, die Freizeit oder die Schule Informationen erhalten und sich die Arbeit erleichtern.

13 Überprüfe im Text, wo Hauptsätze aneinander gereiht werden. Überlege, ob du an diesen Stellen ein Komma setzen willst, um die Satzstruktur zu verdeutlichen.

Glossar: Zeichensetzung: „Muss"- oder „Kann"-Kommas

Internet-Surfen

Ein altes Sprichwort besagt: Wenn einer eine Reise tut dann kann er was erzählen. Hat jemand einen Computer und darüber hinaus ein installiertes Modem bietet sich die Möglichkeit per Telefonleitung auf die Datenreise zu gehen. Dadurch gelangt man in eine andere Welt in der Kom-
5 munikation per Datenaustausch stattfindet.
Es existieren Mailboxen die auch als elektronische Briefkästen bezeichnet werden können und zu denen man rund um die Uhr Kontakt aufnehmen kann. Jede Mailbox hat sich ein anderes Thema zum Schwerpunkt gesetzt. Dadurch entsteht die Möglichkeit sich nach persönlichen
10 Interessen eine Box auszusuchen um einen Nachrichtenaustausch zu starten.
Im Laufe der Zeit schlossen sich mehrere Mailboxen zu einem Netzverband zusammen damit ein schnellerer und komfortablerer Austausch von Daten Mitteilungen Briefen oder Programmen stattfinden kann.
15 Seitdem besteht die Möglichkeit online zu shoppen online Reisen zu buchen online die aktuellsten Börsennachrichten abzurufen oder bequem vom heimischen Computer die Bankgeschäfte zu regeln was man Homebanking nennt.

14 Setze in diesen Text die fehlenden Kommas ein (abschreiben/Folie).

Internet im Auto

Was bringt uns die automobile Zukunft Die Vorhersagen lauten auf noch mehr Verkehrsaufkommen Bedeutet wohl auch noch mehr Stau Dieses ist für alle eine unproduktive ärgerliche stressige Zeit Kann man dagegen etwas tun Bereits heute stehen satellitengesteuerte Navigationssysteme
5 sprachgesteuerte Mobiltelefone sowie PC im Auto zur Verfügung
Um dies alles und noch viel mehr unter einen Hut zu bekommen heißt auch hier die Zukunft ‚Internet' Den Anrufbeantworter abzufragen E-Mail und Faxe zu bearbeiten den Zustand des Wagens zu checken und dabei staufrei zu fahren ist die Aufgabe dieser neuen Systeme Wenn Kin-
10 der dabei sind können sie aus dem Internet Spiele oder Programme abrufen
Vor nicht allzu langer Zeit wurde in den USA der erste Auto-PC der Navigation Unterhaltung und Kommunikation verbindet präsentiert Um die Verkehrssicherheit nicht zu beeinträchtigen reagiert dieser Compu-
15 ter auf Sprachbefehle Die Sprachsteuerung ist wichtig weil die Monitore für den Fahrer nur bei Geschwindigkeiten unter 10 km/h mit bunten Bildern aufwarten dürfen damit der Fahrer nicht abgelenkt wird.

15 Setze in diesen Text die fehlenden Satzzeichen ein (abschreiben/Folie).

Glossar: Zeichensetzung

Neues von der Zeichensetzung: Semikolon – Gedankenstrich

ZUM MERKEN

Ein **Semikolon** kann zwischen gleichrangigen Sätzen einer Satzreihe stehen (auch zwischen Wortgruppen), wenn ein Komma vom Schreiber als zu schwach, der Punkt als Trennung als zu stark empfunden wird (z. B. vor *denn, daher, deshalb, darum, aber, jedoch, hingegen*).
Beispiel: *Er lief davon; denn er wusste, dass seine Verfolger schon nahten.*

Der **Gedankenstrich** kann anstelle der Kommas bei eingeschobenen Wörtern, Wortgruppen oder Sätzen (Parenthesen) stehen.
Er zeigt eine deutliche Sprechpause an.
Beispiel: *Einstein war – was viele nicht wissen – ein schlechter Schüler.*

Ein Besuch im Gasthof

Ein Landstreicher wanderte durch den Schwarzwald. Eines Tages erreichte er den Gasthof „Zum goldenen Hirschen". Dort fingen sofort sämtliche Gäste an zu kichern, denn heutzutage sah man nicht so häufig einen Menschen in solch zerlumpter Kleidung.
5 Der Landstreicher kümmerte sich nicht um die Gäste, er ging auf direktem Wege zur Theke, stellte eine leere Flasche darauf und verlangte vom Wirt einen Liter Kirschwasser. Der Wirt betrachtete den Landstreicher zunächst misstrauisch, dann fragte er ihn, ob er Geld habe. Als der Landstreicher die Frage entrüstet bejahte, füllte der Wirt die Flasche mit
10 Kirschwasser. Der Landstreicher presste einen Korken auf den Flaschenhals und steckte sie ein, er zog einen Zwanzigmarkschein hervor und wollte zahlen. Der Wirt stellte aber fest, dass der Schein nicht mehr gültig war. Dem Landstreicher blieb nichts anderes übrig, als die Flasche zurückzugeben. Er musste zusehen, wie sie in das Fass zurückgegossen
15 wurde. Dann wurde er mit Schimpf und Schande hinausgewiesen.
Am Abend saß er allerdings schmunzelnd im Gras und betrachtete zwei Flaschen – eine leere und eine gefüllte. Die gefüllte öffnete er und trank genießerisch einige Schlucke. Am gleichen Tag wunderte man sich im Gasthof „Zum Goldenen Hirschen", warum das Kirschwasser so wässrig
20 schmeckte, obwohl es frisch vom Fass kam.

16 Entscheide, an welchen Stellen es sinnvoll wäre, ein Semikolon zu setzen.

Die englischen Gäste wurden im grünen Salon empfangen.	es waren zehn
Das Länderspiel gegen Spanien war äußerst spannend.	er begann erst spät
Der Fernsehfilm war absolut langweilig.	entgegen allen Erwartungen

17 Ordne die Satzstücke den Sätzen zu und trenne sie innerhalb des Satzes durch Gedankenstriche ab.

Glossar: Rechtschreiben

Groß- und Kleinschreibung

ZUM WIEDERHOLEN

Nominalisierung von Verben und Adjektiven:
Verben und Adjektive können zu Nomen werden und sind dann großzuschreiben. Nominalisierte Verben und Adjektive kann man an folgenden Signalwörtern erkennen:
- **Artikel:** *der, die, das, ein, einer, ...*
- **Artikel und Präposition:** *im (in dem), vom (von dem), zur (zu der), beim (bei dem), ...*
- **Pronomen:** *sein, ihr, jenes, dieses, welches, ...*
- **Unbestimmte Pronomen:** *nichts, viel, wenig, etwas, einige, ...*

Anredepronomen
Die Anredepronomen *Sie, Ihnen* und die flektierten Possessivpronomen dazu *(Ihr, Ihre)* werden großgeschrieben.

Zeitangaben
Zeitangaben als Adverbien schreibt man klein: *morgens, mittags, abends, ...*
Zeitangaben als Nomen schreibt man groß: *am Abend, zum Mittag, am Nachmittag, Dienstagnacht, Mittwochmorgen, ...*
Bei zweiteiligen Zeitangaben (Adverb und Nomen) schreibt man das Adverb klein und das Nomen groß: *vorgestern Nacht, heute Morgen, morgen Nachmittag, ...*

DAS SCHREIBEN EINES DREHBUCHES

das schreiben war schon immer clemens' leidenschaft gewesen. letztes jahr entschloss er sich zum verfassen eines drehbuches. um in ruhe arbeiten zu können, nahm er sich zwei wochen urlaub und fuhr ans mittelmeer. bevor es losging, hatte er alle utensilien, die er zum herstellen
5 brauchte, zusammengepackt. vor allem nahm er das buch „wie schreibe ich ein drehbuch?" mit, um eine anleitung zum anfertigen eines drehbuches zu haben. im urlaubsort angekommen, bemerkte er, dass ihm auch hier die ruhe zum schreiben fehlte, denn er war an einem ort gelandet, an dem es recht fröhlich und laut zuging. durch den trubel konn-
10 te er sich beim ausarbeiten nicht konzentrieren. er beschloss das erstellen des drehbuches auf den nächsten urlaub zu verschieben.

1 Schreibe den Text in richtiger Groß- und Kleinschreibung ab.

Mit dem neuen Motor lässt sich viel (gut) arbeiten.
Oft enthält Computersoftware viel (überflüssig).
Die einfache Handhabung von Programmen ist etwas (wichtig).
Die alten Textverarbeitungsprogramme sind am (einfach).

5 Allerlei (neu) bietet der Computermarkt ständig.
Die Computerzeitschrift informiert über viele (aktuell) Trends.
Computerprogramme sollten auf jeden Fall stabil laufen, dann ist der Umgang mit dem Computer etwas (erfreulich).

2 Überlege, wie die Wörter in Klammern geschrieben werden.

sCHWIERIGKEITEN mIT dEM cOMPUTER

dAS aBSTÜRZEN eINES cOMPUTERS iST iMMER eTWAS äRGERLICHES. eS iST eGAL, oB mAN bEIM sPIELEN uNTERBROCHEN wIRD, bEIM sCHREIBEN wICHTIGER tEXTE oDER bEIM sURFEN iM iNTERNET. dABEI gEHT mEIST eTWAS wICHTIGES vERLOREN.
5 aM sCHLECHTESTEN gEHT eS dEM wENIGER gEÜBTEN, fÜR dEN hIGH-tECH eTWAS fUNKTIONSTÜCHTIGES SEIN mUSS. nICHT jEDER iST eIN cOMPUTER-fREAK, dER dAS aUFFINDEN vERLOREN gEGANGENER dATEN oDER gAR dAS rEPARIEREN eINES cOMPUTERS bEHERRSCHT. dAS uNGLAUBLICHE bEIM aBSTÜR-
10 ZEN eINES cOMPUTERS iST dIE tATSACHE, dASS mAN sICH mEISTENS iN sOLCHEN sITUATIONEN iN zEITNOT bEFINDET. sO iST dAS aBHANDENKOMMEN eINER aUF dEN lETZTEN dRÜCKER aNGEFERTIGTEN hAUSAUFGABE bESONDERS äRGERLICH. sOLLTEN wIR nUN dIE gUTE aLTE sCHREIBMASCHINE
15 zUM eINSATZ bRINGEN? bESTIMMT nICHT. wIR sOLLTEN dAS sPEICHERN vON dATEN aN dIE sTELLE nR. 1 rÜCKEN, sODASS uNS nICHTS üBERRASCHENDES pASSIEREN kANN uND wIR uNS üBER dAS vERLIEREN vON dATEN nICHT mEHR äRGERN mÜSSEN. sO mUSS mAN dOCH fESTSTELLEN, dASS dER cOMPU-
20 TER nEBEN aLLEM kOMFORTABLEN aUCH vIEL äRGERLICHES bIRGT.

3 Schreibe den Text in die richtige Groß- und Kleinschreibung um.

ÜBERMORGEN   MORGEN FRÜH   MITTAGS   VORGESTERN NACHMITTAG
ABEND   ÜBERMORGEN NACHT

▬▬▬ will ich endlich in den Urlaub fahren. Eigentlich sollte es schon ▬▬▬ losgehen, aber bis zum ▬▬▬ war es uns nicht gelungen, das Auto zu reparieren. Ich hoffe, dass sich die Werkstatt bis ▬▬▬ meldet und uns Bescheid gibt. Wenn bis ▬▬▬ keine Nachricht kommt, müssen wir unseren Urlaub auf ▬▬▬ verschieben.

4 Füge die Zeitangaben aus dem Raster in den Text ein.

firma
hugo boss
dieselstraße 12

72555 metzingen

                                                           17. oktober 1995

sehr geehrter herr boss,

neulich hab ich im kino den neuesten batman-film gesehen. der hat batman <u>vor ever</u> geheißen. ein unglaublich <u>kuhler</u> typ, der mann. und mutig war der! der hat den bösewichtern ganz schön eingeheizt. also den film kann ich ihnen wärmstens empfehlen. den muss man einfach gesehen
5 haben, sonst hat man nicht gelebt.
ich habe mir nun vorgenommen, genauso zu werden wie batman. ein problem hab ich aber. ich bräuchte so einen anzug wie batman. meine mutter konnte zwar früher ganz gut schneidern, aber inzwischen ist sie schon zu alt und sieht nicht mehr so gut. jetzt hab ich sie fragen wollen,
10 ob sie mir nicht vielleicht so einen anzug anfertigen könnten. ich weiß schon, dass das vielleicht ein bisschen teurer ist als wenn ich einen normalen anzug kaufe, aber das macht nichts. ich habe ja was gespart. ich gebe ihnen nun meine maße, aber bitte behandeln sie diese informationen vertraulich, weil ich nicht möchte, dass sie jeder erfährt, das soll ein
15 geheimnis sein. Also:

(vor ever — for ever; kuhler — cooler)

körpergröße	178 cm	rückenlänge	50 cm
oberweite	97 cm	ärmellänge	63 cm
bundweite	88 cm	halsweite	39 cm
gesäßgröße	96 cm	innere beinlänge	77 cm
20 schulterbreite	14 cm		

ich hoffe, dass reicht ihnen für eine anfertigung. die farbe sollte schwarzglänzend sein und gummiartig aussehen. weil ich sehr schmale schultern habe, müsste man die vielleicht abpolstern. das wird sich bald ändern, weil ich nämlich gerade kung-fu-unterricht nehme und <u>treniere</u>, dass
25 mich fast der teufel holt.
wenn sie mir vielleicht mitteilen könnten, was so ein anzug bei ihnen kostet, dann wäre ich sehr dankbar, weil das sollte ich nämlich schon vorher wissen, nicht dass ich dann danach ein armer mann bin. ich brauch ja anderes zubehör auch noch, z. b. ein batmobil.

mit freundlichen grüßen
jürgen sprenzinger

(treniere — trainiere)

5 Korrigiere den Text, achte besonders auf die Groß- und Kleinschreibung.

Glossar: Rechtschreiben

Getrennt- und Zusammenschreibung

Die Getrenntschreibung ist der Regelfall.
Die Getrennt- oder Zusammenschreibung mancher Wörter ist nicht immer einfach zu entscheiden. Viele knifflige Fälle lassen sich leichter lösen, wenn man sich im Bereich der Grammatik (Wortarten) auskennt. Und im Zweifelsfall hilft das Nachschlagen im Wörterbuch.

ZUM WIEDERHOLEN

Verb und Verb
kennen lernen, sitzen bleiben, spazieren gehen
Partizip und Verb
getrennt schreiben, gefangen nehmen, geschenkt bekommen
Nomen/Substantiv und Verb
Sport treiben, Rad fahren, Halt machen
Zusammensetzungen mit *sein*
allein sein, zufrieden sein, schuldig sein

❶ Ordne die Wortgruppen richtig zu: Verb/Verb – Verb/Partizip – Verb/Nomen – … + *sein*. Ergänze mit weiteren Beispielen.

liegen bleiben   gestört werden   Ski laufen   kennen lernen   sitzen bleiben   schwimmen gehen   schuld sein   Angst haben   gefangen nehmen   bestehen bleiben   beisammen sein   gestohlen werden

ZUM WIEDERHOLEN

Verb und Adjektiv (wenn das Adjektiv im Textzusammenhang sinnvoll gesteigert oder erweitert werden kann):
gut verstehen, genau nehmen, schwer fallen
Adjektiv/Partizip und Adjektiv (wenn das Adjektiv im Textzusammenhang sinnvoll gesteigert oder erweitert werden kann):
hell strahlend / strahlend hell, reich gegliedert, wild gewachsen

❷ Prüfe mithilfe der Steigerungs-/Erweiterungsprobe, ob die **Wortgruppe** getrennt geschrieben werden muss. (In zwei Sätzen ist die Steigerung unsinnig.)

Die Lösung des Problems Tempolimit wird den Politikern nicht **fallen/leicht**.
Der Slogan „Freie Fahrt für freie Bürger" ist für viele Bürger **verständlich/schwer**.
5 Gerade bei hohen Geschwindigkeiten werden Unfallopfer **verletzt/schwer**.
Auch die Schadstoffbelastung durch hohes Tempo muss man **betrachten/kritisch**.

Glossar: Rechtschreiben

Bürgerinitiativen fragen: „Wie lange wollen wir noch am Tempowahn
10 **halten/fest**?"
Sie werden sich nicht mit schnellen Lösungen **geben/zufrieden**.
Sie werden Verantwortliche vom Vorwurf der Verharmlosung nicht **sprechen/frei**.

> **ZUM MERKEN**
>
> Zusammensetzungen mit *irgend-*:
> *irgend*wie, *irgend*wo, *irgend*jemand
> Zusammenschreibung bei bestimmten Partikeln (unveränderliches Wort) im Infinitiv, Partizip I und II.
> *dabei*bleiben, *herab*fallen, *los*fahren
> Zusammenschreibung, wenn der erste Bestandteil kein selbstständiges Wort ist:
> *weis*machen, *fehl*schlagen, *kund*geben
> Das Wort vor dem Verb kann nicht erweitert oder gesteigert werden:
> *fern*sehen, *froh*locken, *schwarz*fahren
> Das Wort vor dem Verb wirkt bedeutungssteigernd oder -mindernd:
> *hell*wach, *tod*ernst, *nass*kalt

3 Ermittle mithilfe eines Wörterbuches oder eines Regelwerks zur neuen Rechtschreibung weitere Partikeln. Bilde mit ihnen weitere Verben, die zusammengeschrieben werden müssen.

4 Verwende einige von ihnen in Beispielsätzen. Tauscht eure Sätze aus und diktiert sie euch.

5 Übt auf ähnliche Weise Zusammensetzungen mit *irgend*-Wörtern.

6 Prüfe mithilfe der Steigerungs- oder der Erweiterungsprobe, ob die folgenden Wörter zusammengeschrieben werden müssen:

*übel+gelaunt   dunkel+blau   süß+sauer   leicht+verständlich
grau+blau   gut+gehen   lieb+haben   krank+lachen   fern+bleiben
schwarz+ärgern   still+halten*

> **Wortliste häufig vorkommender Zusammenschreibungen:**
> einmal, zweimal, ...**-mal**, diesmal, manchmal, ...**-mal**, mehrmals, vielmals, ...**-mals**, deinetwegen, deswegen, ...**-wegen**, dasselbe, derselbe, ...**-selbe**, keinesfalls, allenfalls, ...**-falls**, werktags, alltags, ...**-tags**; allerdings, allesamt, inmitten, tagsüber, überhaupt, vielleicht, wieso, woanders, womöglich, zuletzt.

7 Ergänzt die Wortbestandteile in der Liste, die so ... gekennzeichnet sind.

Glossar: Rechtschreiben

Fremde Wörter – Fremdwörter

ZUM MERKEN

Die deutsche Sprache gehört zum großen Sprachbereich des Indoeuropäischen, das z. B. die slawischen Sprachen ebenso umfasst wie die germanischen (zu denen das Skandinavische, das Englische und das Deutsche gehören) und die romanischen Sprachen. Im Laufe der Jahrhunderte hat sich das Deutsche durch viele Stufen hindurch entwickelt – bis zu seiner uns heute vertrauten Form, und es entwickelt sich immer weiter. Von diesen Entwicklungsstufen können wir übrigens noch etwas in den Dialekten merken.

Zu den Wörtern germanischen Ursprungs traten **Lehnwörter**. Sie haben sich so an die deutsche Sprache angepasst, dass man ihren Ursprung nicht mehr erkennt, z. B.: *schreiben* (aus lat. *scribere*), *Mauer* (aus lat. *murus*), *Markt* (aus lat. *mercatus*), *Frucht* (aus lat. *fructus*).

Fremdwörter (den Begriff gibt es seit dem Anfang des 19. Jahrhunderts) bewahren entweder in ihrer Aussprache oder ihrer Schreibung Unterschiede zu Wörtern des deutschen Wortschatzes, *Orthographie, Blamage*. Grammatisch haben sie sich an das Deutsche angepasst, z. B.: *interessieren/interessant, Blamage/Blamagen*.

Manche Fremdwörter werden in vielen Sprachen verwendet, sie werden als **Internationalismen** bezeichnet, z. B.: *Demokratie*.

Viele Fremdwörter erkennt man an typischen Vorsilben und Endungen oder an Buchstabenkombinationen, die es in unserer Sprache nicht gibt, z. B.: *anti-* in *antiautoritär; -ion* in *Kombination, -ieren* in *passieren, -th-* in *Apotheke*.

1 Ordnet die Fremdwörter nach ihren Rechtschreibbesonderheiten:

Export international radikal positiv Kilowatt Technik Gratulation musizieren Interview exakt Tablett Quantität aktiv kiloweise Ingenieur sozial Republik Addition deklinieren Kabinett Nominativ Qualität

2 Ergänzt die so entstandenen Listen durch weitere Wörter.

3 Wenn man ein Fremdwort richtig verwenden will, muss man seine Bedeutung kennen. Klärt mithilfe eines Nachschlagewerks die Bedeutung dieser Wörter:

Ressource Jargon konspirativ Verkarstung Kaution Biographie Hologramm

Glossar: Rechtschreiben

4 Nicht selten fließen Fremdwörter infolge der Entwicklung in Technik, Wissenschaft, Kultur und Wirtschaft in unsere Sprache ein.
Ordnet diese Wörter den Bereichen Computer, Wirtschaft, Musik und Sport zu:

Athlet Bankier Blues Charts Cyberspace Dispokredit Fitness Girokonto Hardware Inliner Internet Joystick Keyboard Kondition Online Piano Rabatt Rhythmus Sinfonie Skonto Stretching Telebanking Training

5 Einige Wörter entwickeln sich vom Fremdwort zum Lehnwort. Ihre Schreibweise wird unserem Sprachgebrauch angepasst. Für sie gibt es manchmal zwei Schreibweisen. Stelle fest, wie diese Wörter auch noch geschrieben werden können und welches derzeit die bevorzugte Variante ist.

Katarr Spaghetti Graphik Mikrofon fantastisch Getto Yoga Nugat Chicorée Sketch Klub Ketchup Thunfisch Joghurt

6 Aus dem Griechischen, Lateinischen oder Italienischen stammen viele Fremdwörter mit den Buchstabenverbindungen *rh, th, ph, gh*.
Sammle Fremdwörter mit diesen Besonderheiten.

7 In diesen französischen Fremdwörtern sind die besonderen Lautgruppen unterstrichen. Sammle weitere Beispiele.

Chans<u>on</u> T<u>aille</u> Ing<u>enie</u>ur Blam<u>age</u> Ch<u>an</u>ce J<u>our</u>nal

8 Bilde zu einigen der folgenden Wörter Sätze, in denen ihre Bedeutung erklärt wird:

Interview Container Gangway Musical Cocktail Fastfood Pipeline T-Shirt Comic Crew Coach Television Spray Teenager Jeep Pickup Drink Manager Party Handy Bodybuilding Bungalow Slogan Poster Safe Laser Puzzle

9 Diktiert euch gegenseitig solche Sätze:

UPPS ist ein runder Datenträger für den Computer.

10 Ersetzt das Fremdwort durch ein Signalwort und lasst es dann raten.

11 Alle suchen aus einem Nachschlagewerk einen Begriff heraus, von dem sie annehmen, dass niemand dessen Bedeutung kennt. Die Mitschülerinnen und Mitschüler schreiben eine mögliche Erklärung (Definition) auf.
Im Anschluss daran werden die Definitionen verlesen. Wer der richtigen Bedeutung nahe kommt oder wer die witzigste Definition formuliert hat, eröffnet die nächste Runde.

Lexikonspiel

Glossar: Rechtschreiben

Von fremden Wörtern

Wenn wir uns unterhalten, benutzen wir häufig Wörter, die aus anderen Sprachen entliehen sind. Wir arbeiten zum Beispiel mit dem Computer und gönnen uns danach einen Hamburger. Um uns zu erholen, fahren wir mit dem Mountainbike oder kurven mit Inlinern durch die Gegend.
5 Wollte man beim Sprechen oder Schreiben wirklich nur rein deutsche Wörter verwenden, würden ziemlich schnell Schwierigkeiten auftauchen.

Ein Mann, Philipp von Zesen (1619 – 1689), hat das mal versucht. Teilweise war er auch recht erfolgreich. So lässt es sich ebenso gut im „Wör-
10 terbuch" nachschlagen wie im „Lexikon", in der Schule gibt es „Sprachlehre" genauso wie „Grammatik" und schreibt man jemandem einen Brief, so entsteht eher ein „Briefwechsel" als eine „Korrespondenz".
Dagegen konnten sich von Zesens Vorschläge, jemandem einen „Meuchelpuffer" anstatt einer „Pistole" unter die Nase zu halten und
15 anschließend vor dem Entsetzen darüber „Zitterweh" und kein „Fieber" zu bekommen, bekannterweise nicht durchsetzen.
Da Sprache lebendig ist und auch von der Mode oder gesellschaftlichen Ausrichtung einer Sprachgemeinschaft beeinflusst wird, ist es nur verständlich, wenn sie sich ändert.

20 So gab es beispielsweise eine Zeit, in der als unglaublich chic galt, sich an der französischen Etikette zu orientieren. Damals galten diejenigen als gebildet, die französische Brocken in ihr Gerede einflechten konnten. Man flanierte nicht auf einem profanen Bürgersteig, sondern auf dem Trottoir und ließ sich nicht beim Haarschneider frisieren, sondern
25 ging zum Ondolieren der Haare zum Coiffeur. Oft ist es auch heute noch so, dass Leute sich für niveauvoll halten, wenn sie in ihrer Kommunikation viele adäquate Fremdwörter verwenden. Manche von ihnen denken, dass weniger intellektuelle Menschen als sie das Gesagte dann kaum dekodieren können und deshalb vielleicht nicht intervenieren.
30 Zum Glück sind nicht alle Menschen opportunistisch. Es gibt immer Engagierte, die einfach fragen, wenn sie etwas nicht richtig verstehen. Denn schließlich kostet Fragen nichts und bedeutet auf keinen Fall eine Blamage. Wer allerdings einen Text mit solchem fremden Kauderwelsch detailliert analysieren will, der sollte sich ein Lexikon schnappen und
35 sich durch erfolgreiches Nachschlagen motivieren, sein Wissen zu erweitern. Ist man nämlich fit in dieser Technik, wird es irrelevant, Frust mit irgendetwas zu kompensieren.

12 Schreibe die Fremdwörter aus dem Text heraus und schlage deren Bedeutung im Lexikon nach.

Alternative Diktatformen

Einen eigenen Diktattext zusammenstellen

1 Lies den Zeitungstext aufmerksam durch (zweimal).

Überlebender der „Titanic" mustert gleich wieder an
Alfred Theissinger zwei Monate später wieder auf berühmten Ozeanriesen/ Sein Seefahrtbuch liegt im Deutschen Schifffahrtsmuseum

Der „Titanic"-Boom geht auch am Deutschen Schifffahrtsmuseum (DSM) in Bremerhaven nicht spurlos vorüber. Seitdem der spektakuläre Film über den Untergang des Luxusliners vor 86 Jahren nicht nur elf „Oscars" einheimste, sondern darüber hinaus zum größten Kassenerfolg der amerikanischen Filmgeschichte wurde, ist das „Titanic"-T-Shirt zum Bestseller im Museumsshop geworden.

Neuerdings können die Besucher aber auch eine museale Rarität besichtigen – das Seefahrtbuch eines deutschen Stewards, der 43-jährig die „Titanic"-Tragödie im Eismeer überlebte. Die Eintragung, wann und wo er nach dieser Reise abmusterte (Date and Place of discharge) lautet knapp: „15. April 1912 at sea". Es war der Tag der „Titanic"-Katastrophe.

Der Mann hieß Alfred Theissinger und war 1869 in Deutschland zur Welt gekommen (leider geht aus dem Seefahrtsbuch nicht hervor, an welchem Tag und in welchem Ort). Dafür sagt das Dokument einiges über seine äußere Erscheinung aus. Der Steward maß von Kopf bis Fuß fünf Feet und elf Inches (1,80 Meter), hatte blaue Augen und grau melierte Haare. Von 1911 bis 1914 fuhr er auf berühmten Ozeanriesen der White Stare Line in Liverpool, zunächst auf der „Olympic", dann auf dem Unglücksschiff „Titanic" und schon zwei Monate später auf der „Majestic". Danach umsorgte er Passagiere auf der „Liverpool" und der „Oceanic".

Bei dem Seefahrtsbuch, das nun im Deutschen Schifffahrtsmuseum wie ein Schatz gehütet wird, handelt es sich übrigens um ein Zweitexemplar. Der Grund, weswegen es neu ausgestellt werden musste, wird mit folgenden Worten angegeben: „Renewal, Original lost through Shipwreck", zu deutsch: Neuausstellung, Original durch Schiffsuntergang verloren.

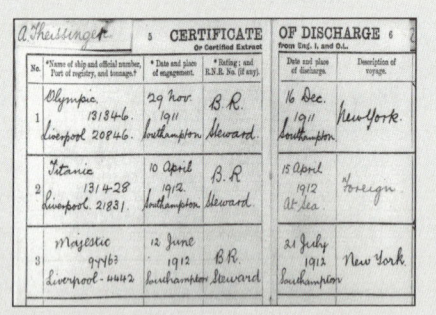

Ein deutscher Steward überlebte die „Titanic"-Katastrophe, beweist das „Certificate of Discharge", heute im Deutschen Schifffahrtsmuseum.
aus: Die Harke vom 13. 6. 1998

2 Decke den Text nun ab und schreibe die wichtigsten Informationen aus dem Gedächtnis in dein Heft. Verwende dabei die folgenden Wörter:

Deutsches Schifffahrtsmuseum – nicht spurlos – Luxusliner – Kassenerfolg – Museumsshop – museale Rarität – Steward – 15. April 1912 – Seefahrtsbuch – von Kopf bis Fuß – grau melierte Haare – Ozeanriese – Passagiere – Zweitexemplar – Neuausstellung – Original verloren

3 Vergleiche deinen Text mit dem Original und überprüfe die Rechtschreibung und die Zeichensetzung.

Einen Text in korrekte Schreibschrift übertragen

KNÜPPEL NEBEN DER TÜR

Er habe den alten Herrn doch nur aus Versehen gerempelt, entschuldigte sich Joos (17) auf der Polizeiwache, und dass er und seine Freunde an diesem Freitagabend in der Nieuwestraat ein bisschen laut gewesen seien, rechtfertige doch noch nicht, ihn mit 500 Gulden zu bestrafen. Aber in der Hauptstadt der Provinz Friesland gilt seit Anfang des Jahres das Prinzip Null Toleranz. Jeder noch so geringe Verstoß wird sofort geahndet.

Aufgeschreckt wurden die Niederlande durch das gewaltsame Ende von Meindert Tjoelker im vergangenen September. Der junge Mann hatte versucht, ein paar Randalierer zu beschwichtigen. Er wurde, nur weil er sich einmischte, von den Jugendlichen niedergeschlagen und zu Tode getreten. In Leeuwarden wurde ein 42 Punkte umfassendes Aktionsprogramm "Nein gegen Gewalt" verabschiedet – von Schulungskursen für Türsteher vor Diskotheken bis zu Schnellverfahren der Justiz. Innerhalb von vier Tagen soll gegen die Täter künftig Anklage erhoben werden. Das Justizministerium hat Sanktionen gegen notorische Schulschwänzer vorgeschlagen.

Vorrang haben allerdings Maßnahmen, bei denen die Heranwachsenden mit den Folgen ihres aggressiven Verhaltens konfrontiert werden. Ein Jugendpsychologe meint: "Denen ist meist gar nicht bewusst, was sie bei ihren Opfern anrichten." Deshalb lernten 700 junge Straftäter in mehrtägigen Seminaren die Kehrseite ihres Tuns kennen. Auf Videos berichten Überfallene, Beraubte oder Verletzte, wie sie die Aggression erlebten und welche Ängste sie seither plagen. In Rollenspielen müssen sich die Täter dann in die Situationen ihrer Opfer versetzen. Die Zeitung Volkskrant zitiert einen 17-Jährigen, der zuvor seine Hauseinbrüche als spannendes Spiel empfunden hatte: "Bis ich das Video sah, bei dem eine Frau von einem Einbruch in ihr Haus erzählte. Sie weinte, sie wagte sich nicht mehr nach draußen, hatte immer einen Knüppel neben der Tür stehen. Ich habe nicht daran gedacht, dass ein Mensch daran so kaputt gehen kann."

1 In diesem Text fehlen alle Satzzeichen (Punkte, Kommas, Kennzeichnung der wörtlichen Rede). Füge sie beim Abschreiben in korrekter Schreibschrift ein. Achte auch darauf, dass du den Text in sinnvolle Absätze gliederst.

Alternative Diktatformen

Partnerdiktat

1 Diktiert euch gegenseitig abwechselnd die folgenden Zeitungstexte. Der bessere Rechtschreiber beginnt mit dem Aufschreiben:

Betrunkener Vater fällt bei Polizei auf

Ein 17 Jahre alter Fahrraddieb ist am Sonnabend in Göttingen vorläufig festgenommen worden. Der Junge wurde erwischt, weil er einen langen Bolzenschneider zum Öffnen von Fahrradschlössern bei sich hatte. Die Beamten nahmen den 17-Jährigen vorläufig fest und verständigten dessen Vater. Dieser setzte sich in sein Auto, um seinen Sprössling abzuholen. Bei dem Erwachsenen stellten die Beamten einen Blutalkoholwert von 0,95 Promille fest. Gemeinsam mit seinem Sohn verließ er die Polizeiwache – allerdings zu Fuß.

aus: Hannoversche Allgemeine Zeitung vom 15. 6. 1998

Deutsche essen Vitamine

Eine gesunde, vollwertige Ernährung macht nach Erkenntnissen von Experten und Verbraucherschützern die zusätzliche Einnahme von Vitaminpillen überflüssig. Blutplasma-Untersuchungen hätten gezeigt, dass es in Deutschland praktisch keine Menschen mehr mit Vitaminmangelerscheinungen gebe, sagten Experten bei einer Podiumsdiskussion der Verbraucherzentrale auf dem Hessentag in Erbach.

aus: Hannoversche Allgemeine Zeitung vom 16. 6. 1998

Fußballproduktion und Kinderarbeit

Der Ball ist rund …
Diese alte „Fußballweisheit" lässt nicht erahnen, welche Brisanz sich in den Fußbällen verbirgt. Es klingt unglaublich: In der pakistanischen Stadt Sialkot werden 80 Prozent aller für den Weltmarkt bestimmten Fußbälle hergestellt.
Fast 25 000 Menschen arbeiten dort in der Sportartikelindustrie. Sie nähen in mühsamer Handarbeit die Fußbälle für die Weltmeisterschaften oder für die Profi-Ligen der Welt zusammen. Die Bezahlung ist miserabel. Auch Kinder sind gezwungen, zum Familieneinkommen beizutragen. Ungefähr 7000 Kinder sind nach Schätzungen internationaler Organisationen gegenwärtig an der Produktion von Fußbällen beteiligt. Aber jetzt gibt es einen neuen „fair gehandelten" Fußball aus Pakistan. Die Bälle werden ohne Kinderarbeit hergestellt. Die pakistanischen Arbeiter erhalten höhere Löhne und Sozialversicherungen.

Quelle: Spiegel-online vom 9. 6. 1998

Alternative Diktatformen

Die Originaltexte wiederherstellen

Zwei Jugendliche berichten über ihre Ausbildungsplätze. Die erste macht eine Ausbildung zur Verwaltungsangestellten bei der Deutschen Stiftung für internationale Entwicklung, die zweite eine Lehre als Bürokauffrau in einer überbetrieblichen Ausbildungsakademie. Beide Texte sind vermischt.

Ich wollte von Anfang an ins Büro. Das kenne ich von meiner Mutter. Die Arbeit mit Akten hat mich immer gereizt. Erst habe ich eine Lehre als Zahnarzthelferin angefangen. Ich wurde sofort bei Operationen eingesetzt. Schnell war mir klar, das ist nicht mein Fall. Die Leute taten mir
5 einfach zu Leid. Meine Mutter arbeitet als Sekretärin, deshalb hatte ich schnell eine andere Idee: Warum machst du nicht Bürokauffrau? Von klein auf hatte ich ihr geholfen, das hat mir immer Spaß gemacht. In meiner Firma bearbeite ich die Vorgänge für die Leute aus dem Ausland, die zu Weiterbildungskursen oder für Jahresprogramme zu uns kommen.
10 Noch in der Probezeit, nach kaum einem Monat Ausbildung, habe ich beim Zahnarzt gekündigt. Schon am nächsten Tag hatte ich über das Arbeitsamt eine Lehrstelle zur Bürokauffrau in einer überbetrieblichen Ausbildungsakademie in Zedenik. Der Job gefällt mir, ich mag es, den anderen zuzuarbeiten, was aufzuschreiben, am PC zu arbeiten oder die
15 Schreibmaschine zu beherrschen. Jedes Jahr machen wir ein Praktikum, um Firmen kennen zu lernen. Mein erstes Praktikum war nicht so toll. Angefangen habe ich in der Poststelle, um das Haus kennen zu lernen. Einige Zeit war ich im Haushaltswesen, da ging es mehr um trockene Zahlen, das ist nicht mein Ding. Zur Zeit bin ich in der Statistik, das ist
20 ganz schön, weil man Diagramme am PC machen kann und mit Programmen arbeitet. In einer Krankenkasse hatte ich vor allem mit rechtlichem Kram zu tun. Ich mache lieber die typischen Bürokauffrau-Tätigkeiten: Organisation, Anfragen und Angebote, Einkauf, Verkauf, Buchhaltung. Ich war etwas enttäuscht, wie wenig man mit Publikumsverkehr
25 zu tun hat. Ich hatte mir den Job mehr im Rathaus vorgestellt, aber hier sind wir nur mit der Organisation im Vorfeld beschäftigt, mit den Leuten selbst komme ich gar nicht in Kontakt. In der Personalabteilung hat's mir am besten gefallen, da ist ständig was los. Solche Sachen konnte ich endlich während meiner anderen Praktika bei einer Aus- und Fortbil-
30 dungs-GmbH machen. Dort gefällt es mir sehr gut, so hatte ich mir den Job vorgestellt.
aus: „Jugend und Berufswahl" – Beilage der Süddeutschen Zeitung vom 18. 2. 1998, S. 6 und 7

1 Schreibe die beiden Ausbildungsberichte getrennt auf.

2 Vergleicht eure Berichte und begründet eure Zusammenstellungen.

Nachschlagen

Ein Stichwort – verschiedene Nachschlagewerke – viele Informationen

Text 1:

Medien
Mehrzahlbezeichnung für Mittel und Funktionsweisen zur Weiterleitung, Aufbereitung und Verbreitung von Information; auch allgemeine Bezeichnung für die Institutionen von Presse, Funk und Fernsehen

Text 2:

Me|di|um (lat.) *s. Gen.* -s *Mz.* -di-en **1** *allg.:* Mittel, Mittelglied; **2** Vermittler von Informationen. Lehr-, Lernmittel, Werbeträger, z. B. Zeitung, Rundfunk, Tonband, Buch, Schaufenster, **3** *Phys.:* Stoff, in dem sich ein physikal. Vorgang abspielt; **4** *Gramm.:* Handlungsrichtung des Verbs, bei der sich das Geschehen auf das Subjekt bezieht, z. B. im Griech., etwa der reflexiven Form entsprechend: **5** *Pharmazie:* Lösungsmittel; **6** *Okkultismus:* Person, die angeblich zur Vermittlung von Geistererscheinungen veranlagt ist.

Text 3:

Me|di|um, das: -s, Medien: 1. *etwas, was eine Verbindung oder Beziehung zwischen mehreren Personen oder Gegenständen herstellt oder ermöglicht:* Rundfunk und Fernsehen sind die akustischen Medien unserer Zeit; etwas durch das M. (der) Sprache verbreiten. **sinnv.:** Kommunikationsmittel, Nachrichtenträger. **Zus.:** Massen-, Printmedium. 2. *jmd., der für Verbindungen zum übersinnlichen Bereich als besonders befähigt angesehen wird.* **sinnv.:** Mittler.

Text 4:

Medium [*medium,* auch: midiem: aus gleichbed. *engl.* medium, vgl. ¹Medium] Plural: Medien [...*ien*] auch: Media (auch: *midie*); meist Plural): Jedes Mittel, das der Kommunikation u. Publikation dient. bes. Presse, Funk, Fernsehen: vgl. → Massenmedium

Text 5:

Medium [lat.] *das, Mz.* **Me|di|en,** Mittel, Vermitelndes. [...]
2) *Kommunikationswissenschaft:* jedes Mittel der Publizistik und Kommunikation, im übertragenen Sinn auch a) der Übermittlungsweg oder -kanal (engl. *Channel*), b) jede Organisation von Presse, Film, Funk oder Fernsehen als Vermittlungseinrichtung des öffentl. und aktuellen Austausches von Wissen (→ Massenmedien).

1 Beschreibe, welche Informationen die einzelnen Quellen liefern.

2 Wodurch unterscheiden sie sich? Was ist gemeinsam?

3 Schlage im Quellenverzeichnis nach, woher die einzelnen Texte stammen.

4 Nenne weitere Nachschlagewerke.

5 Führt in eurer Klasse ähnliche Vergleiche zu folgenden Stichwörtern durch:
Publizistik – Manuskript – Karikatur – Kommentar – Redakteur – Illustrierte

6 Welche Nachschlagewerke würdest du zur Lösung dieser Fragen nutzen?
– Was ist eine *Illustrierte* und woher stammt das Wort?
– Wie schreibt man das Wort [fœjəˈtõː]?
– Welches Genus (grammatisches Geschlecht) hat *Jargon*?
– Stelle eine Wortfamilie *Manipulation* zusammen.
– Was bedeutet *Infotainment*?

7 Erarbeitet Lösungen und vergleicht sie gegenseitig.

Glossar: Nachschlagen

Wissen heißt: Wissen, wo etwas steht

Nachschlagewerke oder Lexika gibt es in Hülle und Fülle. Man kann sie aufgrund ihrer Ordnung in zwei Gruppen unterteilen
- in alphabetisch geordnete,
- inhaltlich strukturierte (geordnete) Nachschlagewerke.

Innerhalb der alphabetisch geordneten Lexika wiederum kann man grob einteilen in
- allgemeine Lexika (viele verschiedene Wissensgebiete),
- Fachlexika (nur ein bestimmtes Fach- oder Problemgebiet).

8 Ordne die abgebildeten Nachschlagewerke nach diesen Gesichtspunkten und ergänze sie durch eigene Beispiele. Vergleicht eure Lösungen. Sprecht über Unterschiede.

Wie oft kommt der Nachname *Sievers* vor?
Wo wohnt *Heinrich Simanek*?
Nach welchem System sind die *Sievers* geordnet?
Was stellt die Firma *SIMAC* her?
Welche Nummer kann man anrufen, wenn man wissen will, wann die *Rüstersieler Schleuse* zu nutzen ist?
Wodurch unterscheiden sich die Herren *Erich Siehl*?

9 Löst die gestellten Aufgaben.

10 Bildet Gruppen und findet für verschiedene Nachschlagewerke ähnliche Aufgaben. Stellt diese Aufgaben zu einem Lern- und Übungszirkel „Nachschlagetechnik üben" zusammen.

Siegmund E.	2 75	– Michael Eichendorff-3	6 19
– Gerhard Banter Weg 155	7 28	– Nicole	20 22
– Gottfried Raabe-4	6 11	– Peter u. Erika Austern-52	50 27
Siehl Erich Hermann-Ehlers-39	8 17	– Petra Kolberger-21	1 32
– jun. Erich Hermann-Ehlers-47	8 25	– Werner Bauuntern.	
– Johann Georg Droste-2	6 06	Albrecht-38	5 29
– P. Weiden-72	8 46	– Wilma Frieden-23	6 01
Siekmann Else	6 19	Sievert	6 95
Johann-Sebastian-Bach-2		– Heinrich Beethoven-65	8 19
Siel Thorsten u .	8 76	– Heinrich Werth-169	2 82
Erhardt-Siel Alexandra		– Joh. Anker-10	20 11
Werdumer-103		– Werner Bromberger-12	5 54
Sielacht Rüstringen Schleuse	6 43	Siewert Ewald	
Maadesiel		Wattenring 44	50 27
Abrufpegel Maadesiel	6 90	– Frieda Siedlerweg 10	30 46
Sieling Bernhard Werft-141	1 29	– H.	8 33
– Charlotte Siedlerweg 10	30 34	– Reinhold Bremer-125	1 22
Sies Walter Gottorp-17	8 33	Sigel Barbara	7 33
Sietz Beatrix u. Wolfgang	8 50	Genossenschafts-50b	
Am Fort Schaar 74		Siggelkow Ingrid Zedelius-30	3 12
– Wolfgang Am Fort		Sigges I. tom-Brok-26	2 83
Schaar 74	8 24	Sikanic Jovo Werft-112	13 61
Sieverding Bruno u.		Sikiotis Pavios Anker-8a	20 32
Ingrid Müller-69	3 33	Sikit Annette Sengwarder-8	50 13
Sieveritz Dietmar u. Susanne	8 39	Sikora Dieter Ang.	5 37
Magellan-20		Swinemünder Weg 14	
Sievers Dr. med. Kinderarzt	1 32	– Heinrich Frieden-4	3 85
Hamburger-19		Sikorski Bruno tom-Brok-8	3 26
– A. Heppenseer-21	30 53	– Carsten Enno-16	2 63
– Arnold Main-4	4 23	– Joachim Europaring 30	74 52
– Friedrich Liebrecht-6	30 23	– Karen Enno-13	2 69
– Georg Deich-28	4 43	Silberberg Karl Göker-146	3 78
– Gerd Beim Pumpenwerk 36	6 11	Silka Eugen Weser-129	20 10
– Hayo Uhland-23	2 84	Siltz Eric Siebethsburger-6	1 20
– Heinrich Allmers-20	6 94	**Simac GmbH Wälzlager**	
– Heinrich Eichendorff-5	6 94	**An der Junkerei 29**	**9 7(**
– Heinrich Zedelius-10b	30 24	Simanek Heinrich	
– Heinz u. Renate		Sengwarder-103	50 26
Potsdamer-41	5 35	– Heinz Gnesener-75	5 65
– Ingeborg Liliencron-10	6 41	– Stephan Schaardeich 91	7 44
– Jochen u. Renate		Simentschitsch H.	8 40
Austern-52	50 12	Altengroder Weg 20	8 40
Sievers Jürgen u.			
Burghardt Angela			
Rektor-Harms-Weg 8	6 92		

Glossar: Nachschlagen

Zu den am häufigsten benutzten Nachschlagewerken zählen die Wörterbücher zur Rechtschreibung. Dabei liefern diese Bücher nicht nur Auskunft über die richtige Schreibweise, sondern zusätzliche Informationen.

11 Welche Informationen liefern Rechtschreibwörterbücher außerdem?

12 Stellt eine Liste von Rechtschreibwörterbüchern zusammen, die ihr zu Hause, in der Klassen- oder Schülerbücherei, in der Stadt- oder Gemeindebücherei findet.

13 Vergleicht verschiedene Werke miteinander, indem ihr in ihnen diese Begriffe nachschlagt:
Annonce   Statement   Korrespondent   Kontext   Interview

14 Sind euch weitere Informationsquellen bekannt, die bei der Lösung von Rechtschreibproblemen helfen? Um welche Quellen handelt es sich?

Neben Rechtschreibproblemen muss man sich in der Schule (und nicht nur dort) auch mit sprachlichen Fragen wie Wortwahl und Stil beschäftigen. Spezielle Wörterbücher gibt es auch dafür:
Wörterbücher der Synonyme und Antonyme, Stil- und Bedeutungswörterbücher, Lexika für sinn- und sachverwandte Wörter, für die richtige Wortwahl oder zur Grammatik.

Text 1:
Informieren: einführen, aufklären, einweihen, unterrichten, orientieren, vertraut machen mit, die Augen öffnen, belehren, instruieren, Auskunft erteilen, ins Bild / in Kenntnis setzen *unterrichten, verständigen, benachrichtigen, Bescheid / Auskunft / Nachricht geben, wissen lassen, eröffnen, unterbreiten, mitteilen, melden, sagen, eine Meldung / Mitteilung machen, kundtun, kundmachen, kundgeben, bekannt geben, bekannt machen, Bericht geben / erstatten, berichten, übermitteln

informieren: nichts sagen, verheimlichen, geheim halten, stillschweigen, unerwähnt lassen, verbergen, verhehlen (ver)schweigen, nicht informieren, in Unkenntnis lassen, vertuschen, für s. behalten, vorenthalten, unterschlagen, totschweigen, (mit Schweigen) zudecken, bewusst nicht erzählen, in s. bewahren / verschließen *s. **informieren:** erfahren, hören, zur Kenntnis nehmen, in Erfahrung bringen, vernehmen, Kenntnis erhalten, ermitteln, zu Ohren bekommen, herausbekommen

Glossar: Nachschlagen

Text 2:
Ma|ni|pu|la|ti|on, die; -, -en: *das Manipulieren:* die M. der Öffentlichkeit durch die Massenmedien; die M. von Bedürfnissen und Meinungen; sinnv.: Beeinflussung, Leitung, Lenkung, Verführung, Verleitung, Zus.: Gen-, Wahlmanipulation.

Text 3:
Feuilleton (...'tons: aus gleichbed. *fr.* feuilleton, eigtl. „Beiblättchen", zu feuille „Blatt" aus gleichbed. *vulgär lat.* folia. vgl. Folie) *das:* -s. -s: 1. kultureller Teil einer Zeitung. 2. stilistisch u. sprachlich ausgewogener Beitrag im Feuilletonteil einer Zeitung. Feuilletonist *der:* -en. -en: jmd., der Feuilletons schreibt. **feuilletonistisch:** a) das Feuilleton betreffend: b) im Stil eines Feuilletons geschrieben.

Text 4:
Zeitung, Blatt, Organ, Gazette, Blättchen *(abwertend),* Lokalblatt, Lokalzeitung, Provinzblatt, Tageszeitung, Tageblatt, Morgenzeitung, Morgenblatt, Abendzeitung, Abendblatt, Nachtausgabe, Stadtzeitung, Wochenzeitung, Intelligenzblatt, Wochenblatt, Boulevardblatt, Weltblatt, Käseblatt *(abwertend),* Wurstblatt *(abwertend),* Revolverblatt *(abwertend),* Groschenblatt *(abwertend),* Witzblatt, Parteiblatt, Kirchenblatt, Propagandablatt, Extrablatt, Extraausgabe; ↑ Buch, ↑ Feuilleton, ↑ Massenmedien, ↑ Modejournal, ↑ Presse, ↑ Redaktion, ↑ Schlagzeile, ↑ Zeitschrift, ↑ Zeitungsbeilage, ↑ Zeitungswesen.

Text 5:
Kommentar, der (bildungspr.): *Erläuterung, Stellungnahme zu einem Text, Ereignis o. ä.:* ein kurzer, ausführlicher, kritischer K.; nach den Nachrichten folgt der K.; kein K.!; K. überflüssig!; das bedarf keines Kommentars; der Minister enthielt sich jedes/jeden Kommentars; er lehnte jeden K. ab, gab keinen K. zum Wahlergebnis; etwas ohne K. berichten; Wissensch.: der K. zum Strafgesetzbuch; einen K. zu einem Gesetz herausgeben; im K. nachschlagen.

Text 6:
Re·por'ta·ge ⟨[-ʒə] f. 19⟩ *Tatsachenbericht, anschaul. Schilderung eines Augenzeugen über ein Geschehen in Zeitung, Film, Funk* [frz. „Berichterstattung"; zu engl. *reporter:* → Reporter]
Re'por·ter ⟨m. 3⟩ *Berichterstatter bei Zeitung, Film, Funk* [engl., „Berichterstatter (einer Zeitung)"; zu lat. *reportare* „zurücktragen, überbringen"]

15 Welche Informationen liefern diese Ausschnitte?

16 Welche Lexika eignen sich besonders bei Wortwahlproblemen?

Mit dem Rechtschreibregelwerk arbeiten

Wenn du Texte schreibst, musst du die Zeichensetzung berücksichtigen, obwohl sie durch die Rechtschreibreform erleichtert wurde.
Aber auch hier hilft immer: Im Zweifel nachschlagen.

17 Wo findest du das Regelwerk in dem von dir benutzten Wörterbuch?

§ 71	Gleichrangige (nebengeordnete) Teilsätze, Wortgruppen oder Wörter grenzt man mit Komma voneinander ab.
§ 72	Sind die gleichrangigen Teilsätze, Wortgruppen oder Wörter durch *und, oder, beziehungsweise/bzw., sowie (= und), wie (= und), entweder ... oder, nicht ... noch, sowohl ... als (auch), sowohl ... wie (auch)* oder durch *weder ... noch* verbunden, so setzt man kein Komma.
§ 73	Bei gleichrangigen Teilsätzen, die durch *und, oder* usw. verbunden sind, kann man ein Komma setzen, um die Gliederung des Ganzsatzes deutlich zu machen.

Werbung täglich gelangt sie zu uns ins Haus mit der Tageszeitung oder durch Radio und Fernsehen.

Viele Medienkonzerne lassen neue Konzepte erforschen sie entwickeln bewährte weiter.

Zuschauer stört die häufige Unterbrechung durch Werbeblöcke sie versuchen ihnen zu entkommen zappen auf andere Programme oder schalten den Ton ab.

Die jugendlichen Zuschauer werden durch Serien an bestimmte Sender gebunden und die Werbung treibenden Unternehmen verkaufen dann mithilfe der Sendung gleich ihre Produkte.

Einige Kritiker der öffentlich-rechtlichen Anbieter lehnen alle Reglementierungen ab oder sie befürworten lediglich gewisse Einschränkungen bei Sendungen für Kinder.

Sehr umstritten sind die Standpunkte einiger privater Fernsehanbieter und viele ihrer Argumente lassen sich durchaus widerlegen.

18 Begründet mit den oben abgedruckten Zeichensetzungsregeln, ob in diesen Sätzen ein Komma stehen **muss** oder wo ein Komma stehen **kann**.

Die Originaltexte

Sommerbeginn

Das rattern eines traktormotors in
der ferne stimmen der nachbarn im
garten teetassen aus porzellan flirrende
im wind tanzende blätter hinter dem
fenster vögel in allen tonarten das
lachen der kinder die kopfüber ins
wasser springen melonenkerne die auf
der mit steinen gepflasterten terrasse
glänzen glasmurmeln in meiner hand

Angela Hoffmann

Im Winter

Der Acker leuchtet weiß und kalt.
Der Himmel ist einsam und ungeheuer.
Dohlen kreisen über dem Weiher
Und Jäger steigen nieder vom Wald.

Ein Schweigen in schwarzen Wipfeln wohnt.
Ein Feuerschein huscht aus den Hütten.
Bisweilen schellt sehr fern ein Schlitten
Und langsam steigt der graue Mond.

Ein Wild verblutet sanft am Rain
Und Raben plätschern in blutigen Gossen.
Das Rohr bebt gelb und aufgeschossen.
Frost, Rauch, ein Schritt im leeren Hain.

Georg Trakl

Wenn des Sommers Höhe überschritten

Wenn des Sommers Höhe überschritten	a
Weiße Fäden in den Hecken wehen,	b
Schwer bestaubt am Weg die Margueriten	a
Mit gebräunten Sternen müde stehen,	b
Letzte Sensen in die Felder gehen,	b
Wird aus Müdigkeit und Todeswille	c
Über allem eine tiefe Stille,	c
Will Natur nach so gedrängtem Leben	d
Nichts mehr tun als ruhn und sich ergeben	d

Hermann Hesse

Der eingebildet Kranke

Ein Griesgram denkt mit trüber List,
Er *wäre* krank. (was er nicht ist!)
Er *müsse* nun, mit viel Verdruss,
Ins Bett hinein. (was er nicht muss!)
Er *habe*, spräch der Doktor glatt,
Ein Darmgeschwür, (was er nicht hat!)
Er *sollt'* verzichten, jammervoll,
Aufs Rauchen ganz. (was er nicht soll!)
Und *werde*, heißt es unbeirrt,
Doch sterben dran. (was er nicht wird!)
Der Mensch *könnt'*, als gesunder Mann
Recht glücklich sein. (was er nicht kann!)
Möcht' glauben er nur einen Tag,
Dass ihm nichts fehlt. (was er nicht mag!)

Eugen Roth

Sachregister

Adjektiv 31, 82, 172, 196, 199
Adressatenbezug
  → Argumentieren/Diskutieren
  → Diskussion einleiten
Adverb 172, 196
Alternative Diktatformen
  → Rechtschreiben
Akrostichon → Lyrik
angeleitetes Schreiben → Lyrik
Anrede → Ritualisiertes Sprechen
Apposition 192
Arbeitstechniken
  Arbeitsgruppen bilden 104
  Arbeitsplanung 105 f.
  Cluster 37
  Grafiken lesen 116
  Lexikonartikel 14
  Nachschlagen 113, 201, 203, 208 – 212
  Plakat 14, 20
  Schaubild 116
  Stellwand 102
  Stichwortzettel anlegen 17, 20, 71, 78, 93, 101, 112, 113, 122, 133
  Tabelle anlegen 74, 76, 82
  Text gliedern 205
  Wandzeitung 116, 150
  Wörterbuch 110 f.
Argumentationskette → Erörtern
Argumentieren/Diskutieren und Erörtern
  12 – 27, 126 – 146
  Argument 15, 17, 18, 22, 129
    → Reihenfolge 17
  Argumentation 17, 140
  Aussagen
    sachlich 14
    wertend 14
  Beispiel 18, 22, 129
  Diskussion durchführen 21 f.
  Diskussion einleiten 24
    Adressatenbezug 24
    Einstiegsmodelle 24
  Diskutieren 75
  Gesprächspartner in einer Diskussion 25 f.
  Kontra-Argument 133, 136, 137, 138, 139
  Meinung 15, 20, 133
  Pro-Argument 133, 136, 137, 138, 139
  Pro- und Kontraargumente 26
  Rednerliste 26
  Resümee ziehen 26
  Rollenkarten 21
  Rollenspiel 21 f., 26
    Beobachtungsaufgaben 22
    Zuschauer 22
  Standpunkt 15, 20, 22
  Text untersuchen 14, 18 ff.
Artikel 172, 180, 191
Aufzählung → Zeichensetzung

Bewerben 148, 171
  Ausdrucksfehler 156
  Bewerbungsmappe 151, 153
  Bewerbungsschreiben 154 f., 156
  Bewerbungssituation durchspielen 170
  Bewerbungsunterlagen 149
  Einstellungstest 149, 161 – 167
  E-Mail-Bewerbung 160
  Grammatikfehler 156
  Körpersprache 168
  Lebenslauf, ausführlich 159
  Lebenslauf, tabellarisch 158
  Rechtschreibregel formulieren 156
  Tipps für Bewerbungsschreiben 157
  Tipps zur Bewerbung 171
  Verhaltensweisen 150
  Vorstellungsgespräch 150, 168 ff., 170

Charakteristik 74 – 85, 91, 92
  Charaktereigenschaften 74, 76, 83
  Checkliste zur Charakteristik 83
    Absätze, Reihenfolge 83
    Satzbau 83
  Dialog 82
  Hauptperson 75, 76
  literarische Figur 79
  Stilmittel 82
Cluster
  → Lyrik (angeleitetes Schreiben) und Arbeitstechniken
Collage 30

deklinierbar 172
Detail-Lesen → Lesetechniken
Dialog → Text als Anreger
direkte Rede → Textzusammenfassung und Zeichensetzung
Drehbuch → Text als Anreger
Duzen → Ritualisiertes Sprechen

Erörtern 126 – 147 und
Argumentieren/Diskutieren 12 – 27
  Argumentationskette 139
  Aufbau 146
  Checkliste zur Erörterung 143

Sachregister

dialektische Erörterung 146
Einleitung 140 f., 146
Gegenposition 129
Gliederung 137, 139
Hauptteil 143, 146
Kommentar 128 ff., 131, 132
Leserbrief 128 f. 132
lineare Erörterung 139, 146
Meinungen schriftlich äußern 128 f.
Schluss 141, 146
Stellung nehmen 132
Stoffsammlung 136, 138

Fachbegriff 110 f.
Fall 172,180
    Akkusativ 180
    Dativ 180
    Genitiv 180
    Nominativ 180, 182
flektieren 172
Fragen stellen 101, 111 und
    → Textzusammenfassung (Texterarbeitung)
Fremdwort 110 f. und
    → Rechtschreiben und Nachschlagen

Gedicht → Lyrik
Getrennt- und Zusammenschreibung
    → Rechtschreiben
Gliederung
    → Textzusammenfassung (Texterarbeitung)
Gliedsatzkonstruktion 186
Gliedsätze 185, 190
    Infinitivgruppe 185
    Interrogativsatz 185
    Konjunktionalsatz 185, 190, 191
    Partizipialgruppe 185
    Relativsatz 185, 190, 191
Grafiken lesen → Arbeitstechniken
Groß- und Kleinschreibung
    → Rechtschreiben
Haiku → Lyrik
Hauptsatz 190, 193
Heiratsanzeige 74, 75

indirekte Rede
    → Textzusammenfassung
Informationen sammeln und darstellen
    100 – 126
    Annäherung ans Thema 101 ff.
    Hauptaussagen eines Textes 101
    Informationen auswerten 15 f., 18

Informationen beschaffen 13 f., 17, 71
Informationsmaterial 13
Informationsquellen 105 f., 117
Internet 106 ff.
    Suchbegriffe 107 f.
Katalog 106
Materialsammlung anlegen 133 ff., 136
Referat 116, 117 – 124
    Anschauungsmaterial 123
    Aufbau 118
    Einleitung 118, 119 f.
    Ergebnisse zusammenfassen 121
    Gegenposition 118
    Hauptteil 118, 120
    Material ordnen 118
    Materialien vorbereiten 123
    Medien 123
    Redevorlage erstellen 121
    Referat-Fahrplan 121
    Referat halten 124
    Schluss 118,121
    Standpunkte formulieren 118
    Stellungnahme 121
    Überleitung 120
    Vortrag üben 123
    vortragen, frei 122
    Ziele 117
    Vortrag 116
Informieren
    → Informationen sammeln und darstellen
Inhaltsangabe 60 – 73
Inhaltsangabe, mündlich 78
Inhaltsangabe, schriftlich 62, 70
innerer Monolog → Text als Anreger
Interjektion 172
Internet
    → Informationen sammeln und darstellen
Interpretieren, schriftlich 92 – 99
Interpretieren von Texten 9, 39 und
    → Texte analysieren und interpretieren
Interview 149 f., 151 f.

Kameraeinstellungen
    → Text als Anreger
Kasus 172, 180
Katalog
    → Informationen sammeln und darstellen
Kommentar → Erörtern
konjugierbar 172, 173
Konjunktion 172, 190, 191
Kontext 110
Kurzgeschichte 62, 83

Sachregister

Leerstellen → Textanalyse
Leserbrief → Erörtern
Limerick → Lyrik
Lyrik 28 – 39
   anregen, sich zu einem Gedicht anregen lassen 37
   Akrostichon 38
   angeleitetes Schreiben 37
      automatisches Schreiben 37
      Cluster 37
      metaphorisches Schreiben 37
      Stichwortkatalog 37
   Enjambement 28
   Gedicht 28
   Gedicht rekonstruieren 28
   Gedicht überarbeiten 31
   Gedicht, verwürfeltes, ordnen 29
   Gedichte nach Vorgaben verfassen 38
   Gedichte vergleichen 35 f.
   Gedichtformen, Merkmale moderner Gedichte 28
   Haiku 38
   Hebung 33
   Limerick 38
   Metapher 30
   metaphorisches Schreiben 56
   Metrum 33 f., 35
      Anapäst 33
      Daktylus 33
      Jambus 33
      Trochäus 33
   Reim 28, 35
   Reimschema 29 f.
   Reimart 30
      reiner Reim 30
      unreiner Reim 30
   Rhythmus 33 f., 35
   Satzzeichen 28
   Senkung 33
   Silbe 33 f.
      betont 33
      unbetont 33 f.
   Spielen mit Gedichten 59
   Strophe 29
   Vergleich 30
   Vers 29, 34
   vortragen 34
      sinnbetont 34
   Wirkung eines Textes 29, 31, 32
   Zusammenhang von Form und Inhalt 35
Lesetechniken
   Detail-Lesen 110 – 115

Orientierendes Lesen 109
   Textaussagen, wesentliche 109
   Text überfliegen 20, 109
Liebesroman 76

Märchen 75
Metapher → Lyrik
Metrum → Lyrik

Nachschlagen 208 – 212 und → Arbeitstechniken
Nomen 172, 180, 182, 196, 199
Numerale 172
orientierendes Lesen → Lesetechniken

Paralleltexte schreiben → Text als Anreger
Perspektive (Sicht), aus anderer Perspektive erzählen 50, 51, 58, 92
   Ich-Collage 56
   Ich-Form 58
Popmusik 39
Popsong 77
Präposition 172, 180
Pronomen 172, 180, 182, 191
   Demonstrativpronomen 191
   Relativpronomen 190, 191
Protokoll 23
   Aufbau 23
   Beschluss fassen 26
   Ergebnisprotokoll 23
   Verlaufsprotokoll 23

Quellenangabe 13, 16, 20, 110, 208

Rechtschreiben 196 – 208
   Alternative Diktatformen 204-207
   Anredepronomen 196
   Fremdwörter 201 ff.
   Getrennt- und Zusammenschreibung 199
   Groß- und Kleinschreibung 196 ff.
   Nominalisierung 196
   Partnerdiktat 206
   Possessivpronomen 196
   Signalwörter 196
   Zeitangaben 196 f.
   Zusammensetzungen 199 f.
Referat
→ Informationen sammeln und darstellen
Regeln des sprachlichen Umgangs miteinander → Ritualisiertes Sprechen
Reim → Lyrik
Rhythmus → Lyrik

Sachregister

Ritualisiertes Sprechen 6 – 11
  Anrede 6, 9
  Duzen 6, 7, 8, 10, 11
  Irzen 8
  Regeln des sprachlichen Umgangs miteinander 8, 9
  Siezen 8, 10, 11
  Vornamen 11
Rollenspiel
  → Argumentieren/Diskutieren

Satzgefüge → Zeichensetzung
Satzglied 182 ff.
  Adverbiale Bestimmungen 182
    der Art und Weise 182
    des Grundes 182
    des Ortes 182
    der Zeit 182
    des Zwecks 182
  Attribut 182, 192
  Objekte 182
    Akkusativ-Objekt 182
    Dativ-Objekt 182
    Genetiv-Objekt 182
    Präpositionales Objekt 182
  Prädikat 182, 184, 190
  Subjekt 182, 184
Satzreihe 193, 195
Satzverbindung 193
Schaubild → Arbeitstechniken
Siezen → Ritualisiertes Sprechen
Silbe → Lyrik
Sinnabschnitte, in S. unterteilen 112
Spannung → Texterarbeitung
Sprachgeschichte 7, 8, 9, 10, 11
sprachliche Mittel 31, 139
Stellungnahme 74, 78, 83 und
  → Textzusammenfassung und
  → Argumentieren und → Erörtern
Stoffsammlung → Erörtern
Storyboard → Text als Anreger
Strophe → Lyrik
Substantiv 172, 199

Tempus → Zeitform
Text als Anreger 40 – 47
  Bild als Erzähl- und Schreibanlass 48, 49, 55
  Detail 44
  Dialoge schreiben 41, 51
  Drehbuch 44 f.
  Einstellung (Kamera) 44 f.
  Einstellungsgrößen 44
  Einstellungsperspektiven 45
    Froschperspektive 45
    Vogelperspektive 45
  Erzählstrang 54
  Filmsprache 44
  Filmteam 44
  Gegentexte schreiben 59
  Großaufnahme 43
  Halbnah 44
  Halbtotale 43, 44
  Ideen weiterfabulieren 53
  innerer Monolog 41
  Kamerabewegungen 44
  Minigeschichten ausbauen 57
  Nah 44
  Paralleltexte schreiben 59
  Probeaufnahmen 45
  Regieabsicht 44
  Schlagzeilen zu Erzählungen ausgestalten 51
  Schwenk 45
  sich selbst in Texte hineinschreiben 58
  Skizze entwerfen 43
  Standbild darstellen 43
  Storyboard 43 f.
  Szene spielen 43
  Text fortsetzen 48
  Textanfänge weiterschreiben 57
  Ton 44
  Totale 43, 44
  Video 44 f.
  Vorstellungen zu Personen, Charakteren, Orten entwickeln 42
  Weit 44
  Zoom 43 ff.
Text untersuchen
  → Argumentieren/Diskutieren
Texterarbeitung
  → Textzusammenfassung
Textzusammenhang 110
Textanalyse 86 – 99 und
  → Textzusammenfassung (Texterarbeitung)
  Text genau lesen 87, 88 ff.
  Texterarbeitung 68, 69 f., 86 – 99
    Leerstellen füllen 87, 92
    Leitfragen 87
    Text strukturieren 87
Textzusammenfassung 60 – 73, 91
  direkte Rede umwandeln 64
  Handlungsschritte 65 ff., 71
  Hauptfigur 62, 92
  indirekte Rede 64
  Sachtext, informierend 64

Sachregister

Stellungnahme, persönliche 71
Textabschnitte 65, 91
Texterarbeitung 86 – 99
   Anfang 92
   Form 92
   Fragen an einen Text stellen 68, 87, 92
   Gliederung 94, 113, 122
   Inhalt 92
   Klärung schwieriger Begriffe 68
   Randnotizen 68, 78
   Schluss 92
   Schlüsselbegriff 68, 87, 92, 93
   sprachliche Gestaltung 92
   Textaufbau 92
   Tipps für Texterarbeitung 68
   Unterstreichen 68
   wörtliche Rede 92
   Zeitstufe Präsens 60
Thematische Landkarte 104
Titel 92

Überschrift 36, 71, 87, 101, 113, 116, 131, 146
Umfrage 128, 146

Verb 172, 173, 190, 196, 199
   Aktiv 175
   Alltagssprache 178
   Begleitsatz 178
   direkte Rede 178
   finitive Stellung 190
   Futur 173
   Imperativ 176
   Indikativ 176
   indirekte Rede 178, 179
   Konjunktiv 176, 177, 178
   Partizip 199
   Passiv 175
   Perfekt 173
   Plusquamperfekt 173
   Präsens 173
   Präteritum 173
   Redeteil 178
   Satzzeichen, wörtliche Rede 179
   Umgangssprache 178
   Verbform 182
   Verbklammer 182
   Vorgangspassiv 175
   wörtliche Rede 179
   Zustandspassiv 175
Vergleich → Lyrik
Vergleichen von Ergebnissen 11, 28, 31, 37, 47, 120, 207, 208
Vers → Lyrik
Video drehen → Text als Anreger
Vortrag
→ Informationen sammeln und darstellen
Vortrag, mündlich 17, 24
vortragen → Lyrik

Wirkung eines Textes → Lyrik
Wörterbuch
→ Arbeitstechniken und
→ Nachschlagen
Zeitangaben → Rechtschreiben
Zeitform 172, 173 f.
Zeitungsartikel 130, 131, 132, 204, 205, 206
zitieren 124
Zeichensetzung 187-195
   Anführungszeichen 188, 205
   Anrede 187
   Aufzählung 187, 189
   Ausrufe 187
   Ausrufezeichen 188
   Doppelpunkt 188
   Einschübe 187
   Fragezeichen 188
   Gedankenstrich 188, 195
   „kann"-Komma 187, 193 f.
   Klammer 188
   Komma 187, 188 f., 191, 192, 205
   nachgestellte Erläuterungen 187
   Punkt 188, 205
   Satzgefüge 187, 190
   Satzzeichen 188
   Semikolon 188, 195
Zoom → Text als Anreger

Quellenverzeichnis

Textquellen

S. 6:	Brief von Marlies: Aus: Augst, Gerhard: Sprachnorm und Sprachwandel. Essen: Athenaion 1977. S. 15.
S. 6:	Graudenz, Karlheinz/Erika Pappritz: Das Buch der Etikette. München: Südwestverlag 1963.
S. 7:	Ludwigslied: Aus: Augst, Gerhard: Sprachnorm und Sprachwandel. A. a. O. S. 24.
S. 7:	Kasseler Gesprächsbüchlein: Aus: Augst, Gerhard: Sprachnorm und Sprachwandel. A. a. O.
S. 8:	Grimm, Jacob: Aus: J. Grimm: Deutsche Grammatik. Göttingen 1822 – 1837. Bd. 4/1. S. 361 f. Hier zit. nach Augst, Gerhard: Sprachnorm und Sprachwandel. A. a. O. S. 27.
S. 9:	Lessing, Gotthold Ephraim: Minna von Barnhelm: Aus: Gotthold Ephraim Lessing: Sämtliche Werke in 6 Bdn. Berlin – Leipzig: Verlag K. Th. Knaur o. J. Bd. 3. S. 166 f.
S. 10:	Zitat österreichischer König: Zit. nach Augst, Gerhard: Sprachnorm und Sprachwandel. A. a. O. S. 42.
S. 11:	Goethe, Johann Wolfgang: An K. E. Goethe: Aus: Johann Wolfgang Goethe: Briefe Ausg. in 4 Bdn. Hrsg. von Philipp Stein. Berlin: Meyer & Jessen 1914. Bd. 4. S. 24.
S. 14:	Gentechnologie: Aus: Lexikonartikel „Gentechnik". Data Becker, Düsseldorf. Lexikon 98.
S. 14:	Was ist Gentechnik? Aus: Greenpeace: Argumente: Natur und Nahrung im neuen Design. Hrsg. von Greenpeace e. V. Hamburg 9/1997. S. 7. (Broschüre A 0391).
S. 15:	Gentechnisch veränderte Tomaten: Aus: Warum wir die Gentechnik brauchen. Hrsg. vom Bundesministerium für Bildung, Wissenschaft, Forschung und Technologie. Bonn. Oktober 1996. S. VII.
S. 18:	Gentech-Nahrung: Aus: Breyer, Hiltrud, MdEP (Hrsg.): Materialien zur Gentechnologie. (Kleine Änderungen). Baden/Schweiz: utzinger/stemmle verlag o. J. S. 36.
S. 19:	Risiken und Nebenwirkungen: Aus: Greenpeace: Argumente: Natur und Nahrung im neuen Design. Hamburg 9/1997. S. 5.
S. 19:	Sojaöl aus neuer Quelle: Aus: Future II/1997. Das Hoechst Magazin. Frankfurt/M. S. 26.
S. 20:	Kulturgut Reis: Aus: Future II/1997. a.a.O. S. 26/27.
S. 28 und 213:	Hoffmann, Angela: Sommerbeginn. Aus: Volk, Anne (Hrsg.): Brigitte Gedichte: Fällt ein kleines Blau vom Himmel. Neue Gedichte – ausgewählt von Ellen Pomokalko. Hamburg: Gruner und Jahr 1994. S. 10.
S. 29 und 213:	Hesse, Hermann: Wenn des Sommers Höhe überschritten: Aus: Hermann Hesse: Ausgewählte Gedichte. *Was mich bewegte und erfreute*. Zusammengestellt und mit einem Nachwort von Volker Michels. Lizenzausgabe mit Genehmigung des Suhrkamp Verlages, Frankfurt/M., für die Bertelsmann Club GmbH, Gütersloh. © 1953, 1961, 1977 by Suhrkamp Verlag, Frankfurt/M.
S. 30:	Kunze, Reiner: Der sommer geht weg: Aus: Reiner Kunze: Gespräch mit der Amsel. Frühe Gedichte. Zimmerlautstärke. Frankfurt/M.: S. Fischer Verlag 1984. S. 190. © Reinbek b. Hamburg: Rowohlt 1969.
S. 31 und 213:	Trakl, Georg: Im Winter: Aus: Georg Trakl: Die Dichtungen. © 1938 by Otto Müller Verlag Salzburg. 12. Aufl. o. J. S. 34.
S. 32:	Holz, Arno: Mählich durchbrechende Sonne: Aus: Arno Holz: Werke. Bd. 1. Hrsg. von W. Emrich und Anita Holz. Neuwied: Luchterhand 1961. S. 262 f.
S. 33:	Keller, Gottfried: Sommernacht. Aus: G. Keller: Gesammelte Werke in 5 Bdn.: München: Droemersche Verlagsanstalt o. J. Bd. 5. S. 14.

Quellenverzeichnis

S. 34: Storm, Theoder: Abseits. Aus: Th. Storm: Gesammelte Werke. 1. Bd. München: Nymphenburger Verlagsbuchhandlung 1981. S. 20.

S. 35: Piontek, Heinz: Herbstliche Koppel. Aus: Piontek, Heinz: Werkauswahl. Bd. 1. Indianersommer. Ausgewählte Gedichte. Sigmaringen: Bergstadtverlag 1990.

S. 35: Brambach, Rainer: Flugzeit. Aus: Rainer Brambach: Heiterkeit im Garten. Das gesamte Werk. Hg. von Frank Geerk. Zürich: Diogenes 1989. S. 158. © Zürich: Diogenes 1977.

S. 36: Brecht, Bertolt: Frühling 1938 (I). Aus: Bertolt Brecht: Gesammelte Werke. Bd. 9. Gedichte 2. Werkausgabe edition suhrkamp. Frankfurt/M.: Suhrkamp 1967. S. 815.

S. 36: Ringelnatz, Joachim: Frühling. Aus: J. Ringelnatz: Das Gesamtwerk in sieben Bänden. Hrsg. von Walter Pape. Berlin: Henssel 1985. © 1994 by Diogenes Verlag AG, Zürich. Bd. 2.

S. 38: Originalbeiträge; Limerick: Aus: Dieter Höss: Die besten Limericks von Dieter Höss. Eßlingen: Bechtle 1973. S. 19.

S. 40: Brecht, Bertolt: Die Rolle der Gefühle. Aus: Bertolt Brecht: Gesammelte Werke. Band 12. Prosa 2. A. a. O. S. 411.

S. 46: Brecht, Bertolt: Herr Keuner und der hilflose Knabe. Aus: Bertolt Brecht: Werke. Große kommentierte Berliner und Frankfurter Ausgabe. Hrsg. von Werner Hecht u. a. Berlin und Weimar. Bd. 18. Prosa 3. Frankfurt/M.: Suhrkamp 1995. S. 19.

S. 46: Ruck-Pauquèt, Gina: Clarina. Aus: Heiser auf der Seele. Klett Leseheft 100. Stuttgart: Klett 1985. S. 35 f.

S. 48: Wellershoff, Dieter: Die Gesellschaft der Zukunft. Aus: Die Phantasie an die Macht. Literatur als Utopie. Literaturmagazin 3. Hrsg. von Nicolas Born. Reinbek bei Hamburg: Rowohlt Taschenbuch Verlag 1975. S. 18 f. (Das Gedicht hat keinen Titel und ist hier nach seiner Anfangszeile benannt).

S. 49: Morgenstern, Christian: Auf dem Fliegenplaneten. Aus: Chr. Morgenstern: Gesammelte Werke in einem Band. München: Piper & Co. Verlag 1965. S. 281.

S. 50: Brown, Frederic: „Sie tun doch nichts, oder?" Aus: Gardner, R. Dozis und Jack M. Dann (Hrsg): Aliens und andere Fremde. Gladbach: Bastei-Lübbe 1983. S. 227. Aus dem Amerikanischen von Leni Sobez. © der Übersetzung 1981 by Moewig Verlag.

S. 51: Kaschnitz, Marie Luise: Zu Hause. Aus: M. L. Kaschnitz: Gesammelte Werke. Hrsg. von Christian Büttrich und Norbert Miller. Frankfurt/M.: Insel Verlag 1982. Bd. 3. S. 389.

S. 52: Koesters, Paul Heinz: Das Klonen von Menschen ...: Aus: Der achte Tag der Schöpfung. Stern 12/1988. Hamburg: Gruner und Jahr.

S. 52: Huxley; Aldous: Schöne neue Welt. Frankfurt/M.: Fischer Taschenbuch Verlag. © 1953 by Aldous Huxley und Herberth E: Herlitschka. S. 19/20.

S. 54: Der Science-Fiction- ...: Aus: Wilson, Gahan: Taschen-Computer. In: Jeschke, Wolfgang (Hrsg.): Science Fiction Story Reader 1. München: Wilhelm Heyne Verlag 1974.

S. 56: Weinobst, Theo: Lebensläufe. Aus: Hans Manz (Hrsg.): Die Welt der Wörter. Weinheim und Basel: Beltz & Gelberg 1991. S. 327.

S. 57: Originalbeiträge.

S. 59: Was wir lernen: Originalbeitrag.

S. 60 und 69: Seck-Agthe, Monika: Mein Bruder hat grüne Haare. Aus: Wohlgemuth, Hildegard (Hrsg.): Frieden: Mehr als ein Wort. Gedichte und Geschichten. Reinbek bei Hamburg: Rowohlt Taschenbuch Verlag (rotfuchs) 1981. S. 141 ff.

S. 61: Wondratschek, Wolf: Mittagspause. Aus: W. Wondratschek: Früher begann der Tag mit einer Schußwunde. München: Carl Hanser Verlag 1970. Hier zit. nach: Wondratschek, Wolf: Früher begann der Tag mit einer Schusswunde. Ein Bauer zeugt mit einer Bäuerin einen Sohn, der unbedingt Knecht werden will. Zürich: Diogenes 1989. S. 43.

Quellenverzeichnis

S. 64:	„Bist du eigentlich übergeschnappt?" Aus: Seck-Agthe; s. S. 60.
S. 65:	Willkommen im Leben ...: Aus: Bröger, Achim: Wahnsinnsgefühl. Stuttgart; Wien; Bern: K. Thienemanns Verlag 1997. S. 39 – 41.
S. 71:	Preuß, Günter: Vertauschte Bilder. München: Erika Klopp Verlag 1991. S. 72 – 79, 81 – 84.
S. 74:	Heiratsanzeigen. Aus: Die Zeit vom 20. Mai 1998.
S. 75:	Tetzner, Lisa: Der Glasbrunnen. Aus: Lisa Tetzner: Das Märchenjahr. Aarau: Sauerländer. S. 447 f.
S. 76:	Courths-Mahler, Hedwig: Wo du hingehst. Gladbeck: Bastei. O. J. Bd. 65.
S. 77:	Pur: Allein vor dem Spiegel. Aus der CD „Mächtig viel Theater". 1998. Nr. 7.
S. 79:	von der Grün, Max: Masken. Aus: M. v. d. Grün: Fahrtunterbrechung und andere Erzählungen. Köln: Europäische Verlagsanstalt 1964.
S. 83:	Büschel, Jasmin: Originalbeitrag (Schülertext).
S. 84:	Jerosch, Rainer: Lächeln im Regen. Aus: Hans-Georg Noack (Hrsg.): Baden-Baden: Signal Verlag 1964.
S. 86:	Cin, Yesmin: Ich fühl' mich fremd in meinem eigenen Land. Originalbeitrag. (Schülertext).
S. 88:	Edgü, Ferit: Ein Winter in Hakkari. Zürich: Unionsverlag 1987. Aus dem Türkischen von Sezer Duru. Hier zit. nach der Lizenzausgabe der Büchergilde Gutenberg, Frankfurt/M., Wien 1990. S. 33 – 37.
S. 93:	Marwig, Detlev: Rein äußerlich. Aus: Schrauben haben Rechtsgewinde. Düsseldorf: Pädagogischer Verlag Schwann 1971.
S. 99:	Noack, Hans-Georg: Hautfarbe Nebensache. Ravensburg: Otto Maier Verlag 1960. Hier zit. nach der 8. Aufl. 1990. S. 83 f. © 1960 Signal-Verlag Hans Frevert, Baden-Baden.
S. 100:	Woolf, Virginia: „Obwohl wir dieselbe Welt ..." Quelle nicht zu eruieren.
S. 100:	Schiller, Friedrich: Die Glocke. Aus: Fr. Schiller: Sämtliche Werke in 20 Bänden. Bd.1. Sämtliche Gedichte, Teil 1. Hrsg. von Gerhard Fricke und Herbert Göpfert. München: Carl Hanser Verlag 1965.
S. 101:	Auf den ersten Blick: Aus: Rückfall ins pädagogische Mittelalter. Neue Westfälische Zeitung vom 3. April 1995.
S. 102:	Obwohl Frauen ...: Aus: Schulmagazin. Heft 12. 1994.Ehrenwirth/Prögel/ Oldenbourg Verlag, München.
S. 102:	Mädchen haben ...: Aus: Klaus Hurrelmann: Mädchen fressen Probleme in sich hinein. In: Neue Westfälische Zeitung (Bielefeld) vom 28.11. 1990.
S. 102:	Jüngste Untersuchungsergebnisse. ...: Aus: Gleichberechtigung von Mann und Frau. Hrsg. vom Bundesministerium für Familie, Senioren, Frauen, Jugend. Bonn 1992. Bd. 117.1.
S. 102:	Ihre sprachliche Durchsetzungsfähigkeit ...: Verändert nach einer dpa-Meldung vom 27.11.1991.
S. 103:	Singles auf dem Vormarsch: Aus: Wirtschaft und Statistik. Heft 10/1990. Stuttgart: Metzler.
S. 103:	Das Ende der Koedukation. Originalbeitrag.
S. 109:	Geht es um das Verhältnis der Geschlechter...: Aus: Psychologie heute 12/1995. Weinheim: Beltz Verlag.
S. 110:	Die Wissenschaftlerinnen ...: Aus: Psychologie heute 12/1995. A. a. O.
S. 111:	Jungen erhielten ...: Aus Psychologie heute 12/1995. A. a. O.
S. 112:	Bei einem Teil ...: Aus: Frank, Elisabeth: Von wegen dumme Weiber. In: Erziehung und Wissenschaft. Zeitschrift der Bildungsgewerkschaft GEW 2/1997.
S. 114:	Jacobs, Leo: Die virtuelle Puppenstube. Aus: Die Zeit Nr. 13 vom 19.3.1998.
S. 130:	„Geheime Kundendaten ...": Aus: Hannoversche Allgemeine Zeitung vom 24.4.1998.
S. 131:	Der Kommentar: Aus: Hannoversche Allgemeine Zeitung vom 24.4.1998.
S. 132:	„Pornographie im Internet": Aus: Hannoversche Allgemeine Zeitung vom April 1998.
S. 133:	Text 1: Aus: Drewes, Detlef: Die Online-Gesellschaft – Die virtuelle Zukunft

Quellenverzeichnis

	hat begonnen. München: Wirtschaftsverlag Langen Müller/Herbig 1997. S. 126, 127, 128, 129.
S. 134:	Text 2: Aus: Eine Welt in der Schule. Heft 3. September 1997. Projekt des Arbeitskreises Grundschule – Der Grundschulverband e. V.
S. 135:	Text 3: Aus: Drewes: Die Online-Gesellschaft. A. a. O. (Wie Text 1, S. 133). S. 54, 55.
S. 136:	Text 4: Aus: Konrad. Das neue Magazin vom stern. Nr. 2/1997. S. 178.
S. 160:	„Die E-Mail-Bewerbung": Aus: jetzt, Das Jugendmagazin der Süddeutschen Zeitung. Nr. 10 vom 2.3.1998. Sonderveröffentlichung ohne Seitenangabe.
S. 161:	„Staat und Politik": Aus: Hustedt, Henning/Reinhard Hilke: Einstellungstests. Niedernhausen/Ts.: © by Falken-Verlag GmbH 1998. S. 54/55.
S. 161:	„Geschichte/Erdkunde/Literatur": Aus Hustedt/Hilke: Einstellungstests. A. a. O. S. 56/59.
S. 162:	„Dreiersystem/Textaufgaben": Aus: Hustedt/Hilke: Einstellungstests. A. a. O. S. 98.
S. 163:	„Wortbedeutung/Sprichwörter/Wortauswahl/Tatsache oder Meinung?": Aus: Hustedt/Hilke: Einstellungstests. A. a. O. S. 96 f.
S. 164:	„Lückentexte": Aus: Hustedt/Hilke: Einstellungstests.A. a. O. S. 39.
S. 164:	Krankfeiern: Aus: Schlutz/Wacker/Maier: Die verflixie Rechtschreibung. Stuttgart: Ernst Klett Verlag für Wissen und Bildung 1998.
S. 165:	„Zeichensetzung": Aus: Hustedt/Hilke: Einstellungstests. A. a. O. S. 49/50.
S. 165:	„Aufsatzthemen": Aus: Hustedt/Hilke: Einstellungstests. A. a. O. S. 50 ff.
S. 167:	„Matrizen ergänzen": Aus: Hustedt/Hilke: Einstellungstests. A. a. O. S. 99.
S. 169:	„Personalchefs erwarten Leistungswillen": Aus: Bonner Presse Verein – Vereinigung junger Autoren und Journalisten e. V., Bonn (Hrsg.): Tips 1996 für Schulabgänger. 8. Auflage. S. 18.
S. 174:	„Gorilla 'erzählt' im Internet": Aus: Hannoversche Allgemeine Zeitung vom 24.4.1998.
S. 175:	„Aktiv gegen Passivrauchen": Aus: test 4/98. Zeitschrift f. d. Verbraucher. Berlin: test Verlag, Stiftung Warentest.
S. 177:	Janetschek, Albert: Die Verteidigung des Konjunktivs. Aus: Praxis Deutsch (Heft-Nr. 71 Mai 1985.S. 19)
S. 177 und 213:	Roth, Eugen: Der eingebildet Kranke. Aus: Eugen Roth: Der Wunderdoktor. München: Carl Hanser Verlag 1950. S. 72.
S. 177:	Brecht, Bertolt: Der Rauch. Aus: Bertolt Brecht: Gesammelte Werke. Band 10. Gedichte 3. Werkausgabe edition suhrkamp. Frankfurt/M.: Suhrkamp 1967. S. 1012.
S. 178:	Manzoni, Carlo: Vor dem Zeitungskiosk. Aus: Carlo Manzoni: Signor Veneranda. sieht rot. Übers. von Maria Kern. Berlin: Ullstein 1995.
S. 179:	Hohler, Franz: Eine kurze Geschichte. Aus: Franz Hohler: Mann auf der Insel. Darmstadt/Neuwied: Luchterhand 1983.
S. 184:	Schon im Kindergarten ...: Aus: Frankfurter Rundschau. vom 15.6.93. Nr.135 (gekürzt).
S. 186:	Rhue, Morton: Die Welle. Übers. von Hans-Georg Noack. Ravensburg: Otto Maier Verlag 1985. S. 67.
S. 189:	Hörende Computer: Originalbeitrag.
S. 193:	Im Internet: Originalbeitrag.
S. 194:	Internet-Surfen: Nach: Ehrlich, Brigitte: Okidoki 10 Rechtschreiben. Hannover: Schroedel Verlag 1996. S. 89.
S. 194:	Internet im Auto: Originalbeitrag.
S. 195:	Ein Besuch im Gasthof: Aus: W.Eichler/F. Schardt: Texte für Diktate und Rechtschreibübungen. Hannover: Schroedel Verlag 1987.
S. 196:	Das Schreiben eines Drehbuches: Originalbeitrag.
S. 197:	Schwierigkeiten mit dem Computer: Originalbeitrag.
S. 198:	Sprenzinger, Jürgen: sehr geehrter herr boss: Aus J. Sprenzinger: Sehr geehrter Herr Maggi. München: Knaur 1996.
S. 203:	Von fremden Wörtern: Originalbeitrag.
S. 204:	Überlebender der 'Titanic' ...: Aus: Die Harke vom 13. 6. 1998.

Quellenverzeichnis

S. 205:	Knüppel neben der Tür: Aus: Der Spiegel. Nr. 19 vom 4.5.1998. S. 176 (gekürzt und leicht verändert).
S. 206:	Betrunkener Vater: Aus Hannoversche Allgemeine Zeitung vom 15.6.1998.
S. 206:	Deutsche essen Vitamine: Aus Hannoversche Allgemeine Zeitung vom 16.6.1998.
S. 206:	Der Ball ist rund: Quelle: Der Spiegel – online vom 9.6. 1998.
S. 207:	Ich wollte von Anfang an ...: Aus: Jugend und Berufswahl – Beilage der Süddeutschen Zeitung vom 18.2.1998. S. 6 und 7.
S. 208:	Text 1: Ausdruck CD-Rom: Das aktuelle Lexikon (genauere Angaben liegen nicht vor).
	Text 2: Aus: Die neue deutsche Rechtschreibung. © München: Lexikographisches Institut 1996. Lizenzausgabe der Bertelsmann Lexikon Verlag GmbH, Gütersloh 1996. S. 639.
	Text 3: Aus: Duden, Bd. 10: Das Bedeutungswörterbuch. Mannheim: Bibliographisches Institut & F.A. Brockhaus AG. 4. Auflage 1997.
	Text 4: Aus: Schülerduden 4: Fremdwörterbuch. Mannheim: Bibliographisches Institut & F.A. Brockhaus AG Nachdruck 3. Aufl. 1997.
	Text 5: Aus: Brockhaus Enzyklopädie, Bd. 12. Mannheim: Bibliographisches Institut und F.A. Brockhaus 1971. S. 322.
S. 210:	Text 1: Aus: Bulitta, Erich und Hildegard: Wörterbuch der Synonyme und Antonyme. Frankfurt/M.: Verlag S. Fischer 7. Auflage 1996. S. 391.
S. 211:	Text 2: Aus: Duden, Bd. 10: Das Bedeutungswörterbuch. A. a. O.: (2. Aufl. 1985: S. 430).
	Text 3: Aus: Schülerduden 4: Fremdwörterbuch. A. a. O. (Ausg. von 1975: S. 146)
	Text 4: Aus: Duden, Bd. 8: Die sinn- und sachverwandten Wörter und Wendungen. A. a. O. Ausgabe von 1986. S. 783.
	Text 5: Duden, Bd. 2: Stilwörterbuch. A. a. O. Ausgabe von 1971. S. 403.
	Text 6: Aus Wahrig, Gerhard: Deutsches Wörterbuch. Neu herausgegeben von Dr. Renate Wahrig-Burfeind. © Bertelsmann Lexikon Verlag GmbH, Gütersloh 1996. S. 1299.

Bildquellen

S. 6: Archiv Nürnberger Nachrichten/Hans Kammler. S. 7: Universitätsbibliothek, Heidelberg. S. 8: Bildarchiv Preußischer Kulturbesitz, Berlin. S. 9: Gemälde von Anton Graff (1771); Leipzig, Universitätsbibliothek; Foto: AKG, Berlin. S. 10, 53, 56, 57, 58, 97, 134: Manfred Bofinger, Berlin. S. 12: Foto: Göttinger Tagblatt/Bernd Beuermann. S. 13, 21 (3), 42 (5), 44 (6), 45 (3), 106, 141 (mit freundlicher Unterstützung des Internet-Cafés Daily Planet, Hannover), 148 (2), 149, 151, 153, 168 (5), 186, 188 (2), 209: Michael Fabian, Hannover. S. 16: Zeneca Plant Science, Berleshire. S. 24: Thomas Plaßmann, Essen/R. S. 28: Niedersächsisches Landesmuseum, Hannover – Landesgalerie. S. 30 (o.), 64, 173, 175, 176, 178, 180, 182, 187 – 193, 196, 199 (Ampelmännchen): dpa, Frankfurt/M. S. 30: Barbara Schneider-Rank, Bremen. S. 37: (c) VG-Bild-Kunst, Bonn; Paris, Musée National d'Art Moderne, Centre Georges Pompidou. S. 39: © VG-Bild-Kunst, Bonn; 1929, 343 (3H43) Gemischtes Wetter. 49 x 41 cm. Credit Line: Privatbesitz, Schweiz. S. 43: Voll/Heidolph, Eching. S. 48: © 1989 für alle M.C.Escher-Abbildungen: Cordon Art - Baarn - Holland. S. 49: creativ collection Verlag GmbH, Freiburg. S. 55: © Art Institute of Chicago/VG-Bild-Kunst, Bonn. S. 60 (o.): Frieden mehr als ein Wort: © 1981 by Rowohlt Taschenbuch Verlag GmbH, Reinbek bei Hamburg. Umschlagfoto Jaschi Klein. Kolorierung Georg Meyer. Umschlagtypographie Manfred Waller (u.): Umschlagrückseite zu: Frieden mehr als ein Wort. rotf. 287. © 1981 by Rowohlt Taschenbuchverlag GmbH, Reinbek. Illustration: Jan P. Schniebel. S. 66: Foto Achim Bröger: Foto © Ute Karen Seggelke. Achim

Quellenverzeichnis

Bröger: Wahnsinnsgefühl: Stuttgart, Wien, Bern: K. Thienemanns Verlag 1997. Umschlagillustration Hubert Stadtmüller. Umschlagtypografie: Michael Kimmerle. S. 77: © action press, Hamburg. S. 86: © Murat Türemis, Köln. S. 88: Ferit Edgü: Ein Winter in Hakkari. © 1987 by Unionsverlag Zürich. Lizenzausgabe für die Büchergilde Gutenberg, Frankfurt/M. Umschlaggestaltung: Wolfgang Rudelius, Bubenheim. S. 100: Illustration aus: Marie Marcks: Weißt du, daß du schön bist? © 1977/1981 Weismann Verlag Frauenbuchverlag GmbH, München, und Marie Marcks, Heidelberg. Neuausgabe. Veröffentlicht im Fischer Taschenbuch Verlag GmbH, Frankfurt/M. 1991. S. 100: „Herr Holle": © Bundesministerium für Familie, Senioren, Frauen und Jugend, 53107 Bonn. S. 100: „Und wohin geht's ...": Renate ALF/CCC, München. S. 103: © Werner Küstenmacher, Gröbenzell. S. 107: Suchmaske: internet explorer fireball. S. 115: © Purple Moon. S. 116: Berufsbildender Abschluss, Bruttomonatsverdienst: Globus-Kartendienst, Hamburg; (Renata-Schule): Peter Langner, Hannover. S. 117, 118, 121, 123, 124: Aus: Marie Marcks: Darf ich zwischen euch? Zürich: Diogenes Verlag 1982. S. 9 - 11. S. 119, 125: © Marie Marcks, Heidelberg. S. 126: o. l.: Homepage des Arbeitsamtes; o. r.: Aus: Zeitschrift Ct 6/98, S. 189; Seitenunterlegung: Voll/Heidolph, Eching. S. 128, 148: Peter Langner, Hannover. S. 136: cybersitter, SafeSurf Home Page; Surfwatch; Cyber Patrol. S. 147 (l.): dpa, Frankfurt/M./Rehder; (r.): dpa/ZB, Frankfurt/M. S. 160: Peter Kaczmarek/CCC, München. S. 167: Illustrationen: Aus: Henning Hustedt, Reinhard Hilke: Einstellungstests. © 1998 by Falken-Verlag GmbH, Niedernhausen/Ts. S. 99: Illustrationen von Henning Hustedt und Reinhard Hilke. S. 168: Ernst Volland/CCC, München. S. 169: Aus: Bonner Presse Verein – Vereinigung junger Autoren und Journalisten e. V., Bonn (Hrsg): Tips 1996 für Schulabgänger. 8. Auflage. S. 18. S. 186: Rhue, Morton: Die Welle. Ravensburg: Otto Maier Verlag 1987. Umschlagillustration: Jens Schmidt unter Verwendung eines Entwurfs von Walter Emmrich. Tagebuch der Anne Frank. Fassung von O. H. Frank und M. Pressler. Frankfurt/M.: Verlag S. Fischer 1992. Umschlaggestaltung: Buchholz/Hinsch/Hensinger. S. 191: Okidoki. Rechtschreiben Klasse 6. CD-ROM. Hannover: Schroedel Verlag GmbH 1998. S. 192: Logos von Apple; Microsoft; Netscape. Fotos Großrechner: IBM, Stuttgart. Erster elektronischer Universalrechner (1946): Eniac: AP, Frankfurt/M. S. 204: Deutsches Schiffahrtsmuseum Bremerhaven. S. 209: Postleitzahlenbuch (1993): Deutsche Post AG. – Kursbuch: Deutsche Bahn AG. – Telefonbuch, Gelbe Seiten und Vorwahlbuch: DeTeMedien: Deutsche Telecom Medien GmbH. Frankfurt/M.: 1998. – Kursbuch: ©: Großraum-Verkehr Hannover. – Dumont's Künstler-Lexikon: © 1997 Herbert Read (Hrsg.): DUMONT's Künstlerlexikon. DUMONT Buchverlag Köln. – ikarus: design katalog. 63589 Linsengericht: ikarus Vertriebsgesellschaft 1997. – Duden (alle abgebildeten Exemplare): Mannheim: Bibliographisches Institut & F. A. Brockhaus AG 1997. - Bulitta, Erich und Hildegard: Wörterbuch der Synonyme und Antonyme. Frankfurt/M.: Fischer TB 1990. © S. Fischer Verlag, Frankfurt/M.: 1983. Umschlag: Buchholz/Hinsch/Hensinger.- LangenLangenscheidts Großes Wörterbuch Französisch Deutsch. Begr. von Sachs, Karl; Villatte, Césaire. Hrsg. von Weis, Erich. Langenscheidts Großwörterbücher. München: Langenscheidt 1979. - Meyers Jugendlexikon. Hrsg.: Meyers Lexikonredaktion. Mannheim: Bibliographisches Institut. 3. aktualisierte Auflage 1994. - Wie funktioniert das? Die Technik im Leben von heute. Hrsg. Redaktion Naturwissensch. u. Technik des Bibliograph. Instituts. Mannheim: Bibliographisches Institut 3., vollst. überarb. Aufl. 1986. – Gabler Kompakt-Lexikon Wirtschaft. Wiesbaden: Betriebswirtschaftl. Verlag Gabler 7., vollst. überarb. u. erw. Aufl. 1998. – Michel (Briefmarken) Deutschland-Katalog 1998/99. München: Schwaneberger Verlag GmbH 1998. – LexiROM 3.0. Hrsg. Microsoft Corporation, BIFAB AG (CD-ROM-Ausgaben). Mannheim: Bibliographisches Institut 3. Aufl. 1997. – Adressbuch der Stadt Frankfurt/M.: Frankfurt/M./Hannover/Bremen: Verlags-betriebe Walter Dorn. – Gatz, Antonia: Das farbige Kinderlexikon. Niedernhausen: Bassermannsche Verlagsbuchhandlung 1995.